# 상호의존성

## : 포스트식민주의 여성주의 실천신학

## 상호의존성: 포스트식민주의 여성주의 실천신학

2020년 4월 10일 초판 1쇄 인쇄
2020년 4월 17일 초판 1쇄 발행

지은이 | 김혜란
옮긴이 | 이호은
펴낸이 | 김영호
펴낸곳 | 도서출판 동연
등  록 | 제1-1383호(1992. 6. 12)
주  소 | 서울시 마포구 월드컵로 163-3
전  화 | (02)335-2630
전  송 | (02)335-2640
이메일 | yh4321@gmail.com
블로그 | https://blog.naver.com/dong-yeon-press

ISBN 978-89-6447-560-7 93200

Interdependence: A Postcolonial Feminist Practical Theology

# 상호의존성

## 포스트식민주의 여성주의 실천신학

김혜란 지음 | 이호은 옮김

동연

# 죽임의 시대를 위한 살림의 책

이 책에 담긴 풍부한 논의의 결을 숙고하면서 세계의 취약성과 일상생활에 불쑥 출몰하는 파괴성에 사로잡힌다. 우리는 지구온난화와 늘어가는 빈곤, 노골적이고 극단적인 인종주의, 길거리의 폭력, 신실한 종교 공동체를 향한 혐오 발언과 혐오 범죄, LGBTQIA로 여겨지는 사람에 대한 체계적 억압, 이민 가족의 잔인한 분열, 외교적 해결보다 선호되는 전쟁 위협, 이 모든 양태를 부추기고 악화시키는 정치적 행위를 마주한다. 한 사람의 미국인으로서 나는 미국이 저지른 터무니 없고 파괴적인 행위에 엄청난 충격을 받는다. 하지만 이러한 패턴은 세계 전역에 확장되고 있으며, 미국의 행위는 다른 곳의 유사한 패턴을 강화한다. 이러한 걱정이 무겁게 내 마음을 누르고 있다. 그래서 나는 김혜란의 책을 "죽임의 시대를 위한 살림의 책"으로 읽었다. 우리의 취약한 세계는 세계의 취약성fragility과 강인함strength을, 무엇보다 특히 우리를 묶고 있는 깊은 상호관계성과 상호의존성을 상기시키는 작업이 필요하다. 우리가 교회와 지역 공동체와 지구 공동체를 함께 수리하고 갱신하고 재건하도록 호출하는 그런 시대에 살고 있다. "상호의존성"은 그러한 비전을 제공한다.

김혜란 박사의 책, 『상호의존성: 포스트식민주의 여성주의 실천신학』이라는 제목과 주제는 이 책의 핵심 사상을 반영한다. 감사의 글을 시작하는 말에서 이 책의 마지막까지 김혜란은 취약성과 강인함의 그림을 직조한다. 김혜란은 자신의 삶과 그녀를 둘러싼 타자들, 교회의 강인함을 강조하는 동안에 그들의 취약성도 인식한다. 불행하게도 이러한 사람들과 공동체에 내재하는 강인함은 자주 개인주의의 파편화된 세계 안에서 방해를 받는다. 그러나 이러한 강인함은 상호의존성을 고취하고 지지하는 상황에서는 실제로 더 커질 수 있다. 상호의존적 강인함은 각 사람과 모든 사람을 더 풍성한 잠재성을 발휘하도록 양육할 수 있으며, 교회와 사회가 번성하도록 강화한다.

김혜란 박사는 간과되고 무시된 사람들—성인 중심 예배에서 어린이와 간인종 가족과 퀴어 가족 안에 살아가는 청소년, 다중 종교 전통에 참여하는 사람, 다중적 국가 정체성을 다루는 이민자, 이기적인 인간의 행동으로 고통받고 있는 비-인간 존재—에 초점을 맞추면서 본인 논지를 더 커다란 복잡성과 깊이로 끌어간다. 김혜란은 이러한 공동체들에 속한 각 사람과 모든 사람이 함께 맺는 상호의존적 관계의 중대한 잠재력과 함께 그들의 취약성과 강인함을 인식한다. 이러한 중요한 관심을 다루면서 간학제적interdisciplinary, 포스트식민주의적, 여성주의적 분석을 이용해서 심지어 실천신학에서 "간과된" 이들에 주목한다. 김혜란은 긴급한 실존적이고 신학적 관심이 필요한 쟁점들과 관련해 활발하게 실천신학의 작업을 "하고 있다doing". 따라서 김혜란은 실천신학을 정의하는 논쟁이나 실천신학의 방법론을 논의하는 데 초점을 맞추지 않고, 실천신학의 소명vocational에 초점을 맞춘다.

김혜란 박사의 강조점은 성서신학, 조직신학과 실천신학에서 포스트식민주의적 토대를 경작하는, 점점 더 많아지는 학자들로 수렴한다. 김혜란의 고유한 공헌은 아주 특별한 쟁점과 실천을 탐사한 것이다. 따라서 실천신학의 소명을 수행하면서 실천을 분석하고 그 통찰을 일상생활의 실천practice으로 (혹은 실수malpractice로) 발전시킨다. 김혜란의 비판적 포스트식민주의 관점 덕분에 지배적인 사회적, 사회-생태적 패턴의 경계 "너머"와 관습적 사고 너머를 탐사하는 것이 가능하다. 김혜란은 인간 공동체가 휴식을 위한 지점에 이미 도착했거나 앞으로 도착할 것이라고 가정하지 않는다. 그 대신에 끈질기게 지금 그대로의 세계 "너머"의 것을 듣고 또 보고자 하며, 현재를 지배적 패턴에 묶어두는 사회적 패턴과 신학적 가정을 비판하고자 한다. 또한 상상력을 자극하고, 교회와 다른 인간 공동체를 위한 새로운 가능성을 개방하기를 추구한다. 이러한 새로운 패턴은 과거와 현재에서 도출되는 것이지만, 과거와 현재 안에 자리한 지배적 패턴을 초월하고 더욱 번성할 미래를 가리킬 것이다.

김혜란 박사의 신학적 방법은 김혜란의 학문적 목표에 부합하고 그 공헌을 확대한다. 사회적, 신학적 이슈를 분석하면서 실천신학과 포스트식민주의-여성주의 연구의 폭넓은 문헌을 활용한다. 이 선택은 이미 지배의 경계를 밀어부친다. 왜냐하면 대화의 한 가닥에만 국한하지 않고 여러 다른 가닥에서 대화를 이끌어가기 때문이다. 또한 몇몇 역사적 인물과 신학적 통찰을 그들의 신학적 지혜를 발굴하거나 비판하면서 활용한다. 이와 유사하게 사례연구와 자신의 경험에서 나온 이야기, 인터뷰를 활용해서 핵심적 이슈를 예증하고 분석한다. 문헌과 사회-생태적 이슈 사이의 대화는 생산적이다. 이는 자기 됨self-hood과 시간, 힘, 가족, 집, 인간-중심주의, (알려지고 또 알려지지 않은) 하나님의 신비, 하나님의 창조세계의 깊은 연결에 관한 질문을 밝혀

준다. 그 성과는 지배적 관념과 실천을 탈중심화하는decenter 실천신학
이다. 김혜란 박사의 접근은 다-세대적 교회에서 성인을 탈중심화하
고, 동성애공포증으로 씨름하는 세계 안에서 이성애를 탈중심화하고,
민족적으로 복잡한 세계 안에서 백인성whiteness와 단일-민족성mono-
ethnicity을 탈중심화하고, 다중 종교 소속의 다원주의적 세계 안에서
그리스도교를 탈중심화하고, 이주의 세계 안에서 집을 탈중심화하며,
상호연결된 생태 안에서 인간 존재를 탈중심화한다.

　나는 김혜란이 실천신학을 탈중심화하고 또 이 분야에서 보다 지
배적인 학문과 사상을 탈중심화하는 지적, 종교적 실천을 지시해준
것에 감사한다. 김혜란은 도외시하는 대신 탈중심화하고, 이분하는
대신에 복잡성을 분석하며 어떤 것이 가능한지를 가리키는 이러한 작
업을 세심하게 주의를 기울이며 해냈다. 김혜란은 지배적 주류에 포
획되거나 지나치게 단순화하는 이분 방식에 빠지기 쉬운 실천신학이
앞으로 더 나아가도록 구성적 방법을 제공했다. 김혜란은 여성주의
포스트식민주의 작업을 지속하는 문을 열어젖히는, 통찰로 가득한 탐
색적 연구를 제공했다. 이러한 작업은 실천신학 분야를 탈중심화하는
보다 깊은 경험적 연구와 신학적 분석으로 들어가게 하고 새로운 통
찰을 불러일으킬 것이다. 또한 신앙을 실천하는 사람들과 그 실천을
연구하고 해석하는 사람들과 변혁을 추구하는 사람들(종종 다른 역할
을 맡은 같은 사람들)의 상호의존성을 전제하는 참여적 행위 연구와 같
은 연구 형식을 도출할 것이다.

　김혜란 박사는 중요한 이슈에 대한 보다 깊은 이해를 향한 문을 열
었을 뿐만 아니라 "너머"를 향해 계속해서 건설하도록 타자를 초청하
는 실천신학을 위한 의제를 제공했다. 그 "너머"는 우리 모두를 부르

고 있다. 그리고 이 책은 그 너머를 향해 인간 가족 전체가 나아가도록
격려하는 영감과 분석틀을 제공한다.

메리 엘리자베스 무어Mary Elizabeth Moore
보스턴대학교신학대학원 원장

# 추 천 의 글

김혜란 박사의 책은 우리를 그 너머의 상상적 공간, 상호의존성의 공간으로 초대한다. 이 책은 상호의존성이라는 가치로 만드는 공동체 건설의 방식에 참여하도록 요청하는 실천신학의 포스트식민주의 여성주의 담론을 직조한다. 이 책은 의혹의 시선을 가지고 평등과 자족성, 독립의 담론을 조사하면서 독자들에게 장애를 지닌 사람, 예배 안에서 어린이, 간인종 청소년과 커플, 퀴어 가족, 다중 종교 전통들을 실천하는 사람, 새로운 이민자, 우리 공동체의 일원인 지구를 위한 공간과 장소를 제공하며, 지배적 학문적 담론과 교회적 담론이 이러한 그룹을 어떻게 간과해왔는지를 부각시킨다.

예를 들어, 식민주의 이데올로기와 인종에 대한 우월주의 주장이 어떻게 식민화된 이the colonized를 어린이로 특징짓는지를 보여주는 것은 나이에 근거해서 예배에서 어린이를 배제하거나 인종 간 커플을 못마땅해하는 회중에게 여전히 통찰과 지식을 제공한다. 근대 식민주의 시기에 이성애와 유일신론적 그리스도교가 규범으로 구성되었고, 식민주의자들의 인종적, 문화적 우월성을 구성하는 과정에서 다른 여러 성과 종교는 억압되는 동안, 그러한 입장은 교회와 교회 너머의 공동체에서 충분히 축출되지 못했다.

이 책은 독자를 너머의 세계로 나아가고 상호의존성을 포용하도록 도전하면서 각 장에서 배제적 담론의 식민주의 토대와 가부장적 토대를 조사하고, 어떻게 그것들이 젠더와 인종, 계급, 민족성, 종교라는 다른 사회적 범주와 결부되어 있는지를 살펴본다. 이와 유사하게 이 책의 마지막 두 장에서는 이민과 지구를 향한 태도를 형성한 고대와 근대 식민주의 이데올로기를 의혹의 시선을 가지고 조사한다. 지구를 여성으로 보는 것과 같이 피식민 국가들은 여성으로 구성되었으며 그들의 예속은 정당화되었다. 지구를 차지하는 것과 피식민자들의 자원을 빼내오는 것은 우리 시대의 이민이 증가하는 것과 연결된다. 왜냐하면 재산을 박탈당하고 힘을 빼앗긴 이들이 변위되어dislocated 삶의 터전을 옮기게 되면서 그들은 다른 나라에서 생존할 수단을 추구하고 도착에 대한 인종주의 정책/이민 법률과 맞서게 된다. 종교적으로 다원화된 포스트식민주의 조건에서 진행되는 이주 때문에 간인종 가족과 간종교 관계성은 점점 더 증가하고 상호의존성의 공동체를 환영해야 한다는 요청이 이루어진다.

김혜란이 제시하는 상호의존성의 포스트식민주의 여성주의 실천신학은 독자와 교회 공동체를 다중 경계를 가로질러 너머로 나아가도록, 인종이나 나이, 성, 장애, 민족성, 식민주의 이데올로기, 국적, 이민 신분, 종교성, 비-인간 지위에 근거한 차별을 거부하면서 공동체가 상호의존성의 토대 위에 지어질 수 있는 장소와 공간을 상상하도록 초대한다.

무사 W. 두베Musa W. Dube<br>
보츠나와대학교 교수

추 천 의 글


매우 소중한 이 책은 실천신학의 핵심 쟁점을 풀어나가기 위해 자아
와 가족, 경계, 이주, 생태학과 같은 포스트식민주의 이론을 끌어들
인다. '삶의 상호의존성'이라는 큰 틀로 실천신학과 '비실천신학'이
라는 그릇된 이분법에 도전하면서 치밀한 신학적 분석과 예리한 목
회적 통찰을 제공한다. 이 책은 신학생과 목회자, 사역자에게 좋은
선물이다.

곽퓰란Kwok Pui-Lan

에모리 캔들러신학대학원 조직신학 교수


기가 막히게 획기적이고 변혁적인 이 책에서 김혜란은 상호의존성
을 그리스도교의 재편을 위한 다림줄로 삼아 새로운 기원을 열었다.
김혜란은 북미 식민주의의 베일을 열어젖히고 독자에게 우리 모두
가 삶을 위한 타자의 은혜에 의존한다는 사실을 솜씨 좋게 되새겨준
다. 이 책을 통해 우리는 줄곧 구석으로 내던져 있던 이들, 어린이,
혼혈, 퀴어 청년, 다국적 이민자, 다종교인, 자연 그 자체를 새롭게
보게 된다. 무척 필요한 기여다.

보니 J. 밀러-맥르모어Bonnie J. Miller-McLemore

밴더빌트대학교 신학대학원 종교학과 교수

김혜란은 경계와 국경 너머로 나아가 교계와 학계에서 자주 간과되어온 공동체 안에서 실천신학의 잠재적 역할을 탐색하면서 여러 학자들의 풍부한 통찰과 탄식을 제공한다. 김혜란이 제시하는 상호의존성의 포스트식민주의 여성주의 실천신학은 지구 그 자체와 함께하는 사람들의 다양한 표현들에 근거하며 주변부의 사람을 위한 희망과 공감을 제공한다.

캐시 블랙Kathy Black
클레어몬트신학대학교 설교학과 예전학 교수

김혜란은 여성주의 실천신학과 포스트식민주의 실천신학 분야의 전문 가이드다. 이 탁월한 책은 살아낸 상황에 근거하고 여러 현대 신학적 도전을 넘나들며 흥미롭고 정교하고 모험적이면서도 사려깊기에 매우 추천한다. 상호의존성은 포스트식민주의 실천신학의 약속을 보여준다. 이 책은 폭넓은 주제를 다루면서도 살아낸 상황에 주의를 기울이기 때문에 빠뜨려서는 안 되는 현대 실천신학의 이상적 지침서(혹은 성명서)다.

스티븐 번즈Stephen Burns
트리니티신학대학교(호주) 예전신학 & 실천신학 교수

# 감사의 글

2016년 12월 12일 월요일은 서스캐처원대학교University of Sas-katch-ewan의 기말시험 주간 첫 날이었다. 일터인 세인트앤드루스칼리지St. Andrew's College로 출근한 건 아침 여덟 시 즈음이었다. 나는 대개 걸어서 출근했다. 도보로도 이십 분밖에 걸리지 않았다. 밖이 어둡고 쌀쌀하긴 했지만 캐나다 최북단 도시 중 하나인 새스커툰시에서 대림절 즈음에 으레 경험하는 전형적인 날씨였으며, 그저 평범한 날이었다. 근 십 년 동안 늘 오가던 출근길에 들어섰다. 세인트앤드루스칼리지에서 5분 정도 떨어진 거리를 건너고 있었는데, 갑자기 내가 허공을 날고 있는 듯한 느낌이 들었다. 그다음 기억나는 건 내가 인도에 엎어져 있는 장면일 뿐이다. 어떤 일이 일어났는지 완전히 파악할 수는 없었지만 의식을 잃은 것은 아니었다. 누군가의 목소리가 들렸다. "미안해요, 미안해요. 괜찮으세요?"

코뼈가 부러지고 눈썹이 깊게 베여서 피가 많이 났다. 5분도 되지 않아서 나는 간호사의 돌봄을 받았다. 간호사들은 피투성이였던 얼굴을 닦아주고 출혈이 멈추게 도와주었다. 남편에게 전화했다. 그날은 결혼기념일이어서 저녁에 외출하려고 했었다. 남편은 곧장 찾아왔다. 경찰도 한 시간 만에 왔다. 응급실 의사는 두 시간 만에 왔다. 오후에 신속하게 봉합 수술을 받고 나서는 CT 스캔, MRI 검사를 받는 일정이 잡혀 있었다. 응급실에는 나보다 더 위중한 환자로 만원이어서 내가 누울 만한 침대가 없었다. 나는 여덟 시간 동안 응급실에 있었다.

며칠 후에 출판사로부터 이 책의 제안서가 통과되었다는 소식을 들었다. 내 삶에서 마주한 달콤하고도 씁쓸한 순간이었다. 삶의 취약성이라는 진실과 위기의 순간에 특히 다른 이들에게 의존하는 방식의 진실을 뼈저리게 자각했다. 이 책의 상호의존성 주장을 입증하기 위해 굳이 이런 사고가 필요하지는 않았는데 말이다!

우리는 삶의 모든 순간에 다른 이들에게 의존한다. 따라서 이 책을 쓰는 데 도움을 준 모든 사람과 모든 것들에 일일이 감사를 표한다는 것은 제대로 해내기가 불가능한 엄청난 과업이다. 내 삶의 파트너와 아이들, 친구들, 동료들, 학생들은 모두 수많은 방식으로 지원하고 격려해주었다. 또한 세인트앤드루스칼리지와 컴퓨터와 책상, 의자, 연구실 공간, 조용한 환경과 더불어 책과 저널을 유지하고 관리하는 도서관 교직원들께 깊이 감사드린다. 영감을 주고 도전을 던지는 책과 저널을 쓴 저자들께 사의를 표한다. 학문적 멘토들, 그중 친절하게도 이 책의 서문과 추천사를 써준 분들께도 사의를 표한다.

무엇보다도 생각하고 읽고 쓰며 이 책을 출간할 정도로 건강해진 내 몸에게 특별한 사의를 표한다. 여성주의 실천신학자로서 몸이 얼마나 중요한지를 이론적으로 잘 알고 있다. 하지만 치유되는 내 몸, 상처에서 치유되려고 그토록 열심히 작동하는 내 몸을 고스란히 느끼는 경험은 새삼 경이로웠다. 내 인생에서 가장 기적 같고 신비로운 경험이었다. 치유에는 시간이 걸린다. 몸의 여러 구성원은 다른 구성원에게 힘을 얻고 도움을 받는다. 몸은 전혀 서두르지 않는다. 또 치유를 결코 포기하지 않는다. 몸이 지닌, 지속적이고 끈질기고 끊임없으며

언제나 균형 잡는 능력은 정말 놀라운 선물이다. 나는 그 선물을 하나
님이 주셨음을 믿으며, 궁극적으로 하나님께 감사를 드린다.

세인트앤드루스칼리지 연구실에서

지은이 김혜란HyeRan Kim-Cragg

# | 차 례 |

서론을 풀어가는 방편으로 이 장에서는 이 책에 담긴 핵심 질문과 핵심 용어, 접근방법을 소개할 것이다.

## 왜 상호의존성interdependence이 중요한가?

이 책에서는 개인화되고 파편화된 삶의 문제에 관심을 둔다. 21세기 북미 그리스도교가 직면한 여러 도전 중 하나는 기성 교회가 점점 줄어든다는 것이다. 세계가 더욱 세속화된다는 것이 문제가 아니다. 사회 속 주요 공동체인 교회의 역할이 약해지고 사라지고 있다는 것이 문제다. 그리스도교 교회가 따르던 삶의 공동체적 방식이 위기에 처해 있다. 이 책은 공동체의 중요성을 설명하는 방식으로 삶의 상호의존성을 부각시킨다. 이 책은 독립성independence과 자족성self-sufficiency, 자제력self-control의 개념에 도전하고 논쟁한다. 1장에서는 독립성의 논리를 따져 묻는 시도에 대해 주로 논의하고 3장에서는 의존적 존재인 어린이를 살펴보면서 독립성이라는 문제를 다시 다룰 것이다. 6장에서는 비인간non-human 생태학적 문제를 탐구하며 상호의존성이라는 불가피한 현실을 최종적으로 명확하게 정리할 것이다.

내가 당한 교통사고를 돌아보면서 얻은 성찰을 나누는 것은 상호의존성을 추구하는 일이 중요하다는 사실을 보여주는 데 도움이 될 것이다. 교통사고가 일어난 이후 여덟 시간 동안 여러 간호사와 의사,

의료 전문인, 경찰, 직계가족처럼 나의 웰빙을 돕는 손길이 정말 많았다. 심지어 사고를 낸 여성도 나를 도와주었다. 그녀는 뺑소니치지 않고 나를 병원에 데려다주었다. 그녀는 그날 아침 기말고사에 늦은 대학생이었는데, 교차로에서 서두르는 바람에 정지하지 않아서 길을 건너던 나를 보지 못했다. 그녀가 나에게 해를 끼쳤지만 나는 그녀를 의지했다. 아니, 그녀의 도움을 받을 수밖에 없는 의존적 상황에 처했다. 그러한 고통을 당할 만한 일을 저지르지 않았음에도 나는 이 억울한(?) 고통을 겪으며 알지 못하던 많은 사람에게 놀라운 돌봄과 지원을 받은 사람이기도 했다. 그것은 감사의 아이러니였다. 또 기쁨과 슬픔의 역설이었다.

상호의존적 삶에서 지혜를 얻어 상호의존성의 진실을 추구하는 것은 연약하고 의존적인 사람과 다른 살아있는 피조물을 억누르는 불의를 대충 얼버무리겠다는 것이 아니다. 우리의 행동에는 중요한 결과(인과응보)가 뒤따른다. 자동차에 치인 행인의 수는 증가하고 있다.[1] 이는 반드시 다루어야 하는 공공의 문제다. 우리의 자동차 문화는 걷거나 자전거를 타는 사람들을 취약하게 만들어 다치거나 죽게 한다. 행인의 안전을 보장하는 교육과 정책이 필요하다.

내 개인적인 외상 경험은 아픈 만큼 생생하게 우리 삶이 얼마나 취약한 지 그 진실을 말해주는 동시에, 결과적으로 우리가 상호의존적임을 아는 것이 얼마나 중요한지도 말해준다. 우리 삶은 다른 이에게 휘둘린다. 우리는 다른 이들의 도움과 돌봄, 지원이 없이 단 하루도

---

1  http://www.cbc.ca/radio/thesundayedition/features/michaelsessays/too-m
   anypedestrians-are-hit-by-cars-in-our-cities-michael-s-essay-1.3868068?
   autoplay=true.

살 수 없다. 도움이 필요한 이들을 우리가 지원할 수 있을지, 언제 지원할 것인지를 배우는 것도 중요하다. 이러한 주고받는 상호의존적 삶의 방식 전부는 공동체적이고 체계적이며 공적 방식으로 수행되는 신학적, 종교적 실천과 더불어 평생 지속되는 배움과 가르침으로 추구되어야 한다.

## 왜 간과된 것the overlooked이 중요한가?

이 책은 지배적 학계 담론과 교계 담론에서 간과되어온 사람들에게 초점을 맞춘다. 간과된 이들은 성인-중심 예배에서 어린이, 간-인종 가족과 퀴어 가족 내의 청소년, 다중적 종교 전통을 수행하는 사람들, 국적 하나보다 더 많은 것에 속한 새로운 이민자, 인간공동체의 이기적 행위로 고통받는 비-인간종을 포함하되 이에 국한되지는 않는다. 그러나 이상에 언급된 그룹들은 깨어지고 취약한 상태로 공동체의 중요한 구성원이며, 그들이 없다면 하나님이 창조하라고 우리를 부르신 그 공동체도 깨어진 상태로 남는다. 이 책은 학계 담론에서 무시된, 이 집단들의 경험을 부각시키면서 모든 인간 존재와 살아있는 비-인간 존재를 위한 건강한 공동체를 창조하는 목표를 실현하면서 실천신학의 관여를 확장하는 데 기여한다. 이 책은 교회 공동체가 줄고 있다는 주장이 갱신될 수 있으며, 이러한 집단들과 이미 그들과 함께 현존하시는 하나님을 함께 포용함으로 심지어 변혁될 수 있다는 새로운 가능성을 보여주려 한다.

## 왜 실천신학의 다양한 하위-분과를 다루어야 하는가?

이 책에서는 실천신학의 하위-분과를 한 분야 이상 다룬다. 종교 다원주의와 이주, 생태여성주의 신학과 더불어 예배와 그리스도교교육을 논의한다. 이 책은 구획화된 위계적인 학문적 접근을 비판하며 보다 상호의존적 접근을 요청한다. 보다 풍부한 상호의존적 다-학제적 multi-disciplinary 관여는 학계를 위해서 필요하지만 현재 신학 교육과 교회 현실을 위해서도 더욱더 필요하다.

북미의 교회와 그리스도교 신학대학원의 수가 줄어들면서 구획화된 학과의 경계가 흐려졌다. 예를 들어, 종교 교육을 가르치는 사람들은 영성 형성과 목회 리더십을 가르치도록 요구받고 있다. 성서 학자는 신학교 행정과 치리를 담당하는 학장이 되거나 설교학을 가르쳐달라는 요구를 받는다. 그러나 이러한 도전은 긍정적 통찰을 제공한다. 학과들 사이의 선이 흐려져서 대안적 길이 열린다. 학과 경계를 가로지르는 도전을 통해서 협업은 강화되고 상호의존적이 되기를 배우며 학생과 교사, 스태프가 함께 일하도록 이끈다. 이는 모두를 위한 건강한 공동체를 창조하는 데 핵심이 되는 것이다.

다른 분과들 사이에서 길을 찾고 접속하기를 배우는 것은 결과적으로 더 나은 배움에 기여한다고 확신한다. 학자와 교사도 각 분과와 전통을 심화시키며 그리스도인의 삶과 세상에 관여하도록 보다 잘 준비된다. 이는 더 나은 진단과 문제해결을 촉진한다. 그렇게 변화하고 도전하는 상황이 우리가 가르치고 신학 연구와 성서 연구를 하는 방식들을 강화할 수 있음을 의미한다. 최신 여성주의 성서 주석 시리즈인 위즈덤 주석 시리즈(Liturgical Press)에서는,[2] 다른 목소리를 포용하기 위해서 의도적으로 전통적인 성서학 분야로 여겨지지 않던 다른 분과에서 참신한 통찰을 이끌어낸다. 이 주석 시리즈에서는 다-학제적 접근을 도모하려는 방편으로 성서학 분야에 속하지 않던 다른 저자를 초대한다. 나는 운이 좋게도 계속 진행 중인 이 프로젝트에 두 권의 책의 공동저자로 참여해왔다(성서학자인 메리 앤 비비스Mary Ann Beavis와 히브리서와 데살로니가후서를 작업했다). 공저한 히브리서 주석서는 2016년에 북미에서 출판된 최고의 가톨릭 학술서 중 하나로 선정되어 가톨릭 출판사 연합에서 수여하는 상을 받았다.3 다른 분과에 속한 학자들의 협업을 통해 다른 분과를 가로지르고 연계하는 이러한 시도가 주석의 내용을 강화하는 데 기여했다고 본다. 이 상을 받았다는 것은 다-학제적 상호의존적 노력의 증거이며 또 인정이다.

### 왜 포스트식민주의 여성주의 접근인가?

나 자신이 포스트식민주의와 여성주의에 헌신하고 있다는 사실을 체감하며, 그것이 이 책을 쓰는 데 가장 중요한 동기부여 요인 중 하나였다. 나는 실천신학이 포스트식민주의 여성주의 접근을 활용해야 하는 긴급한 필요를 보여주고자 노력했다. 캐슬린 A. 카할란Kathleen A. Cahalan과 고든 S. 미코스키Gordon S. Mikoski가 논증했듯, 실천신학은 "사람의 삶이 위치되고 체화되는 특징에서 비롯한 인종과 민족성, 젠더, 계급, 성적 지향"의 문제에 주의를 기울여왔다.4 그러나 그러한 문제

---

2 http://www.wisdomcommentary.org/.

3 http://www.saintjohnsabbey.org/old-news-and-events/liturgical-press-earns-top-spot-among-book-publishers-2016-catholic-press-awards/.

4 Cahalan and Mikoski (eds.), *Opening the Field of Practical Theology*, 3.

는 식민주의와 관계가 없지 않다. 그러나 실천신학에서 식민주의는 관심을 받지 못하고 있다. 이 책에서는 실천신학이 비판적 시각을 갖기 위해서 식민주의를 포함하는 접근방식을 취해야 한다고 요청할 뿐만 아니라 식민주의가 어떻게 인종과 민족성, 젠더, 계급, 장애, 성적 지향의 문제에 뒤얽혀entangled 있는지를 자세히 살펴보아야 한다고 요구한다. 그것들이 상호연결된 방식으로 교차하는 것을 검토하기 위해서는 포스트식민주의 여성주의 관점으로 자기-비판적 신학적 성찰에 깊이 관여할 필요가 있다.

여기서 구체적 사례를 들어서 이 논점을 분명히 표현해보도록 하겠다. 이 책은 5장에서 이주를 논의한다. 포스트식민주의 조건을 이해하지 못하거나 식민주의 유산의 영향을 고려하지 않고서는 이주라는 현상을 충분히 이해할 수 없다. 이와 관련해서, 이주는 실천신학의 상황context이자 실천신학의 내용content 양자가 될 수 있다. 이주는 곱씹을 만한 중요한 문제를 제공하는 실천신학의 자료다. 하지만 이것이 동시에 실천신학이 반드시 초점을 맞추어야 하는 그러한 상황을 말해주기도 한다. 포스트식민주의 여성주의 관점에서 이주를 다루면서 인종과 민족성, 종교, 젠더가 이주에서 가장 문제시되는 교착 상황을 보다 충분히 분석하게 된다. 이주는 실천신학의 내용으로 그리스도인의 소명을 위한 순례나 체류자라는 성서적 지혜를 이끌어내도록 돕는다. 또한 상호의존적 관계성의 전제조건인 취약성에 대한 귀중한 통찰을 길러낸다.

이제 마지막으로 각 장의 주요 논점을 기술해도록 하겠다. 1장에서는 사람이 상호의존적 존재이며, 실존과 성숙을 향한 성장이 타자에 의존한다는 것을 논한다. 그리고 여성주의 신학의 관점에서 개인화된 자기self 개념과 그 개념의 토대인 젠더화되고gendered 인종화된ra-cialized 기반을 비판하면서 실천신학의 핵심 접근방식인 상호의존성을 소개할 것이다. 대개 자급자족이나 독립과 연결되는 성인이라는 개념이 틀렸음을 드러내고 젊은 사람이 수동적이고 의존적이라는 개념에 도전할 것이다. 또한 진보라는 식민주의 신화에 도전하면서 장애와 의존성을 논의할 것이다. 마지막으로 실천신학의 목표, 즉 부서진 관계성을 회복하고 상호의존적 삶을 향해 나아가는 과제를 탐색하는 동시에, 중층 기술thick description로 교회 사건을 자세히 읽어내면서 상호의존적으로 공동체 안에서 산다는 것이 무엇인지 보여줄 것이다.

2장에서는 인간 관계의 기본 단위인 가족의 역할을 다룬다. 이전 장에서 개진한 자율적으로 개인화된 문화에 대한 비판 작업을 토대로 2장에서는 우리의 종교 공동체에서 장려되며 지배적인 이성애적 백인 핵가족이라는 규범을 조사한다. 특히 혼합 인종 가족과 퀴어 가족의 경험에 주목한다. 사회학의 하위 분과에서 활용되는 민속지학과 인터뷰 방법은 특히 실천신학에서 청년과 청소년 사이에 경청listening과 서사적 행위자성narrative agency이 중요하다는 사실을 확증한다. 많은 이야기를 듣고 이러한 인터뷰에서 이러한 그룹의 사례를 제시하는 작업은 혈연과 이분법적 젠더를 넘어서는 가족에 대한 신학적 탐색에 기여한다. 이러한 탐색에는 순수성purity이라는 신화에 도전장을 던지고 사람들의 실천과 수행에 의해 유지되는 사회적 관계인 젠더에 대해 검토하는 작업을 포함한다. 이를 통해 교회 안에서나 사회 내 대부분의 공동체 안에서 우세하게 작용하고 있는 편향과 편견, 두려움의 문제를 풀어가는 동시에 소수자 가족의 행위자성이 긍정적 변화를 위해 작용한다는 점도 인식한다. 실천신학은 간인종적interracial 가족과 퀴어 가족을 사랑의 상호의존적 관계성으로 진지하게 받아들인다.

3장에서는 예배 안에 존재하는 어린이, 더 중요하게는 부재하는 어린이를 논의한다. 지역 교회의 주일학교 프로그램을 자세히 살펴보면서 다른 여러 그룹을 배제하면서 하나의 그룹에만 특권을 부여하는 특정한 규범적 활동에 의문을 제기한다. 이 장에서는 주일 예배에서 어린이가 부재하는 대가를 치르면서 연령을 기준으로 분리하는 교육 모델의 한계를 다룬다. 그러한 연령-분리 관행은 독립의 개념을 강화한다. 예배 안에서 어린이를 배제하는 것은 부분적으로 개혁교회 전통에서 유래한 관습적, 역사적 실천 때문이다. 이번 장에서는 질서정연하고 참회하는 방식의 경건주의적 예배의 지배적 실천에 이의를 제기하면서 일상생활의 떠들썩한 활동인 혼돈의 긍정적 측면을 긍정한다. 마지막으로 예배에 참여하는 어린이에 대해 논의하는 것은 다른 신체적, 지적 능력을 지닌 사람들이나 인종화된 그룹과 같이 다른 소수자 그룹을 예배에 포용하는 새로운 논의를 연다. 우리가 그리스도의 몸의 포용성을 존중하고 그 안에서 이루어지는 공동체적 관계성을 존중한다면, 예배나 다른 교회 활동 안에 이러한 그룹들을 받아들이고 확장하는 것은 반드시 필요하다.

4장에서는 그리스도교 내 혼합적syncretic, 혼종적hybrid 실천을 재발견하면서 종교적 다원성을 논의하고 그리스도교 가르침 안에서 현상 유지되는 하나님 개념에 도전한다. 그리스도교 공동체를 포함한 종교 공동체는 변화하고 있다. 이 장에서는 세계 곳곳에서 세계교회협의회 World Council of Churches를 포함하는 에큐메니칼 교회가 씨름해온 다종교 소속이라는 문제를 검토한다. 하나 이상의 종교 전통이나 문화 전통에 속한 사람들을 부각시키는 방법으로, 특히 이러한 다원적 실천이 비정통적unorthodox이라는 비판을 받아왔기에, 혼종성이라는 포스트식민주의 개념을 철저히 조사한다. 간인종 가족과 유사하게, 간종교 관계성은 종교적으로 다원적인 포스트식민주의 세계에서 이루어지는 이주라는 현상 때문에 증가하고 있다. 이 장에서는 그리스도교 우월주의를 품고 있는 일자the One의 논리에 도사리고 있는 위험을 검토한다. 또한 다중성의 신학theology of multiplicity을 탐색하면서 포스트식민주의 관점에서 기존의 근대적 종교 개념을 비판한다. 이 장에서는 일상 생활 차원에서 종교적 다원주의와 함께 그리스도교적 실천과 전통 안에서 종교적 다원성과 다중적 종교적 소속을 인정하면서 실천신학이 반드시 그리스도교-중심주의라는 도전에 주의를 기울여야 한다고 논의할 것이다.

5장에서는 이주라는 상황 속에서 소속과 국경이라는 개념을 조사한다. 포스트식민주의 조건인 이주를 규정하면서 캐나다에서 새로운 이민자인 나 자신의 상황을 통해서 캐나다를 이주의 공간으로 소개한다. 이주에 관한 역사적 사회 정책 비평을 통해 캐나다가 어떻게 스스로를 백인의 나라a White nation로 구성하면서 비-백인을 배제하고 캐나다 역사를 형성해왔는지를 폭로한다. 이 특정한 고찰은 선진국과 연결되는데, 캐나다의 사례를 통해 얻게 된 비판적 배움을 여러 서양 국가에 다양한 수준으로 적용할 수 있기 때문이다. 이 장은 성서의 해석학적 사용을 실행하면서 이주라는 현재 인간의 현실을 성서의 이야기, 특히 난민인 예수의 가족과 연결지어 해석한다. 이동하는 여행으로서 이주라는 주제를 신학적으로 탐색할 것이다. 끝으로 이주는 인간 공동체들의 도전이자 약속으로 제시된다.

마지막 장인 6장에서는 이전 장들의 논의 위에 우주적 공동체 안에서 그리스도인의 삶이라는 지평에 대한 아이디어를 이야기한다. 실천신학의 중요하고 떠오르는 영역인 생태적이고 환경적 현실을 제고할 것이다. 이 장에서는 그리스도교 전통에 뿌리 박은 인간 중심적 세계관에 도전하면서 성서에 묘사된 것처럼 동물을 포함한 자연에 의존하는 사람에 대해 논의한다. 인간들과 비-인간들 사이의 상호의존적 관계에 주의를 기울이면서 일상생활과 성서의 종교 경험 안에 깊숙이 자리한 동물-인간-신이라는 삼자관계를 탐색한다. 포스트식민주의 생태여성주의와 생태신학적 통찰의 관점에서 이 주제를 둘러싼 대화를 심화시키기 위해 희년의 성서적 비전에 담긴 안식의 의미를 탐색할 것이다. 첫 번째 장에서 탐색한, 이 책 전체를 관통하는 핵심 주제인 상호의존성으로 되돌아오면서, 이 마지막 장에서는 실천신학이 인간과 비-인간의 상호의존적 공동체적 관계성을 존중하고 회복하고 재창조하는 것에 관여하고 또 그것을 배워야 한다고 주장한다. 그러한 관여는 간과된 그룹의 경험과 투쟁에 주의를 기울이면서 포스트식민주의 여성주의 관점에서 현상 유지에 도전하는 지속적이고 의식적인 작업을 포함한다.

### "너머"beyond라는 용어에 대한 주석

각 장의 제목에는 "너머"가 담겨 있다. 이 단어는 다중적 의미를 지닌다. 너머는 현재의 불의나 문제를 초월하거나 극복하는 장소에 대한 비전을 불러일으키고자 하는 것이다. 하지만 "포스트식민주의"라는 개념적 문제처럼 너머도 종결을 가정하지 않는다. 식민주의는 끝나지 않았다.5 포스트식민주의적 이해에서는 접두사인 '포스트post'

는 "선형적이 아니지만 지속적인, 엄밀히 따지면 종결되었지만 그것
이 남겨놓은 대대적인 파괴의 결과를 고려해야만 충분히 이해할 수
있는 사건들에 의해 표시되는 시간의 개념"을 가리킨다.6 현재의 사건
들은 과거 식민주의 유산에 관여하지 않는다면 충분히 이해될 수 없
거나 적절히 해결될 수 없다. "너머"의 현실은 현재의 도전과 지속적
긴장 관계에 놓여 있다. "너머"는 "공간적 거리, 진보의 흔적, 미래의
약속"을 가리키지만, "경계나 국경을 넘어서는 — 너머로 향해가는 바
로 그 행위에 대한 지칭은 반복의 과정 속에서 괴리되고 추방되는 '현
재'로 귀환하지 않고서 인식 불가하고 표상 불가하다.7 이러한 의미에
서 "너머"는 과거의 시간과 현재의 사건에 굴복하는 것 이상이다. 너
머는 "그것들의 결점을 초월하려는 희망"이다.8 너머는 "식민성이라
는 측면 기저에 있는 공간적 함축"을 의미한다.9 너머는 "대안적 세계
와 다른 지식의 체계가 가능하다는 상상을 하기 위한 공간을 조금 더
창조하려는" 희망이다.10

5 McClintock, "The Angel of Progress," 295.
6 Chow, "Between Colonizers," 152.
7 Bhabha, *The Location of Culture*, 4.
8 Rivera, *A Tough of Transcendence*, 10.
9 Mignolo, *Histories/Global Designs*, 91.
10 Kwok, *Postcolonial Imagination and Feminist Theology*, 3.

# 독립성
# 너머

어떻게 사람은 온전한 자기a whole self가 되는가? 어떻게 한 사람이 개인적, 사회적 변혁의 행위자가 될 수 있는가? 우리는 홀로 평등과 자유라는 인간적 가치를 획득할 수 있는가? 이 장에서는 이러한 질문을 숙고한다. 여기서는 한 사람이 완전히 자기충족적이고 자기확신적일 수 있다는 개념에 도전한다. 이 장에서 펼치려는 논지와 같이, 온전한 자기란 공동체의 지원과 다양하게 얽히며 위치 지워지는 관계성을 통해서만 획득되는 것이다. 사람의 온전성은 오직 타자를 의지함으로 형성되고 유지된다. 하지만 사회, 특히 근대 이후의 서구 사회는 우리가 독립적일 수 있고 독립적이어야 한다는 신화를 주입해왔다. 개인의 자유에 의해 결정되는, 자기에 대한 근대적 개념은 18세기 유럽 계몽주의로 거슬러 올라간다. 가령 여러 철학자 중에서도 존 로크John Locke는 이상적 사회는 "자유롭고 평등하고 독립적인" 사람들 사이에서 이루어진 계약을 토대로 건설된다고 주장했다.1 공교롭게도 로크의 철학은 이러한 사회 계약의 참여자는 부유한 유럽 백인 남성일 것이라고 가정했으며 그들의 재산과 교육, 계급이 독립심과 통제력을

---

1 Locke, *Second Treatise on Government*, chap. 2. par 4; chapter 4, par 98.

준다고 믿었다. 포스트식민주의 이론가인 프란츠 파농Frantz Fanon은 어떻게 유럽의 개인적 자유가 알제리의 식민주의 과정에서 피식민 그룹을 분열시키는 식민주의 전략으로 사용되었는지를 보여준다.2 이 사탕발림한 자유 개념을 통해 유럽의 허세의 기초가 문화와 문명의 보편적 기준이 되도록 만들며 피식민자의 문화를 묵살하고 야만적이라는 꼬리표를 붙인다.

이러한 평등과 자유의 신화가 지닌 다른 문제점은 그 신화가 모든 사람이 본질적으로 동일하다고 전제했다는 사실이다. 사람들이 평등equal하다는 말은 공평fairness의 감각에 대한 이야기일 수도 있지만, 또한 모든 사람을 표준화된 관습에 순응하도록 강제하면서 진정한 차이를 고려하는 것을 불가능하게 만드는 경향도 있다. 톰 레이놀즈Tom Reynolds는 장애의 신학a theology of disability을 쓰면서 평등의 신화를 효과적으로 폭로한다. "사회의 취약한 사람들 사이에서는 모두가 같지 않다. 예를 들어, 공명정대하게 처리하는 사례처럼 모든 사람을 평등하게 대우하는 경우에, 장애가 있는 사람에게는 적절히 이야기되지 못하는 특수한 필요가 발생한다.… 사회적 권력은 평등이라는 이름으로 소수자들에게 그들의 필요를 무시하고 지배적 문화의 정의를 수용하도록 압박하면서 언쟁을 주고받을 수 있다."3 여성주의 철학자 에바 키테이Eva Kittay도 유사한 논지를 펼친다. "평등이라는 이데올로기는 의존성의 관계 바깥에 서 있는 자율적 개인이라는 비전에 근거한다."4 따라서 자유와 평등, 독립에 근거를 둔, 사람됨에 대한 진보적 개념을

---

2 Fanon, *The Wretched of the Earth*, 107.

3 Reynolds, *Vulnerable Communion*, 81.

4 Kittay, *Love's Labor*, 47.

면밀하게 검토해야 한다.

그러한 개념을 면밀하게 조사하기 위해서는 무엇보다 젠더 분석과 장애 분석을 통해서 독립적 자기됨을 비판하는 작업이 필요하다. 우리는 이를 이 장의 첫 번째 부분에서 진행할 것이다. 둘째로는 어린이와 젊은 사람을 향한 가르치려 드는 태도의 문제를 다루면서 독립성이라는 성인됨의 개념의 함정을 살펴볼 것이다. 셋째로는 어느 지역 교회의 공동체 만찬 이벤트의 사례를 연구한다. 이 사례연구는 탈학습unlearning과 새로운 배움을 위해 위험을 무릅쓰는 실천, 익숙하지 않은 실천에 열린 자세의 중요성을 보여준다. 이 장의 마지막은 상호의존성의 실천신학에 대한 고찰을 포함한다.


## 젠더와 독립성

철학자 존 로크의 사람됨의 개념은 젠더화된 것이다. 로크가 개인적 독립성을 말할 때, 그는 남자들을 염두에 두었다. 보다 정확히 말하자면, 그는 유럽인이고 교육받았으며 부유한 남자를 인간으로 가정했다. 이른바 그가 지닌 인식론적 한계이다. 그러므로 젠더gender라는 렌즈와 여성주의Feminism가 제공하는 비판적 도구를 사용하면, 로크가 지닌 평등과 독립성에 대한 개념이 불평등과 착취를 가리는 방식을 보여주는 것이 가능하다. 이는 젠더라는 범주가 인종이나 계급 같은 다른 분석적 정체성 범주보다 더욱 중요하다는 말이 아니다. 그러나 젠더를 논의하는 것이 유익할 수 있는데, 여성과 남성으로 양극화된 이분법이 다음과 같은 다른 범주들로 인해 강화되기 때문이다. 자연/

문화, 경험/이성, 가정적/공공적, 세속적/신성한, 약한/강한, 의존적/
독립적. 이러한 이분법적 양극화는 여성이 남성에 종속적이라는 젠더
의 위계를 창조한다. 이러한 이원론적 관점에서는 여성과 남성은 근
본적으로 돌이킬 수 없이 불평등하게 태어났다. 이 결정론적 세계관
은 존재론적으로 주어진 남성의 우월성을 정당화하며 그 질서를 뒤집
으려는 어떠한 시도도 부자연스러운 것으로, 즉 사물의 본성에 반하
는 것으로 만들어버린다. 그러나 여성주의 학자들은 젠더 위계는 태
생적으로 주어지는 생물학적 현실이나 존재론적 현실이 아니라 사회
적으로 구성된 것이라고 말한다. 철학자 주디스 버틀러Judith Butler는
젠더가 오직 젠더 이분법에 근거한 이성애적 사회에서만 존재한다고
논증한다.5 젠더 이분법은 "보편적 합리성의 언어라고 나타나는 이분
법적 구조를 근거로 예견되는 패권적 문화적 담론이라는 관점 안에
서" 작용한다.6 일레인 그레이엄Elaine Graham이 언급한 것처럼, 젠더 역
할은 "교육과 미디어, 종교, 가족과 같은 사회적 기관에 의해 전수되
고 학습되며 유지된다."7 이러한 전수가 젠더 구성과 사회화의 과정이
다. 그리고 바로 이것이 여성주의 철학자 시몬 드 보부아르Simone de
Beauvoir가 "누군가 여성으로 태어나는 게 아니라 여성이 되어가는 것"
이라고 주장한 이유다.8 젠더는 계발되고 수행된다. 행위로서의 젠더
는gender as an act 학습되고 또 반복된다. 젠더는 인간 행동과 사회적 관
계들의 산물이다. 어떻게 젠더가 구성되는지의 관점에서 인간이 독립
적이라는 주장은 오류다. 이러한 젠더에 대한 비판적 이해를 통해 사

5 Butler, *Gender Trouble*, 146.
6 *Ibid.*, 9.
7 Graham, *Making the Difference*, 216.
8 Beauvoir, *The Second Sex*, 301.

회적 상호작용social interactions 속에서 형성되는 관계성의 중요성을 살펴보게 된다. 인간은 다른 사람들과 더불어 하는 상호작용 속에서 만들어진다.9

자기됨은 대개 사람됨의 목표로 분리된 독립적 상태가 되는 것으로 이해되는데, 이는 또 다른 문제 있는 개념이다. 독립과 짝지어진 분리는 남성의 사람됨의 상태를 고양하는 것으로 여러 세기에 걸쳐 남성성을 재현하고 남성 젠더를 특권화하면서 잘 작동되어 왔다. 자기됨이 젠더화되는 경우, 즉 여성화되는 경우에는 독립성의 결여로 보게 된다. 독립성의 이상은 분리과 성차별주의라는 결과를 가져왔다. 이 두 개념은 우리 문화의 가장 근본적인 자기-형성적 가정 중 하나로 함께 기능하고 있다.10

독립성과 분리에 근거한 자율성은 인간의 덕목virtue으로 여겨져왔다. 캐서린 켈러Catherine Keller는 "virtue덕"이라는 단어에서 "vir"라는 요소particle를 남성성에 연결지으며 "virility정력"가 자율성의 또 다른 표시라고 지적한다. 그러나 역설적인 점은 자율적이고 남성화된 사람됨의 개념이 타자의 개념을 필요로 한다는 사실이다. 그"He"는 그 개념이 초대하는 반대편에 의지한다. 그가 자율적이기 위해서는 소유적이고 억압적 의미에서 그녀가 필요하다.11 말해진 것(그는 독립적이다)과 진실인 것(그는 독립적이지 않다)의 기이한 병치juxtaposition가 있다. 이 자기됨 구성은 비록 결함이 있음에도 불구하고 호머Homer의 대서사시 오디세우스Odyssey에서 보이는 것처럼 고대 그리스 시대로부터

---

9 초대 교부 터툴리안은 유명한 말을 남겼다. "그리스도인은 태어나지 않고 만들어진다."
10 Keller, *From a Broken Web*, 2.
11 *Ibid.*, 9.

서양적 상상력 속에서 지속되어 왔으며, 여전히 경제적, 정치적 영역을 포함한, 현재 우리 문화 속에서도 끊임없이 등장하고 있다. 여성에 대한 소유와 통제를 필요로 하는 남성의 자기됨은 소위 제일 세계와 제삼 세계 사이에 국가들의 역동으로 확장된다. 전자는 후자에 의지하는 반면, 후자는 생태적, 경제적 파괴라는 부담과 대가를 짊어진다.[12] 많은 포스트식민주의 학자들은 유럽의 피식민화된 타자들Europe's colonized Others이라는 필요성이 유럽이라는 바로 그 정체성을 형성하는지, 또한 이러한 필요성이 부인되지 않는다면 반드시 옹호되어야 하는지를 보여주었다. 가야트리 차크라보티 스피박Gayatri Chakravorty Spivak은 이러한 역설을 명확히 설명한다. "북부가 표면적으로는 계속해서 남부를 '원조'하는 것과 같지만 —예전에 제국주의가 신세계를 '문명화시켰던' 것처럼— 남부가 북부에 제공하는 중요한 조력 덕분에 북부가 자원을 과잉소비하는 생활방식을 유지할 수 있다는 사실이 영원히 폐제된다foreclosed.[13]" 여기서 폐제廢除된다는 것은 "자아(ego, 제일 세계, 북부, 유럽)가 정동affect과 함께 존재한다는, 즉, 자아의 윤택한 삶이 남부의 의존으로 가능하다는 그 개념, 양립불가한 개념idea을 거부하고 그 모순적 개념이 자아에 전혀 일어나지 않았던 것처럼 행동하는"[14] 곳(제일 세계)에서 일어나는 일종의 "활기차고 성공적인 종류의 방어"를 뜻한다.

---

12 Keller, *Apocalypse Now and Then*.
13 Spivak, *A Critique of Postcolonial Reason*, 6.
14 *Ibid.*, 4.

## 장애와 독립성

젠더 위계에 의존하는 독립성의 역설은 장애가 개인의 문제로 여기는 주장의 역설 속에서 더욱 분명해진다. 장애를 단지 개인에게만 국한시키는 것은 잘못된 개념이다. 장애는 개인적 문제가 아니라 사회적 경험이다. 왜냐하면 사회가 어떤 사람에게 있을 수 있는 손상(im-pairments)에 부정적으로 반응할 때 장애는 문제로 제시되는 것이기 때문이다. 이런 점에서, 존 스윈튼John Swinton은 장애를 특수한 손상이나 차이라고 규정하는 대신에 "억압과 주변화, 불의에 대해 공유된 경험을 인식"하는 **소수 집단**으로서의 사람들의 상태"로 정의하려는 시도를 했다. 그러나 그는 계속해서 장애에 대한 이러한 정의에는 한계가 있다고 주장한다. 이 관점은 억압받는 사람과 주변화된 사람, 장애인들의 편에 서시는 정의로운 하나님이라는 개념에 기초하는 해방 신학과 정치신학의 영향을 받고 있다. 그래서 장애가 있는 사람들이 스스로를 "자율성과 자유, 시민권, 자기-재현, 정치적 접근권을 획득"하기 위해서 정치적으로 활동하도록 조직할 수 있다고 가정한다.15 장애를 주도적으로 정의하려는 그의 시도는 독립성이라는 결함 있는 논리를 사용하는 것처럼 보인다. 스윈튼은 또 다른 글에서 도발적으로 "치매가 있는 사람들은 사람의 언어가 없는 편이 더 나을지도 모른다"라는 사회적 인식을 폭로한다. 왜인가? 스윈튼에 따르면, 사회적 가치관은 치매가 있는 사람들은 비생산적이기 때문에 그들의 시간과 삶이 낭비되는 것이라는 독립이데올로기를 형성한다. 가치가 없다는 것은 쓸모가 없는 것이기에, 그들은 사람이 되기를 멈추어야 한다는 것이다.16

---

15 Swinton, "Disability, Ableism, and Disablism," 445. 강조는 원문에 있는 그대로다.

그러나 독립성에 기초한 사람됨의 논리는 도움이 되지 않는다. 왜냐하면 자율성과 자유, 정치적 접근권은 치매와 같은 지적 장애를 지닌 사람들이 얻을 수 없는 것이기 때문이다.[17]

독립성의 논리를 더 따져보자면, 스윈튼은 직선적 시간을 표기하는 진보의 개념에 도전하는데, 이러한 진보 개념은 장애가 있는 사람들에게 해로운 영향을 미친다.[18] 대다수 포스트식민주의 학자들도 식민주의 프로젝트로서 진보의 신화에 이의를 제기해왔다. "시간적 선형성temporal linearity"이라는 유럽적 인식론에서는 조상이나 과거가 그들의 정체성을 위한 주요 준거점이 되어주는 역사를 시간의 순서매김으로 바라본다.[19] 따라서 당신의 선조가 노예였다면, 지금 당신이 법적으로 그렇지 않다고 해도 당신도 여전히 노예인 셈이다. 조상이라는 표지는 그림자처럼 따라다닌다. 파농이 했던 경험은 의미 심장한 진실을 드러낸다. 파농이 식민주의자들의 고향인 파리를 여행했을 때, 파농의 정체성은 "외부에서 중층결정되었다overdetermined from without". 백인 프랑스 식민주의자들은 (외부) 파농을 만나기 전에 이미 그의 검은 몸을 미리 상상했으며 피부색을 넘어서는 서로 간의 상호 인식은 불가능한 것이 되고 말았다. 파농은 그 경험을 삼인칭 관점으로 다음과 같이 표현한다. "그 환경은 그를 처참하게 끌어내어 사지를 찢어버렸다. 그의 피와 정수는 문화적 환경의 먹잇감이 되었으며", 노예화와 정복이라는 끔찍한 역사 속에 "고착되고 말았다."[20] 한번 식민화되고

16 Swinton, "What's in a Name?," 234–247.

17 Swinton, "Disability, Ableism, and Disablism," 446.

18 Swinton, *Becoming Friends of Time*, 35–53.

19 Ashcroft, Griffiths, and Tiffin, *The Empire Writes Back*, 36–37.

20 Fanon, *Black Skin, White Masks*, 116, 216.

나면, 현재에 존재할 장소를 갖지 못한다. 왜냐하면 공간적 거리(소속의 현 상태)와 역사성(지나간 시간의 표시물로서) 모두를 박탈당하기 때문이다. 파농의 심리적 실천에서 "피식민자들은 뱀파이어로, 비-존재, 즉 죽음이 아니라 뱀파이어의 죽지 않은 상태라는 이러한 조건을 가리키는 표상이다."[21]

시간에 대한 제국주의적 개념도 역사가 진보하고 발전한다는 가정을 하기 때문에 선형적이다. 역사의 회귀는 존재하지 않는다. 목적론적 의미에서 역사적 진보의 이러한 개념 속에서 모든 종류의 장애는 부담이 되는데, 타자들의 진보를 지체시키고 사회의 효율성과 생산성을 방해하는 장애물이 되기 때문이다.[22] 여기서 개인과 사회를 위한 삶의 진보란 그저 성취와 생산성으로 측정될 따름이다. 이러한 관점에서 삶을 사는 것은 달리기 경주를 하는 것과 같다. 사람은 반드시 결승선을 향해 빨리 달려야 한다. 천천히 움직이는 것은 성공으로 셈하지 않는다. 결승선에 도달하지 못한 것은 실패로 여겨진다. 그러나 발전적 장애가 있는 이들에게 삶의 목표란 끝을 향한 경주나 풀어야 할 문제라기보다는 어느 정도는 과정이기에, "인간이 되는 진정한 길"에 방해가 되는 것처럼 보일 수 있다.[23]

여기서 장애를 다루는 해방신학적 접근을 비판적으로 고찰할 필요가 있다. 왜냐하면 해방신학과 관련된 문제들은 자율성과 독립성을 획득하기 위한 현 상태의 변화를 가정한다는 점을 포함하기 때문이다. 해방신학은 정치적 의지로 사회적 접근을 막는 장애물을 제거함

---

21 Kawash, "Fanon's Spectral Violence of Decolonization," 249.
22 Swinton, *Becoming Friends of Time*, 52.
23 Swinton, "Building a Church for a Strangers," 25.

으로 모든 사람이 궁극적으로 자율성과 독립성을 획득할 수 있게 되리라고 주장한다. 장애가 있는 사람들의 행위자성은 중대하고 장애가 있는 사람들을 옹호하고 강화하는 역할도 중요하지만, 장애에 접근하는 그러한 방식에는 위험이 존재한다. 왜냐하면 그러한 접근은 자기만족적이고 지나치게 의기양양해지기 쉽다. 자율성의 목표는 사람의 상호의존적일 가능성을 폐제한다. 무엇보다도 이러한 접근에는 사람의 취약성vulnerability을 제대로 인식하는 과정이 빠져 있다. 취약성은 하나의 조건으로, 모두가 해당되며 아무도 예외가 없는, 모든 인간이 가지는 조건이다. 이런 점에서 취약성은 우리 모두를 동일하게 만든다. 버틀러는 이러한 점에서 어떻게 똑같은지가 우리가 지닌 차이의 필요조건이 된다는 유용한 설명을 한다. "우리는 이 조건을 따로 가지며 또한 차이가 없이는 생각될 수 없는 어떤 조건을 공통으로 가진다는 점에서 똑같다."[24] 우리는 취약하기 때문에 같지만, 한 사람의 취약성은 자기 자신에게 해당하며 타자들에게는 다른 장소, 다른 시간에서 다른 영향을 준다. 거기가 바로 취약성이 차이 속에서 서로가 서로에게서 생명을 주고받을 필요성인 상호의존성을 요구하는 곳이다. 레이놀즈는 "취약성은 창조적으로 평등과 차이, 공동의 나눔과 독특성의 선물을 함께 수용하고 상호의존성의 관계성 속으로 열어놓는다"고 썼다.[25] 취약성의 관점에서 장애는 필연적으로 "공유된 연속체a shared continuum"를 뜻하며, 이는 종료점을 향한 경주 같은 진보의 신화를 폐기하면서 "타자화Othering의 형태인 장애를 중단시킬" 수 있다.[26] 이러

---

24 Butler, *Precarious Life*, 27.
25 Reynolds, "Invoking Deep Access," 221.
26 Fulkerson, *Places of Redemption*, 228.

한 공유된 연속체는 "정상"이라고 정체화된 사람들 사이에서 "비정상"이라고 분류된 사람들과 더불어 수행되어야 하고 함께 살아져야 한다. 이러한 삶은 경쟁과 대립된다. 공유된 연속체 속에서의 삶은 경주가 아니다. 빨리 가야 할 필요가 없다. 끝이 없기 때문에 결승점에 이를 필요도 없다. 얼굴과 얼굴을 맞댄 관계와 더불어 사는 이러한 삶은 상호의존성의 공간을 창조하는 하나의 방법이다. 장 바니에Jean Vanier는 라르쉬L'Arche 공동체의 경험을 나누면서 "'더불어 사는 것'은 '무엇을 위해서 사는 것'과 다르다. 더불어 산다는 것은 단지 같은 식탁에서 먹는 것이나 같은 지붕 아래 자는 것을 의미하지 않는다. 그것은 선물gratuity과 진리, 상호의존성의 관계성을 창조한다는 뜻이다."27

## 성인과 독립성

자기됨과 독립의 신화처럼 성인됨adulthood의 신화도 존재한다. 종교교육가 가브리엘 모란Gabriel Moran은 사람이 한번 성인이 되고 나면 더이상 배울 필요가 없다고 간주되는 사실을 탄식한다. 그는 날카로운 질문을 제기한다. "누군가 성인, 달리 말해 노동자가 되었지만 더이상 노동을 하지 않는다면, 그 사람은 무엇이 되는 것인가?… 노년은 성인이 된다는 의미로 우리가 가지고 있는 이미지로는 해결할 수 없는 문제다. 어린이는 성장할 수 있다.… 하지만 노인을 '다시-성인으로 만들' 방법이 없다."28 교육, 교육학 또는 교수법이라는 뜻을 지닌

27 Vanier, *Community and Growth*, 109.
28 Moran, *Education Toward Adulthood*, 20.

페다고지(pedagogy, 소년을 의미하는 *pedo* + 지도하고 가르친다는 의미의 *agogos*)라는 용어의 그리스어 어원은 배움의 과정에서 성인을 위한 자리가 없음을 암시한다. 가르침의 기술the art of teaching에 해당하는 단어인 페다고지는 (어른이 아니라) 어린이를 가르침을 받고 이끌어져야 할 대상으로 상정한다.[29] 오늘날 교사들은 이미 성장한 어른들을 가르친다는 것이 어떤 의미인지를 상상하도록 도전을 받고 있다. 작고한 성인교육가 말콤 놀즈Malcolm Knowles는 성인 학습자를 "방치된 종"이라고 불렀다.[30] 교육에 대한 어린이 중심적 개념이 널리 상정된다는 사실을 고려해서, 놀즈 같은 학자들은 용어의 변화를 통해 성인을 가르치는 일의 중요성을 적절하게 드러내기를 바라며 "성인교육학 andragogy"라는 새로운 용어를 제시하고 계발해왔다.[31]

어른이 된다는 것은 어떤 의미인가? 성인의 개념에 의해 어떤 종류의 의미와 오해가 발생했는가? 이러한 질문에 답하기 위해서, 연결되어 있는 두 가지 쟁점을 다룰 필요가 있다. 하나는 성인이 종종 독립성의 동의어로 여겨진다는 점이고, 다른 하나는 의존적인 성인은 어딘가 부족한 존재로 간주된다는 점이다. 성인은 생산적이고 능력을 갖추어서 스스로를 지원할 수 있어야 한다는 가정이 있다. 성인이 떠맡는 독립성의 논리에는 의존이 실패의 표시라는 이해가 기저에 깔려 있다. 의존적 성인은 무책임하거나 미성숙한 존재로 여겨진다. 사회가 다른 사람들에게 의존하는 성인을 두고 생산하는 이러한 수치심이나 죄책감이 있다. 모란이 지적한 것처럼 독립의 논리는 성인이 "이성

29 Moore, *Teaching as a Sacramental Act*, 12.
30 Knowles, *The Adult Learner*.
31 Knowles, *The Modern Practice of Adult Education: from Pedagogy to Andragogy*.

적이고 자율적이며 경제적으로 생산적인 개인"이라는 식의 고정관념 또는 잘못된 이상을 창조한다.[32] 성인에 대한 이러한 고정관념 속에서 나이 든 사람들과 장애가 있는 성인들, 고용되지 않은 성인들은 사회의 골칫거리나 짐으로 여겨진다. 스윈튼은 지적 장애의 관점에서 시간을 고찰하면서, 우리가 가진 직선적이고 진보하는 시간적 방향의 본성과 결부되어 시간이 돈과 속도로 이해되는 문제를 예리하게 진단한다. 스윈튼은 "생각하는 것과 속도, 자기인식, 자서전적 정체성은 어떤 사람됨이 가정되는가와 그러한 지위를 보유하기 위해서 무엇이 필요하다고 추정되는가와 모두 얽혀 있다.[33] 시간에 대한 이러한 관점에서는 정상화된 사람됨a normalized personhood, 특히 성인됨이란 삶을 최대한 생산적이고, 경쟁적이고, 빠르고 효율적으로 살아가는 것과 연관된다. 성인됨은 충분히 나이를 먹었다는 뜻이고, 나이 든 것은 지구상에서 많은 시간을 보냈다는 뜻이며, 시간이 돈이기 때문에 많은 시간을 보냈다는 것은 돈을 많이 벌었어야 한다는 뜻이 된다. 하지만 어떤 성인이 가난하거나 실업 상태에 있는 경우에는 그 사람이 시간을 낭비해왔다고 간주되고 그 삶도 실패로 여겨진다. 만약 일하지 않고 돈을 충분히 벌지 못했다면 충분히 성공하지 못하거나 효율적이지 못한 셈이다. 따라서 재산이 없는 사람은 나이로는 성인이 되었을지 몰라도 성인됨의 현 상태를 충족시키지 못했기 때문에 진짜 성인이 아닐지도 모른다는 잔인한 잣대가 인식론적으로 형성된다. 하지만 그들은 어린이도 아니다. 결과적으로 그들은 어디에도 소속되지 못하고 정상성 바깥에 존재하게 된다. 많은 성인이 의존성을 삶의 자연스러

---

32 Moran, *Education Toward Adulthood*, 105.

33 Swinton, *Becoming Friends of Time*, 31.

운 부분이고 필요한 부분으로 보지 못한 채, 절망하도록 내몰린다. 신학자이자 철학자인 쇠렌 키르케고르Søren Kierkegaard의 사유 속에서는 사회가 "남자됨manliness의 절망"을 창조하고 고통받는다.[34] 이때 남자됨의 남자는 성인을 가리킨다. 키르케고르는 이원적 젠더 구성 아래서 인간 사회가 독립을 추구하는 오만한 남성성과 유순한 의존적 여성성이라는 두 가지 모드와 씨름하면서 죽음을 앞두고 아파하고 있다고 보았다.[35]

포스트식민주의 학자인 게일 캐넬라Gaile Cannella와 라디카 비루루Radhika Viruru는 식민주의 서구 자본주의적 세계관을 형성하는 과정에 연루되었던, 일과 놀이의 이분법에 관해 흥미로운 논점을 제공한다. 그들은 미리 결정된 아동기 정상성에 도전하면서 놀이가 바로 어린이들에게만 국한된 일이 아닌지를 질문한다.[36] 좋은 취지를 가지고서, 어린이의 발달과 배움의 창조적 과정에서 놀이가 중요하다는 사실을 강조하는 교육가들조차 놀이를 어린이가 어른이 되어가는 정상적이고 자연스러운 방법으로 생각한다. 캐넬라와 비루루는 "세계의 이분법적 해석이 최소한 두 가지 방식으로 영속화되고 있다. ① 어른들이 일의 세계에서 기능해야 하는 반면, 어린이는 놀이의 담론 속에 갇혀 있기에 어린이와 어른 사이의 분리가 더욱 커진다. ② 더 어린 인간 존재들은 몰역사적이고 보편적으로 무지한 대상으로 거듭해서 취급된다."[37] 이러한 일-놀이 이분법은 놀이의 역할을 비생산적인 것으로, 어린이가 성인이 되고 나면 그만둘 것으로 폄하한다. 또 놀이가

---

34 Kierkegaard, *The Sickness unto Death*, 200–203.
35 Cited in Keller, *From a Broken Web*, 34.
36 Cannella and Viruru, *Childhood and Postcolonization*, 105.
37 *Ibid.*, 107.

그저 어린이에게 속한 활동으로 여겨지기 때문에 놀이를 가치 있다고 생각하면서 놀이를 수행하는 어른의 자리도 없애버린다. 실천신학자 자코 해먼Jaco Hamman에 따르면, 놀이하기는 실천신학이 "명확한 텔로스telos 또는 목적… 혹은 선교나 신앙 형성, 정의와 같은 구체적 (정통) 실천"에 몰두하는 경우에 생기는 문제로 제기된다. 해먼은 "놀이하기가 무목적적이고 자기목적적이기 때문에 놀이는 놀이 자체를 위해 연관된다"는 점에서 문제라고 설명을 이어간다.38 캐넬라와 비루루를 해먼과 대화시켜 보면, 실천신학자가 "명확한 규정과 반복 가능한 과정, 명쾌한 기술로 지어진 생산성을 뽐내면서도 아무 의도 없이 학계의 경쟁에 참여할 수 있는지에 의문을 제기할지도 모른다. 여기서 중요한 점은 실천신학의 학문적 활력이 담긴 이러한 작업을 기각하려는 것이 아니라 "의미 속에서 모호성과 역설, 다중성을 번성하게 만드는" 놀이의 역할을 병치하면서 그러한 학문 작업을 미묘한 뉘앙스로 다시 표현해내는 것이다.39 또 다른 실천신학자인 보니 J. 밀러-맥르모어 Bonnie J. Miller-McLemore는 자신의 아이들과 놀이한 경험을 나누며 노동을 어른의 것으로, 놀이를 유아기적 행위로 간주하는 이분법의 경계를 흐리게 만드는 방식으로 이러한 논지를 펼친다. 어른들은 비구조화된 활동인 놀이하기의 혼돈 속에서 어린이와 어울려 놀면서 실제로 삶의 의미, 삶에서 우선하는 가치를 음미하기를 배우기 시작한다. 놀이의 복잡성 속에서 놀이가 지닌 가르침과 가치, 놀이의 중요성을 설명하면서, 놀이를 수행하는 것은 역설을 담아내고 경계성liminality을 창조한다.40

---

38 Hamman, "Playing," 43-44.

39 *Ibid.*, 44.

성인의 개념이 독립적이고 강하고 능력 있는 것으로 한번 정립되고
나면, 그 반대편에 자리한 어린이에 대한 개념도 정립된다. 어린이와
(몇 살에 사람이 성인기에 도달하는지는 논란의 여지가 있음에도 성인에
도달하기 이전의) 청소녀/청소년들은 무력하며 아무런 기여를 할 수가
없다. 그들이 하는 것이라고는 놀이뿐이라는 잘못된 논지가 성립된다.
계몽주의의 결과인 근대성modernity은 성인, 특히 일하고 성취하고 경쟁
하는 성인들에게 특권을 부여한다. 영향력이 큰 계몽주의 신학자 프리
드리히 슐라이어마허Friedrich Schleiermacher는 비교종교학을 여는 중요
한 저서인 『종교론』On Religion을 썼다. 슐라이어마허는 이 책에서 오
직 그리스도교만이 "성인된 인간성"의 가치가 있으며, 다른 종교는
"유치하다"고 주장했다.[41] 여기서 종교적 위계는 연령주의ageism에 근
거해 정립된다. 인간 발달을 공부한 포스트식민주의 이론가 아시스 난
디Ashis Nandy는 식민주의적 위계가 지닌 동일한 문제를 지적한다. 난디
는 데이비드 리빙스톤David Livingstone 선교사와 스페인 출신 유럽인들의
글을 검토하면서 이러한 식민주의자들이 어떻게 아프리카 사람들의
발달이 유아기에 머물고 있는지 혹은 청소년기까지는 발달했지만 성
인기에는 전혀 도달하지 못했다는 결론을 내리는지를 폭로한다.[42] 권
력의 시행인 식민주의 정복은 어린이를 돌보는 일로 정당화되었다.
"그들을 위한 보다 나은 미래를 보장하고 그들의 영혼을 구원한다."
이것이 캐넬라와 비루루가 아동기의 시험을 "식민화하는 구성물"이라
고 명명한 이유다.[43]

---

40 Miller-McLemore, *In the Midst of Chaos*, 127-150.
41 Schleiermacher, *On Religion*, 238-241. 이 책은 1831년에 출간되었다.
42 Nandy, *The Intimate Enemy*, 15-16.
43 Cannella and Viruru, *Childhood and Postcolonization*, 3, 83.

나이 위계를 사용하는 한 가지 방법은, 피식민자와 지적으로 어려움을 겪는 사람, 나이가 더 어린 사람, 경제적 이유와 여러 다른 이유로 다른 사람들과 사회에 의존하는 사람을 비인간화하는 것이다. 우리는 포스트근대, 포스트식민주의 시대에 살고 있지만 주변화된 그룹인 어린이와 어린이처럼 재현되는 민족들은 여전히 무시당하며, 그들이 장차 될 수 있는 것을 제외하고서는 가치 있게 여겨지지 못한다. 존 웨스터호프는 어린이에 관해서 가장 중요시되는 것은 그들이 "어른으로 만들어질 [필요가 있다]"는 점이라고 비판한다.[44] 거듭된 시사점은 진보라는 폭력적 신화다. 어른과 선진국은 여전히 중심 무대를 차지하는 동안에, 다른 존재와 다른 나라들은 밀려나게 된다. 젊은 사람들이 잘 하는 것을 인정하기를 거부하는 것은 지혜를 인식하기를 거부하는 결과로, 어린이뿐만 아니라 전체 문화와 공동체의 가치를 인정하지 않는 결과로 이어진다.

어린이의 가치와 역할에 대한 쟁점은 예배 때의 어린이를 다루면서 3장에서 더욱 상세하게 살펴볼 것이다. 왜냐하면 교회 생활의 여러 측면 중에서도 예배 공간이 바로 어린이가 가장 보이지 않고 배제된 곳이기 때문이다.

독립에 대한 잘못된 개념은 두꺼운 벽처럼 세게 부딪치는 위협과 같다. 그것을 무너뜨리려면 수많은 작업이 이루어져야 한다. 이러한 과업을 이루기 위해서 탈학습의 실천, 삶의 상호의존적 방식을 긍정하는 필수불가결한 걸음을 제안한다. 다음에 이어질, 개신교 주류 교단에 속한 지역교회에서 일어난 이벤트에 대한 사례연구에서는 이러한 실천을 탐색한다. 이 이벤트의 참여자들은 자신들이 이전에 하지

---

44 Westerhoff, "Foreword," 11.

않았던 것을 떠맡기를 자처하면서 탈학습 과정에 개입했다. "우리는 항상 이런 방식으로 해왔어"라는 상투성을 반복하는 대신에, 익숙한 것을 탈학습하는 위험을 감수하고 새로운 배움을 찾아 모험을 떠났다. 이 사례연구는 느슨하게 실천신학의 "참여적 행동 연구participatory action research" 방법을 활용했다.45 실천신학자 엘리자베스 콘드-프레이저Elizabeth Conde-Frazier는 코넬 웨스트Cornel West를 인용하면서 이 방법을 상세하게 설명한다. 코넬 웨스트는 학문적, 전문적 생활을 하는 사람들에게 "진리의 토대를 찾으려는 탐색과 확실성을 추구하는 탐험을 포기하고, 그들의 에너지를 사람들이 지식을 얻는 과정에서 더욱 효과적으로 소통하고 협력하도록 하는 사회적 조건과 집단적 조건을 규명하는 방향으로 전환해야 한다"고 촉구했다.46 웨스트는 평범한 사람들의 삶의 역동을 실천신학을 하기 위한 중요한 인식론적이고 해석학적인 자료로 여기고 주의를 기울여야 한다고 일깨운다. 콘드-프레이저는 특정한 신앙 공동체의 정황을 진단하고 주의를 기울일 경우에는 이 방법이 유용하다고 주장한다. 이는 사람들의 존엄을 배제하고 부인하는 사회적 불의를 다룰 때 특히 중요하다. 참여적 행동 연구 방법은 "연결망을 만드는 능력과 관계 형성을 촉진하는 능력"을 강화한다.47 이어질 사례 연구에서는 정의로운 관계를 가꾸어나가기 위해서 필요한 도전을 드러내면서 그러한 능력을 보여준다. 공식적으로 질적 연구를 하지는 않았지만, 이 사건을 묘사하고 그에 대해 성찰하는 나의 입장은 참여-관찰자participant-observant다. 이 참여-관찰 방법

---

45 Conde-Frazier, "Participatory Action Research," 234-243.
46 West, *The American Evasion of Philosophy*, 213.
47 Conde-Frazier, "Participatory Action Research," 237.

은 단순히 집단의 생활에 참여하고 그 경험을 성찰하는 것을 포함한
다. 이어질 묘사와 성찰은 일 년간 교회의 만찬 프로그램에 참석한 결
과물이다.[48]

## 사례연구: 매월 금요일 공동체 만찬

2013~14년부터 내가 정규적으로 출석했던 교회에서는 이전까지
해보지 않던 것을 시도했다. 이는 "매월 금요일 공동체 만찬monthly Friday
community supper"이라고 불렸다. 이 만찬은 식사를 나누려고 사람들이
모이는 것 외에는 다른 목적이 없었다. 이 만찬은 모금행사가 아니었
고 교육 프로그램도 아니었다. 노숙자를 위한 식사 같은 아웃리치 저
녁식사도 아니었다. "커다란" 의제도 없었으며 "엄청난" 준비도 필요
하지 않았다. 대신에 이 저녁식사는 단지 교회 공동체로서 서로를 알
아가고 함께 식사하려는 열망을 키우려는 소박한 의도를 지니고 있었
다. 기꺼이 자신의 재능을 활용해서 전체 그룹을 위한 주요리를 준비
하려는 자칭 셰프(전문 셰프가 아니라 자원봉사자였다)가 있어서 사람
들은 그냥 와서 즐길 수 있었다. 음식을 챙겨주고 싶어하던 사람들은
작은 곁들임 요리를 가져왔다. 헌금 바구니는 주요리의 비용을 치르
는 데 도움이 되도록 만들어졌다. 남은 음식은 지역 기관을 통해 노숙
자들에게 보냈다.

---

48 Fulkerson, *Places of Redemption*. 여기서 그녀는 선한 사마리아인 연합감리교회
(Good Samaritan United Methodist Church)에서 참여관찰자가 되었던 자신의
경험을 풀어낸다. 그녀는 2년이 넘는 시간 동안 인터뷰를 진행하고 주일예배와 성
경공부, 회의, 각종 교회 행사에 참석했다.

히브리 서신 설교에서 "믿음은 바라는 것들의 확신이요, 보이지 않는 것들의 증거입니다"(11:1)라는 지혜로운 말씀을 따라서 말하자면, 이 만찬은 믿음으로 충만했다고 할 수 있다. 믿음으로 충만했다고 하는 까닭은 아무도 누가 나타날지, 혹은 얼마나 많은 사람이 올지 정확히 몰랐기 때문이다. 음식이 충분할지, 혹은 비용을 충당할 만큼 기부금이 모일지에 대해서도 아무 보장이 없었다. 사람들은 이 모임을 통해 바라는 것들을 확실히 이루실 하나님을 신뢰하기를 배워야 했다. 사람들은 하나님을 신뢰해야 했을 뿐만 아니라 서로를 의지해야만 했다.

이 교회는 캐나다에 있었고, 대학교 근처에 자리잡고 있었다. 가끔씩 이 만찬에 참석하던 사람 중에는 인도에서 온 박사과정 학생이 있었다. 그는 일찍 와서 식탁과 의자를 준비하는 일을 거들었다. 그는 교회에서 공식적 직책을 맡지 않았다. 그런데도 기꺼이 돕고자 했고 사람들은 그의 도움에 크게 감사했다. 식사할 시간이 되었는데, 그는 한 시간 정도 사라졌다가 맛있어 보이는 카레 한 솥을 들고 다시 나타났다. 그 시간이 되면 사람들은 대부분 식사를 마치고 배가 꽤 부른 상태였음에도, 그가 가져온 요리를 맛보기를 좋아했다. 그는 주로 남은 음식을 먹어야 했지만 사람들은 그를 위해 서빙하려고 했고 그들이 가진 요리를 나누어주었다. 이렇게 파행적이고 무질서하면서도 너그러운 행동 덕분에 참석자들은 다른 형태의 기여에 가치를 부여하는 법을 배웠다. 이 작은 사건은 섬기고 또 섬김을 받는, 교회의 상호의존적 삶에 대해 가르쳐주었다.[49]

놀랍게도 이 만찬 모임은 20명이 모이는 것으로 시작해서 나중에

---

49 Kim-Cragg, "To Love and Serve Others," 24-32. 여기서 나는 이 이야기와 이 이야기에 대한 신학적 성찰을 나누었다.

40명, 또 60명으로 커졌다. 식사에 나온 사람들 중에는 고정적인 구성원도 있었고 새로 나온 사람들, 적지 않은 방문자도 있었다. 저녁식사는 그 자체로 공동체를 세우는 이벤트였는데, 교회 내 기존에 존재하던 관계성을 강화하는 동시에 교인이 아닌 사람들과 맺는 관계성도 확장했다. 이 저녁식사 이벤트가 성공적이었기 때문에, 교인 몇몇이 아흔 살 이상의 어르신들을 모시는 저녁 이벤트를 준비하려고 했을 때, 이 만찬 이벤트와 결합하기로 했다. 어르신들을 예우하는 축하행사를 진행하면서 82명이 왔고 함께 음식을 나누었다(이 교회에서는 보통 120명 정도가 주일예배에 정기적으로 모인다.) 90대였던 분들 몇몇은 정규적으로 주일예배에, 교회에 나오지 못했는데 그분들의 가족들과 교인들의 지원으로 교회에 오려는 노력을 기울였다. 저녁식사는 음식의 측면만이 아니라 참석한 사람들의 다양성 측면에서도 가히 축제 같았다. 교회는 이 행사의 중요성을 인식했으며, (한 해 동안 헌신했던) 자원봉사자 셰프가 음식준비를 하지 못하는 상황인데도 불구하고 다음 해인 2014~15년에도 계속해서 이 만찬 행사를 이어가기로 결정했다. 다른 사람이 나서야 했고 교회는 계속해서 일이 잘 되어갈 것이라고 확신하고 믿었다.

## 사례 연구에 대한 비판적 성찰

이상에서 언급했듯이, 이 매월 금요일 공동체 만찬은 이 특정한 교회에서 이전에 전혀 시도해보지 않던 행사였다. 오늘날 주류 교단의 사역이 직면하는 도전 중 하나는 변화에 대한 저항이다. 사람들은 새

로운 것을 시도하기를 두려워하는 듯하다. 이는 내가 "탈학습의 제재
된 실천"이라고 명명한 현상의 슬픈 징후다. 극작가이자 수필가인 칼
핸콕 럭스Carl Hancock Rux는 이 점에서 신랄한 조언을 한다. "진정한 학
습은 탈학습을 포함해야 한다. 우리 모두는 그다음 적절한 아이디어
에 도달하기 위해서 '안다고 생각하는 것을 잊어'버려야 한다. 이는 극
도로 위험하다. 왜냐하면 잊는다는 것은 지식이 죽는다는 것을 의미
하기 때문이다."[50] 럭스는 (망각의) 위험과 (탈학습으로서의) 죽음을
묘사한다. 그의 작업은 배움이 변혁의 장애물이 될 수도 있고 변혁의
선물이 될 수 있는 방법들을 제시한다. 금요일 공동체 만찬과 같은 모
임은 불가피하게 타자와의 새로운 만남을 수반하고 사람들을 안일했
던 삶의 자리에서 낯선 공간으로 이끈다.

　새로운 만남은 낯섦을 동반한다. 여성주의 퀴어 이론가 글로리아
안잘두아Gloria Anzaldua는 위험한 만남을 경계지대borderlands라고 부른
다. 경계지대는 "두 개 또는 그 이상의 문화들이 서로 경계를 이루고
있는 곳이면 어디서나… 하위 계급, 차상위 계급, 중간 계급, 상위 계
급이 접촉하는 곳에서, 두 사람 사이의 공간이 친밀감으로 좁아지는
곳에서 나타난다.… 그곳에는 모순과 불만이 늘 머물고 있으며 죽음
이 낯설지 않다."[51] 실천신학자 메리 매클린톡 펄커슨Mary McClintock
Fulkerson은 그러한 만남으로 인한 기묘한 경험을 이야기한다. 장애 없
는 신체를 지닌 백인 여성인 그녀는 교인의 4분의 3 정도가 비-백인
이며, 휠체어를 타고 있거나 다운 신드롬과 여러 장애를 가진 사람들

---

50 칼 핸콕 럭스는 이 이야기를 시즌 시사회 대화에서 인터뷰하며 나누었다. http://w
　ww.tcg.org/publications/at/2001/carl.cfm. 2014년 7월 26일 접속.
51 Anzaldua, *Borderlands/La Frontera*, 4.

이 큰 비중을 차지하는 선한 사마리아인 교회Good Samaritan church에 들어갔다. "그 첫 번째 방문에서, 그 장소가 지닌 "익숙하지 않은 '흑인성blackness'과 장애를 지닌 사람들의 존재에 대해 반응하면서 나는 기묘한uncanny 감정을 마주했다. 이는 내가 포용성inclusiveness에 대해 의식적으로 기울이는 헌신이 내가 길들여져 있는 정상성the normal의 감각과 완전히 상관관계를 맺고 있지 못하다는 사실을 드러냈다."[52]

새로운 만남과 더불어 새로운 것을 탐색하는 일은 실제로 기이하고 비정상적이라고 느껴질 수 있다. 또 위험하기도 하다. 그러한 만남이 일어날 때 이전에 해보지 않던 새로운 것을 시도하는 것은 두렵고 무서운 일이 될 수 있다. 하지만 배움은 언제나 그러한 위험risk을 수반한다. 새로운 것을 시도하고 새로운 기술과 새로운 생각을 배우는 일은 이전의 앎이라는 편안하고 익숙한 공간에서 떠나는 것을 필요로 한다. 대체로 낡은 지식과 낡은 행동과 사유의 방식이 배움의 영역에서 너무 많은 공간을 차지하고 있을 때에는 새로움을 배울 수 없다. 하지만 익숙하고 편안한 방식, 새로운 성장을 막고 있는 과거에 배우고 축적한 지식을 포기하기를 망설이는 것은 이해할 만하며 심지어 자연스러운 일이다. 그러나 삶의 상호의존적 방식을 찾는 과정에서 익숙한 것의 죽음은 삶으로 향하며, 정상적인 것이라고 너무 좁게 규정된 삶은 죽음으로 향할 수 있다. 성장은 성취를 통해서만이 아니라 상실을 통해서도 이루어진다. 따라서 우리는 성장하기 위해서 탈학습을 실천해야 한다. 우리는 얻기 위해 잃어야 한다. 낡은 습관적 방식이 해체되지 않는다면, 새로운 배움 또는 새로운 실천이 벌어지는 일은 요원할 것이다.

---

52 Fulkerson, *Places of Redemption*, 15.

개혁교회 신학자 카를 바르트Karl Barth는 젊음의 소명을 옹호하며
이렇게 말했다. "아직 상대적으로 많은 경험이 없는 젊은 사람이란 그
(원문대로)가 기존의 틀에 갇혀 있고 전통주의적인 습관의 노예가 되
는 위험에 빠져 있지 않다는 뜻이다.… 그(원문대로)는 모든 것이 너무
익숙하기에 지루함의 희생자가 되지 않아야 한다.… 또한 그(원문대
로)는 미래를 위한 규범으로 삼도록 유혹하는 개념들을 암기하기 위
한 자료가 결여된 상태다."[53] 바르트의 경고에는 교육학적으로, 실천
적으로 시사하는 바가 있다. 교회가 되는 방식이나 그리스도인이 되
는 방식에 너무 편안해진 상태는 좋은 것이 아니다. 너무 익숙하게 되
는 것은 배움에 도움이 되지 않는다. 신앙을 형성하는 반복의 실천을
통해 몸에 밴 기억muscle memory을 배양하는 일은 좋지만, 그러한 익숙
하고 편안한 실천이 더이상 앞으로 나아가지 못하게 하고 떠오르는
새로운 이해를 가로막는 경우를 인식하는 일도 무척 중요하다. 이런
점에서 금요일 공동체 만찬은 미지의 것을 향한 모험이 되었으며, 탈
학습의 실천을 통해 기대하지 못한 배움으로 인도했다. 실천신학자
메리 엘리자베스 무어Mary Elizabeth Moore는 우리에게 규칙을 깨고 이러
한 종류의 새로운 배움을 감수하는 힘이 필요하다고 말한다.[54]

금요일 공동체 만찬에서 얻은 가장 예상치 못한 배움 중 하나는 참
석자들의 이질적인 정체성과 적극적이고 넉넉한 참여 덕분에 이루어
진 세대 간, 상호-문화적 배움이었다. 대학생들이 왔고 아이가 없는
젊은 부부도 왔으며 어린아이들이 있는 가정도 왔다. 어르신도 왔는
데, 대다수가 혼자 사시는 분들이었다. 새스커툰시에서 오래 거주한

53 Barth, *Church Dogmatics* 3:4, 607-612.
54 Moore, *Teaching as a Sacramental Act*, 193-194. ·

백인들도 왔지만 중국과 인도, 두바이, 마다가스카르, 수단, 영국에서
온 사람들도 있었다. 다인종, 다국적, 다세대적 이벤트였다. 입양한
어린이와 위탁양육하는 어린이가 있는 간-인종적 가정들뿐만 아니라
동성 커플, 이성애 커플, 친구와 함께 온 독신과 같이 여러 다른 형태
의 가족들이 참석했다. 충직한 교회 리더들과 교회와 느슨하게 또는
한시적으로 연결되었을 뿐이었던 사람들이 밥상을 함께했다. 어떤 의
미에서 모든 사람이 다른 사람들과 교제하던 편안하고 익숙한 습관을
포기했으며 새로운 기억과 새로움을 배움과 교회에 대한 새로운 비전
을 창조했다는 점에서 모두가 함께 지혜를 얻었다.

　이러한 기억에는 기쁨이 포함된다. 금요일 공동체 만찬에서는 함
께 모이고 함께 먹고 그저 "어울리고" 함께 "재미있게 노는" 데에서 기
쁨의 감각을 창조했다. 그들은 노는 법을 배웠다. 어린이들은 게임을
가져왔고 어른들에게 게임을 하는 법을 가르쳐주고 함께 놀았다. 어
린이들은 교회가 재미와 놀이를 위한 장소일 수 있다는 사실을 배웠
고 "놀이는 신앙과 거의 상관이 없다"는[55] 지배 서사에 맞서는 대항
서사를 창조해냈다. 그들은 음식 나눔이 그리스도의 몸인 교회를 세
우는 데 얼마나 핵심이 되는지를 재-학습했다. 신학자 이정용은 미국
에서 한국 이민자들을 목회했던 경험을 나누면서 한국계 미국인 교회
에서 음식을 먹기 위해 모이는 것이 중요하다고 말한다. 그는 공동체
식사가 주일예배의 성찬식보다도 훨씬 더 중요하다고 주장한다. 보통
수요일 저녁마다 모이는 셀 그룹을 다음과 같이 묘사한다. "셀 그룹의
주변부 사람들은 함께 먹기를 원한다.… 그들은 정찬을 준비하는데,
이는 그들의 성찬식이다. 그들은 빵 한 조각이나 플라스틱 컵에 담긴

---

55 Miller-McLemore, *In the Midst of Chaos*, 128.

포도주를 피한다. 예수가 제자들과 먹었던 것처럼, 그들은 그리스도의 현존, 주변성의 주변the margin of marginality에서 함께 먹기를 원한다."[56] 예수가 창조한 식탁 공동체에서는 부유한 사람들의 호화로운 음식이 아니라 평범한 사람들의 일상적 음식이 차려진다. 작고한 예전학자이 자 역사가인 제임스 화이트James White는 "일상 음식을 사용하는 것은 성찬식의 핵심이다. 그리스도는 신들이 먹는 음식이었던 넥타nectar와 암브로시아ambrosia가 아니라 인간들이 먹는 음식인 빵과 포도주를 선 택했다.[57] 이정용이 섬기던 교회에서 성찬식을 성례적sacramental으로 만든 것은 어떻게 정찬을 나누던 사람들이 그들 사이에서 그리스도의 현존을 인식하느냐였다. 이러한 의미 있는 인식이 분명히 드러나는 한, 그들의 식사는 성스럽다. 이정용은 계속해서 말한다. "[셀 그룹 모 임에서] 성찬식 식사나 아가페밀을 마치고 나서, 주변부 사람들은 그 들의 사회적, 정치적 관심을 의논하고 자신들의 공동체를 나아지게 할 행동을 기획한다."[58] 초기 그리스도교와 유대교를 연구한 질리언 필리-하닉Gillian Feely-Harnik은 음식이 상징적 음식이 아니라 실제 일상 적 음식이었고 유대인들이 사람들 사이의 관계, 인간 존재와 하나님 사이의 관계를 표현하는 가장 중요한 언어라고 주장한다.[59] 그런 점 에서 예수의 사역이 어째서 주로 음식을 중심으로 이루어졌는지 보는 것은 전혀 놀라운 일이 아니다! 예수는 사회적 경계와 인간이 만든 장 벽을 초월하는 하나님의 사랑을 보여주는 방식으로 사람들과 먹고 마 셨다. 이러한 식사 나눔은 건강하고 정의로운 공동체의 초석이 되었다.

---

56 Lee, *Marginality*, 141.
57 White, *Introduction to Christian Worship*, 261.
58 Lee, *Marginality*, 136.
59 Feely-Harnik, *The Lord's Table*.

매월 금요일 공동체 만찬 이벤트에서 드러난 것은 감사의 의식과 준비된 음식과 서로 함께 하는 시간을 감사하는 공동체적 태도였다. 감사라는 그 행위가 바로 하나님을 아는 형식이다. 여러 차례 논의한 바와 같이, 이러한 형식의 지식은 영적인 지식이며 고차원적인 이성적 지식을 넘어서 육체적 감각을 수반한다.[60] 이 공동체 만찬은 예전 학자 돈 샐리어스Don Saliers가 주장한 "감사를 지속하는 능력"을 가르쳤고 감사의 감정을 길러냈다.[61] 감사하기를 배우거나 그러한 감사를 삶의 방식으로 깊이 체현하기 위해서는 감사에 대한 정보를 얻거나 인지적으로나 역사적으로 감사에 대해서 배우는 것보다 더 많은 것이 필요하다. 사람은 반드시 감사함을 경험해야 한다. 감사를 추구하는 것은 궁극적으로 감사함을 느끼는 것으로 이어진다.[62]

## 독립성을 탈학습하는 실천

정치적 무게를 지닌, 축적된 지식을 고려할 때 독립성을 탈학습하는 실천은 특히 중요하다. 특정한 지식이 시간을 통해 생산되고 학습될 때, 그 축적된 지식은 새롭게 접하는 것에서 새로운 지식을 생산하지 못하게 막아버리는 게이트키퍼가 된다. 가령 자기충족성과 독립성의 지식은 개인의 자유와 평등, 민주주의라는 개념의 결과다. 그렇다면 이러한 지식은 시간을 두고 사회적으로 또한 제도적으로 실천되며

---

60 Kim-Cragg, "Through Senses and Sharing," 34.

61 Saliers, *Worship as Theology*, 86-99.

62 Moore, *Teaching as a Sacramental Act*, 145.

정치적 힘을 얻는다. 예를 들면 가난이라는 사회적 문제가 떠오르고 점점 더 많은 사람이 이를 얻으려고 투쟁할 때 독립성에 대해서 당연하다고 여겨져 온, 낡은 지식은 이 문제를 다루는 데 방해가 될 수 있다. 독립성 이데올로기는 문제를 진단하는 데, 또한 가난한 사람들이 게으르기 때문에 도움을 받을 자격이 없다는 결론을 내리는 데 사용된다. 사회적으로 승인된 이 독립성 이데올로기는 빈곤에 처한 사람들이 독립적이 되고 일을 더 열심히 하도록 배울 필요가 있다고 가르친다. 독립성 이데올로기는 종종 장애가 있는 사람이 사회에 짐이 된다는 주장을 뒷받침하는 데 적용되기도 한다. 이 상품화된 자본주의 사회에서는 사람들의 가치가 얼마나 능력이 있고 유능하며 독립적인가로 매겨진다. 독립성의 논리에서는 장애가 있는 사람들은 비용이 많이 들며 사회적 자본을 낭비하는 셈이다. 저명한 영국 철학자이자 윤리학자인 메리 워녹Mary Warnock 남작 부인과 같이 고등교육을 받은 사람들이 이러한 류의 심란한 주장을 부추긴다는 사실은 특기할 만하다. "당신이 치매에 걸렸다면 사람들의 삶을—당신 가족의 삶을— 낭비하고 있는 것이며 국민 건강 보험을 낭비하고 있는 것이다." 심지어 그녀는 치매가 있는 사람은 목숨을 끊도록 장려해야 한다고 주장한다. 스윈튼이 올바르게 지적했듯이, 워녹의 위험한 관점이 감추는 것은 사람을 죽이는 것을 정당화하는 이유다.[63] 워녹의 논리에 따르면 치매가 있는 사람들이 인지적으로 자각하지 못하고 가족들과 커뮤니티의 지원에 의존한다면, 그들은 살 가치가 없는 셈이다. 이 장을 쓰는 동안에 미디어에서는 어떤 간호사가 세 개의 각기 다른 장기 요양센

[63] Macadam, "Interview with Mary Warnock," Swinton, *Becoming Friends of Time*, 37에서 재인용.

터에서 여덟 명의 어르신을 죽였다는 충격적인 뉴스를 전했다. 엘리
자베스 웨트라우퍼Elizabeth Wettlaufer는 캐나다 역사에서 가장 악질적인
연쇄살인범 중 하나가 되었는데, 그녀는 그들을 죽여야 할 "감정의 들
끓음surge"이 있었다고 말했다. "이것은 하나님의 뜻임이 틀림없어요.
왜냐하면 (헌팅턴 병을 앓던) 이 사람은 그의 삶을 전혀 향유하지 못하
고 있었어요." 또한 웨트라우퍼는 치매가 있는 또 다른 사람을 생각하
면서 "죽기를 원하는 것처럼 보였다"고 생각했다. 그녀가 마지막으로
살인을 저지른 사람은 그녀의 돌봄을 받던 사람으로 그녀를 발로 차
고 소리를 질렀다. 그녀는 속으로 생각했다. "더이상은 도저히 참을
수 없어."64

　독립성이라는 겉모습 아래, 자유와 평등은 취약한 사람들에 대한
공동체와 사회의 책임을 저버리고 있다. 부유한 사람들의 무관심과
체계적이고 사회적인 병은 감추어져 있다. 실제로 특정한 형태의 취
약성은 자기 방어의 대응기제로 쓰이면서 폭력의 대상이 된다. 장 바
니에가 주장하듯이, "눈물과 폭력은 견딜 수 없는 것, 우리 자신의 취
약성, 우리 자신의 고통으로부터 우리 자신을 보호하는 방법이 될 수
있다."65 우리가 가난한 사람과 노숙자, 더럽고 추한 사람, 심각한 장
애가 있는 사람과 만날 때, 우리는 우리 자신의 연약함과 취약성과 마
주하는데, 이를 인정하는 것은 어렵다. 우리는 웨트라우퍼가 왜 이 연
로하고 노쇠한 사람들을 죽였는지를 전혀 알 수 없을지도 모른다. 하
지만 그녀가 그들의 나약함을 통해 자신의 연약함과 취약성을 보았다

---

64　https://www.thestar.com/news/canada/2017/06/01/elizabeth-wettlaufer-
wood-stock-nurse-guilty-murder.html.

65　Vanier, *Befriending the Stranger*, 12.

면, 아마도 그들을 죽임으로 자기 자신의 취약성과 장애를 죽이려고 했었을 것이다. 우리가 당면한 문제(딜레마)는 "인간의 번성을 당연하다고 받아들이는 인식"이 성공의 거짓신화임을 알기에 그를 드러내려 하지만 동시에 끝이 없이 영원할 것 같은 성공과 진보의 허구서사를 믿고 싶은 그 욕망과 한계 속에 헤메고 있다. 불행하게도 이렇게 가혹하고 어지러운 현실은 "사랑과 사랑하려는 의지"를 이끌어내지 못하고 "불안과 두려움을 이끌어낼" 따름이다. 이것이 바로 "폭력과 두려움이 불가분의 동반자"인 이유다.[66]

그러나 인간이 지닌 이런 삶의 조건, 이러한 위험한 측면으로부터 깨어난다는 것이 냉소주의나 절망으로 이어져서는 안 된다. 독립성이라는 신비화된 지식을 탈학습하는 것은 변혁적일 수 있다. 이것이 보다 공평한 상호의존적 사회를 창조하는 비전과 더불어 겸손이라는 심오한 가르침에 이르게 하기 때문이다. 물론 이러한 변혁은 어려운 작업이다. 이는 하룻밤 사이에 되거나 쉽게 이루어지지 않는다. 그러한 독립성 이데올로기는 개인주의적 자유와 평등이라는 이상에서 연료를 공급받아 문화적이고 사회적인 규범을 켜켜이 창조한다. 개인이 지식으로서의 이러한 이데올로기를 실천할 때, 이 이데올로기는 규범적이고 집단적인 기억으로 보존되고 기입된다. 그러므로 탈학습에는 습관적 패턴과 생각을 끈질기고 끈기 있게 되돌리려는 실천이 필요하다.

이 논점을 분명하게 밝혀줄 사례로 가장 이상화된 서구적 가치이자 원리 중 하나인 민주주의를 생각해보자. 후미타카 마츠오카Fumitaka Matsuoka는 민주주의와 자유의 이름으로 특히 인종화된racialized 사람들과 소수화된minoritized 사람들이 피해를 입어왔다고 주장한다. "민주주

---

66 Swinton, *Becoming Friends of Time*, 36.

의가 미국을 위한 보편적이고 신성불가침의 것이라고 본질화되어서
는 안 된다. 민주주의는 그것이 기원한, 역사적이고 문화적 맥락을 지
니고 있다.… 다시 말해서 민주주의는, 권리를 가졌지만 그 권리를 행
사하지 못하는 사람들의 목소리를 고려하는, 인간의 삶의 관계적 본
성에 의해 길들여질 필요가 있다."[67] 이러한 목소리는 소수화된 사람
들의 목소리다. 무어는 이 점에서 마츠오카에 동의한다. 역설과 비유
의 신학을 옹호하면서 무어는 작은 자(소수화된 사람들로 읽는다)인 어
린이와 함께하는 예수의 사역에서 표현된 하나님의 "그 이상 되심
moreness"이라는 용어를 제시한다. 무어는 이러한 그 이상 되심의 신학
적 가르침을 시적으로 잡아낸다. "하나님은 눈에 보이는 것 그 이상이
시다. 현존하며 가시적이지만 신비하고 비가시적이고, 일상생활의 일
부이지만 종말론적 희망을 향하여 삶을 끌어당기며, 창조세계의 가장
작고 보잘것없는 부분이지만 다른 사람들이 보는 것 이상으로 그들
안을 꿰뚫어 보신다."[68] 이러한 "그 이상 되심"의 신학은 "너머"에 있
음의 감각이 인식되는 곳에서 또 믿음이 안전성 대신에 불확실성을
포용하는 곳에서 직접적으로 포스트식민주의 실천신학과 연결된다.
실천신학의 중요한 과업 중 하나는 신뢰를 가르치는 것이다. 신뢰를
가르치는 것은 질문하기를 가르치는 것이다. 질문하는 것은 절망에
빠지지 않고 의심하는 것이다. 앎은 알지 못함을 포용하며 배움은 탈
학습을 포함한다. 다시 말해서, 마츠오카는 "우리가 믿는 것이 궁극적
인 것은 아니다. 우리는 우리 자신의 개인적 가치와 확신 너머에 있는
것에 대한 개방성과 수용성의 감각이 필요하다. 오늘날 우리에게 필

67 Matsuoka, *Learning to Speak a New Tongue*, 14.
68 Moore, *Teaching as a Sacramental Act*, 99.

요한 것은 타자를 돌보고 자기를 통합하고 미래의 개방성을 신뢰하는 것과 같은 가치가 양육되는 곳에서 인간의 관계적 본성과 생태학적 삶을 회복하는 것이다"라고 말했다.[69]

## 상호의존성의 포스트식민주의 여성주의 실천신학을 향하여

우리의 출생 자체가 관계의 산물이다. 인간 존재는 그 누구도 홀로 태어날 수 없다. 사람이 배우고 자라기 시작할 때 사람은 타자들에게 의존할 필요가 있다. 요르그 리거Joerg Rieger와 곽퓰란Kwok Pui-lan이 주장했듯이, "우리는 특정한 언어로 말하기를 배우는 능력과 같이 당연히 자신의 것이라 여기는 것을 포함해서 모든 것을 타자들에게 빚을 진다."[70] 우리가 타자들에게 모든 것을 빚을 진다는 것을 인식하는 것은 인간 실존의 한계를 안다는 뜻이다. 가감 없이 말해서, 한계를 갖는다는 것이 인간이 된다는 것이다. "우리의 한계를 부정적인 것으로 볼 필요가 없다(그래서도 안 된다).… 그러한 한계는 인간 됨의 중요한 일부다."[71] 인간으로서 한계가 있다는 것은 우리가 타자들을 의존함을 충분히 인지하는 것이다. 인간됨의 한자 어원은 상징적으로 이 점을 잘 보여주고 있다. "인간人間"은 두 글자로 이루어져 있다. 인人은 "사람"을 뜻하고 간間은 "사이between"를 뜻한다. 인人은 두 개의 선이 서로

69 Matsuoka, *Learning to Speak a New Tongue*, 131-132.
70 Rieger and Kwok, *Occupy Religion*, 64.
71 Creamer, *Disability and Christian Theology*, 64.

기대어 있는 모습을 묘사하면서 우리가 서로 기대고 있다는 사실로
인해 우리가 사람이라고 제안한다. 이는 사람이 홀로 설 수도 없고 홀
로 살 수도 없으며 의지할 다른 사람이 필요하다는 뜻으로 해석될 수
있다. 인人과 간間 두 글자를 함께 더하면 우리를 인간으로 만드는 것
은 우리 사이의 관계성을 제시하는 "인간-사이person-between"라는 뜻이
된다.72

　이러한 아시아의 인류학적 지혜는 유대교 지혜와 만난다. 히브리어
에서 정의justice라는 단어는 종종 공의righteousness로 번역되는데("tsed-
haqah, tsedheq"), 주로 타자들과 관계 속에서 행하는 것, 특히 타자들
의 권리에 관한 행동을 일컫는다(레 19:35, 36; 신 25:13-16; 암 8:5;
잠 11:1; 16:11; 겔 45:9, 10). 히브리적 이해에서 정의는 올바른 관계
성이다. 정의에 대한 또 다른 성서적 관점은 의무이며, 자비의 행위로
서 타자들에 대한 우리의 책무를 뜻한다. "정의를 추구하는 것" 또는
"공의를 실천하는 것"(미 6:8)은 "억압받는 사람을 도와주고 고아의
송사를 변호하여 주고 과부의 송사를 변론하여 주는 것"(사 1:17; 11:4
와 비교. 렘 22:15; 시 82:2-4)을 의미한다. 이와 똑같은 이념이 신
24:12, 13과 시 37:21, 26, 112:4-6처럼 "정의로운just"을 대신해서
"공의로운righteous"이라고 번역되는 곳에서 나타난다. 정의에 대한 성
서적 이해는 사람됨의 공동체적이고 관계적인 측면을 장려한다. 성서
적 세계에서 사람됨의 초석은 "관계성의 회복으로 억압받는 자가 포
함될 뿐만 아니라 이를 공동체의 웰빙 추구에 핵심으로 보는 것"이라
고 표현된, 올바른 관계성에 두고 있다.73 여기서 웰빙은 각자가 온전

---

72 Kim-Cragg and Doi, "Intercultural Threads of Hybridity and Threshold
　Spaces of Learning," 268.

하게 되며, 한 사람이 상호의존적 관계를 통해서 공동체의 회복을 위해 일하고 이를 살아내는, 충만한 사람됨으로 자라나게 된다. 무엇보다도 사도 바울이 "… 우리가 덜 명예스러운 것으로 여기는 지체들에게 더욱 풍성한 명예를 덧입히고, 볼품없는 지체들을 더욱더 아름답게 꾸며 줍니다. 그러나 아름다운 지체들은 그럴 필요가 없습니다"(고전 12:23-24)라고 제시한 것처럼, 이 공동체의 웰빙(건강과 온전함)은 취약한 사람들이 어떻게 대우받는가로 측정된다. 이러한 점에서 이정용이 주장한 것처럼, "정의 없는 화해는 허구"이며 "규범이 중심성에서 주변성으로 변화될 때 교회는 세계의 주변에 놓인다. 주변에 있다는 것은 세계의, 심지어 중심에 있는 세계의 하인servant이 된다는 뜻이다. 이러한 사유가 그리스도교 신앙의 역설이다."[74] 요르그 리거와 곽 퓰란에 따르면, "정의"는 "불의를 조장하던 사람들에게 도전하고 그들의 죄를 억제하면서 부당하게 취급받던 사람들을 다시 공동체로 데려오는 것"을 뜻한다.[75]

이러한 성서적 전통에 근거한, 상호의존성의 포스트식민주의 여성주의 실천신학은 우리가 올바른 관계를 바라시는 하나님을 믿는다고 이해한다. 또한 이 하나님은 우주, 상호의존성의 관계로 만들어진 우주와의 관계성 속에 계시다고 믿는다. 우리는 우리가 일부로 포함되어 있는 그 관계성을 통해서만 하나님을 알 수 있다. 하나님은 관계적 존재다. 이것이 바로 하나님이 예수 그리스도 안에서 인간의 육체를 입고 성육신하셨는지에 대한 이유다. 더 나아가, 이 하나님은 억압

---

73 Rieger and Kwok, *Occupy Religion*, 99.
74 Lee, *Marginality*, 197, footnote #13 and 146.
75 Rieger and Kwok, *Occupy Religion*, 64.

받는 사람, 취약한 사람, 약한 사람, 타자에게 의존해야 하는 사람들의 편을 드시는 하나님이다. 우리의 삶이 바로 전적으로 타자the Other이신 하나님의 자비에 달려 있음을 알 때, 우리의 신앙은 깊어진다. 하나님의 타자성은 하나님이 우리에게서 분리되어 있다는 문제가 아니라 인간적 욕심과 권력에 의해 조종되곤 하는 실재와 다른 차이의 문제다. 하나님은 우리의 문제로부터 동떨어져 있으면서 편을 들지 않거나 무관심한 존재가 아니라 울음소리를 듣고 우리의 고통을 보시는(창 16:13) 공감적 존재다. 하나님의 타자성은 하나님을 우리 인간의 이해 수준으로 제한하는 것의 통제불가능성과 불가능성을 가리킨다. 하나님은 인간이 만든 기준에 들어맞지 않으신다. 하나님이 통제되는 곳에서는 하나님을 찾을 수 없을 것이다. 근대 사회의 강력한 가정에도 불구하고 우리 마음 깊은 곳에서는 우리가 "하나님이 만들어 오셨고 또 만들고 계시는 차이 속에 기거할 뿐인 의존적 존재"라는 사실을 알고 있다.[76]

포스트식민주의 여성주의적 접근에서 상호의존성의 실천신학을 탐색하면서 우리는 또한 우리에게 의존하시는 하나님을 인지한다. 이는 11세기 캔터베리의 안셈Anselm of Canterbury를 포함해서 어떤 그리스도인들에게는 도발적 사유일 것이다. 안셈은 묻는다. "어떻게 당신께서는 공감적compassionate이시면서 동시에 냉정passionless하십니까?"[77] 하나님이 인간들에게 의존하실 수 있다는 사실을 인정할 수 없는 안셈은 우리가 하나님을 공감적으로 경험하지만, 이것이 하나님이 정말로 누구신지 말해주지 않는다고 결론짓는다. 본질적으로 하나님은 공감적

---

76 Westerhoff, "Foreword," 12.
77 Anselm, *Basic Writings*, 11.

이지 않으실지 모른다. 하나님은 불가해하다. 요컨대, 안셈은 우리의 경험을 통해서는 하나님이 알려지지 않는다고 결론내린다. 만약 이러한 논리를 따르다면, 우리의 경험은 지식의 유효한 형태가 아니라고 부인된다. 안셈에 따르면 인간의 하나님 경험은 망상illusion으로 축소되며, 하나님의 본질에 대한 정확한 반영이 되지 못한다. 우리가 하나님을 아는 것은 진짜가 아니다. 왜냐하면 우리의 경험은 하나님의 존재를 입증할 수 없기 때문이다.

　　이런 신학적 관점을 지닌 학자는 안셈 혼자가 아니다. 특히 근대성에 한정되어 있는 많은 그리스도인이 우리를 필요로 하시는 하나님 개념을 수용하지 못한다. 19세기 신학자 쇠렌 키르케고르는 하나님이 우리에게 의존하신다는 사유를 일축했다. 그는 "이는 어리석은 말이다. 왜냐하면 하나님은 어떤 남자도[원문대로] 필요하지 않기 때문이다. 이와는 달리, 만약 그 결과가 창조주가 피조물에 의존하게 되었다는 것이라면, 창조주에게 매우 당혹스러운 일이 되었을 것이다."[78] 그러나 안셈과 키르케고르의 신학적 입장이 지배적이며, 이것이 논리적으로 보일 수 있음에도 불구하고, 스탠리 하우어워스Stanley Hauerwas를 포함해서 몇몇 21세기의 신학자들과 그리스도인들을 만족시키지 못했다. 하우어워스는 능력으로서의 독립성이라는 개념 속에 담긴 지나친 자신감과 근대성이라는 산물에 도전한다. 그는 상당한 학습 장애가 있는 사람들과 같이 심각한 지적 장애가 있는 사람들의 경험을 성찰하면서 이렇게 쓴다. "알고 함께 있으려는 배움의 난관은… 그야말로 하나님을 알고 함께 있고 사랑하기를 배우는 것이다.… 왜냐하면 우리 그리스도인이 반드시 예배하기 위해 알기를 배워야 하는 그 하나님은 자

78 Kierkegaard, *Concluding Unscientific Postscripts*, 240.

기 충족적 힘의 신이 아니며 냉정함 가운데 아무도 필요로 하지 않는 신이 아니다. 우리의 하나님은 사람(피조물)을 필요로 하시는 하나님이다."[79]

여성주의 신학자와 포스트식민주의 신학자, 실천신학자들은 하나님이 경험되는 방식을 이해할 수 있게 도와준다. 물론 우리가 하나님을 완전하게 알 수는 없지만, 부분적이고 한정적인 우리의 경험을 통해서 하나님을 알 수 있다. 메이라 리베라Mayra Rivera의 말을 사용하면, 하나님은 우리 너머에 있지만 "우리의 촉각touch 너머에 존재하지 않는다."[80] 리베라의 신학은 상호의존적 관계를 추구하면서 인간 공동체를 그들 자신과 창조 세계 사이의 윤리적 관계성을 그려보도록 초대한다. 상호의존성에 근거를 두고 자신의 신학을 발전시킨 다른 신학자들이 몇몇이 더 있다.[81]

캐서린 켈러Catherine Keller는 이론의 어원을 이해하는 데 있어서 흥미로운 논점을 제공한다. 그리스어 *theoria*에 뿌리를 둔 단어인 이론 theory은 비전을 뜻한다. "관계성connections을 보기 위해서는 관계적으로connectively 보아야 한다."[82] 그녀의 통찰은 매력적이다. 왜냐하면 이것이 이성과 경험 사이의 이원주의와 이론과 실천 사이의 이분법을

---

79 Hauerwas, *Suffering Presence*, 104.

80 Rivera, *The Touch of Transcendence*, 2.

81 예전학자 캐시 블랙(Kathy Black)은 설교 안에서 장애의 문제를 다루면서 상호의존성의 신학을 발전시킨다. 그녀의 책 A Healing Homiletic을 보라. 성서학자 무사 두베(Musa Dube)는 성서 해석의 목표로서의 상호의존성을 촉진하는 뛰어난 책을 썼다. 그녀의 책 *Postcolonial Feminist Interpretation of the Bible*을 보라. 종교교육자 이보영은 두베의 성서해석학을 자신의 상호의존성의 교육학에 적용했다. 그녀의 글 "Toward liberating Interdependence: Exploring an Intercultural Pedagogy"를 보라.

82 Keller, *From a Broken Web*, 159.

폐기하기 때문이다. 이론이라는 개념이 실천을 포함하면서 경험적이라면, 이론으로서의 신학도 반드시 경험과 실천을 포함해야 한다. 이것이 바로 존 스윈튼의 실천신학이 장애의 신학에서 배우고 또한 장애의 신학이 실천신학에서 배우는 것을 표현하면서 주장한 것이다. "인간 경험의 실재들을 마주하게 될 때, 이론과 실천 사이의 격차는 어쩔 수 없이 좁혀지기 마련이다."[83] 신학하기와 이론화하기의 과제로서 인간과 하나님의 관계성을 보기 위해서는, 우리는 어떻게 하나님이 우리의 경험을 통해서, 즉 우리의 실천과 우리의 평범한 경험을 통해서 연결되시는지를 보아야 한다. 리옹의 이레니우스Irenaeus of Lyon는 이 점을 부각시켰다. "*Gloria Dei vivens homo, vita autem hominis visio Dei*" (하나님의 영광은 인간 존재가 충만하게 살아있는 것 혹은 하나님의 영광에 대해 살아있는 것이다).[84] 하나님의 영광은 인간의 삶의 기쁨과 고통을 통해 알게 된다. 심지어 삶과 기쁨의 반대인 죽음과 고난 속에서도 우리는 여전히 또는 심지어 더욱 명백하고 친밀하게 하나님을 보고 또 경험할 수 있다. 노벨상 수상자 엘리 위젤Elie Wiesel이 적나라하게 이 논점을 보여준다. "하나님은 어디에 있는가? 위젤의 뒤에 있던 사람이 물었다. 위젤은 "그는[원문대로] 여기 교수대에 있다"라고 대답했으며, 이 대화는 나치의 강제수용소에서 일어났다.[85] 위젤의 대답은 단순한 대답이 아니고 신-인간 연결성을 가리키는 대답이며, 신학의 작업이다. 펄커슨은 "상처에 대한 응답으로서의" 신학을 요청한다. 왜냐

---

83 Swinton, "Disability, Ableism, and Disablism," 450.

84 Irenaeus of Lyons, *Against Heresies* 4.20.7. 메리 앤 도너번(Mary Ann Donovan)은 이레니우스의 문구를 상세하게 설명한다. "Alive to the Glory of God: A Key Insight in St. Irenaeus," 283-297.

85 Elie Wiesel, *Night, Rivera*, 55에서 재인용.

하면 "창조적 사유"를 수반하는 신학이란 상처의 현장, 즉 신학자들이 "사유 안에서 실존 안의 깨어짐에 대한 새로운 연관성을 찾도록 강요되는 곳에서, 화해의 가능성을 추구하도록 창조성이 강요되는 곳에서 유래하기 때문이다.[86] 신학으로서 이러한 신-인간 관계를 보는 것은 살아있는 존재의 상처를 느끼는 것이다. 앨리스 워커Alice Walker는『칼라 퍼플』*The Color Purple*의 셔그Shug가 한 말에서 이 점을 잡아낸다. "내가 나무 한 그루를 자르면 내 팔에서 피가 날 것을 알았다."[87] 따라서 아는 것은 느끼는 것이다. 느끼는 것은 관계 속에 있는 것이다. 관계한다는 것은 타자를 인식하는 것이다. 타자를 인식한다는 것은 삶의 상호의존적 방식을 실천하는 것이다.

마지막으로, 실천신학에서 상호의존성이라는 개념을 발전시키기 위해서는, 타자를 희생시켜서 소수의 몇몇만 이익을 보는 현상태를 영속화하는 평등과 개인의 자유라는 가장무도회를 폭로해야 한다.[88] 이는 사람과 민족들 가운데 권력 격차를 다루면서 상호의존적 삶을 창조하려는 중요한 필요성을 가리키는 포스트식민주의적 실재에서 끌어낸 것이다. 상호의존성을 가르치는 것은 체계적 억압에 대한 비판적 분석을 통해서 이러한 권력 격차를 함께 가르치는 것이다. 상호의존성을 실천한다는 것은 서로의 필요와 상호성에 대한 열망을 긍정하면서도 불평등과 노력 없이 얻은 특권을 포함한 서로의 차이를 인식하는 것을 의미한다. 교회와 사회에서 주변화된 사람과 억압받는 사람에게 힘을 북돋아주기 위해서 어려움에 처한 사람들에게 주의를

---

86 Fulkerson, *Places of Redemption*, 13.
87 Walker, *The Color Purple*, 167.
88 Kittay, *Love's Labor*, 184.

기울이는 것이다. 상호의존성의 포스트식민주의 여성주의 실천신학
은 공동체를 권면해서 권력 격차를 바로잡고 삶의 공동체적 방식으로
서 상호의존성의 실천의 모델을 제시한다.

# 이성애 핵가족 규범 너머

이 장에서는 앞 장에서 이루어진, 독립성을 고무하는 자율적인 개인주의 문화에 대한 비판 위에서 우리의 종교 공동체와 세속 사회에서 지배적인 규범으로 작동하는 백인 이성애적 가족을 조사한다. 그리고 변화하고 있는 가족의 얼굴을 인종과 성(성적 지향성, 젠더 정체성), 나이(젊은 사람에 초점)라는 세 가지 다른 궤적을 살펴보고, 특히 이러한 정체성 요인들이 서로 교차하면서 상호의존하는 방식으로 탐색한다. 21세기 실천신학자들의 문제problem이자 약속promise으로, 변화하고 있는 가족 구성의 인구통계를 부각시키기 위해서 혼혈mixed-race 또는 퀴어1 청소녀/청소년과 젊은이들의 현실에 성찰의 초점을 맞출 것이다. 혼혈 커플들에 주의를 기울이려 하는데, 그중 몇몇 커플은 동성 관계이며 혼혈 청년을 돌보고 있다. 여기서 간인종적interracial 가족은 관계를 맺고 있는 커플의 인종이 서로 다른 커플로 이해되며

---

1 여기서 사용하는 '퀴어'(queer)라는 용어는 퀴어의 정체성이 남성과 여성으로 구성되는 젠더 이분법에 국한되지 않는다. 퀴어라는 용어는 여기서 레즈비언(Lesbian)와 게이 (Gay), 양성애자(Bisexual), 트랜스젠더(Transgender), 투-스피릿(Two-Spirit)과 스스로의 젠더에 의문을 던지고 하나의 젠더에 범주화되기를 거부하는 사람들을 모두 포함한다. 이러한 기준은 퀴어 학자들이 제공한 것인데, 여기서는 두 명만 언급하겠다. Butler, *Gender Trouble*; Althaus-Reid, *The Queer God*.

백인과 비백인의 조합을 포함하지만 그러한 조합에 국한되는 것은 아니다. 가족의 특별한 형태로서 간인종적 관계는 인류 역사의 시작부터 존재해왔다. 그러나 이러한 가족 구성은 부분적으로 포스트식민주의적 세계의 전지구적 이주 때문에 일어난 현상이며 21세기 세계 곳곳에서 증가하고 있는 비율의 가족들을 대변한다.

우리는 혼혈 또는 퀴어 청소녀/청소년의 경험을 부각시킴으로 실천신학에서 가족의 역할을 조명할 것이다. 이는 실천신학에서 가족 구성원과 사회 구성원인 청소녀/청소년을 연구하는 복잡한 일에 정의를 행하는 하나의 방법이다. 민족지학ethnographies과 인터뷰 방법을 사용하는 질적 연구Qualitative study는 특히 청소녀/청소년과 십대 개개인 사이에서 경청의 중요성과 서사적 행위자성narrative agency을 강조한다. 이 장에서는 우선적으로 왜 혼혈 또는 퀴어 청소녀/청소년이 실천신학의 중요한 주제인지 그 이유를 제공하고 이러한 젊은 사람의 관점에 근거해서 가족과 가정의 역할에 대해 논의할 것이다. 그다음으로 실천신학의 관점에서 가족에 대한 세 가지 신앙적 접근을 규명해볼 것이다. 이러한 과제들은 상호의존적 관계성을 구축하고 상호 인정과 차이의 존중을 바탕에 둔 충만한 삶을 창조하는 데 이바지할 것이다.

## 퀴어 또는 인종화된 청소녀/청소년: 실천신학의 주제

실천신학이 왜 퀴어 또는 인종화된 청소녀/청소년을 논의해야 하는지, 그 필요를 보여주는 이유가 최소한 두 가지가 있다. 첫 번째 이슈는, 레즈비언과 게이, 양성애자, 트랜스젠더, 퀴어LGBTQ 사람들에 대한 어떤 정치적이고 법률적 반대와 사회적 차별이 그리스도인들이 제기한 종교적 교리에 근거하고 있다는 점이다. 교회는 성에 대해 "문화적 현 상태"the cultural status quo를 제재해왔으며 교회의 교육은 "문화적 억류"cultural captivity로 기능하고 있다.[2]

가족의 성에 대한 담론은 가부장제와 종교에 대한 담론과 분리될 수 없다. 여성주의 신학의 선구자인 메리 데일리Mary Daly는 거의 50년 전에 가부장제와 종교 사이의 결합에 대해 이야기했다. "가부장제는 그 자체로 지구라는 행성 전체에서 가장 우세한 종교다.… 가부장제를 합법화하고 있는, 소위 종교라고 불리는 모든 것들은 그저 가부장제의 거대한 우산/덮개 아래 포섭된 분파sects에 불과하다."[3] 개혁교회 전통에서 세계적으로 가장 큰 에큐메니칼 조직인 세계개혁주의교회연합The World Communion of Reformed Churches, WCRC은 2017년 루터종교개혁 500주년을 맞이하면서 오늘날 아직도 많은 개혁주의 교회에서 수용되지 못하는 사안으로 여성 안수 문제를 제기했다.[4] 캐나다연합교회The United Church of Canada를 포함한 몇몇 교단에서 여성의 안수를 둘러싼 논의는 거의 한 세기쯤 지난 과거의 이야기다.[5] 하지만 WCRC는 이 이슈가 최소한 삼분의 일 회원 교회들, 대부분이 남반구에 있지만 유럽에도 몇몇이 존재하는 교회에는 해당되지 않는다고 이야기했다. 여성에게 안수를 주지 않는 이러한 교회들은 여성 안수에 대한 논의를 시작하기를 꺼려했다. 이는 부분적으로 여성들의 이슈가 성적

---

2 Foster, *Educating Congregations*, 31.

3 Daly, *Gyn/Ecology*, 39.

4 Douglas, "A Turning Point for Reformed Women in Ministry," 9-16.

5 가령, 리디아 그루치(Lydia Gruchy)는 캐나다연합교회에서 최초로 안수 받은 여성이다. 그녀는 1936년에 목사 안수를 받았다.

지향성의 논의로 이어지고, LGBTQ 공동체 구성원들을 받아들이고 안수하는 논의도 개방될 것이기 때문이다. 앞선 교회 운동과 에큐메니칼 운동에서 드러난 바와 같이, 가부장제는 교회 안에 멀쩡하게 살아있으며, 성차별주의는 성적 지향성에 근거한 차별과는 다르지만 또한 서로 맞물려 있다.6

너무 늦었다고 말할 수는 없지만 지금은 우리가 이성애주의에 도전하면서 성적 지향성과 젠더 정체성에 대한 우리의 신학적, 교리적 토대를 진심으로 진지하게 검토해야 할 긴급한 시기다. 그런데 우리가 간-인종적 관계와 그 관계 속 어린이들의 관점을 포함한다면, 이러한 과제에 접근하는 데 필요한 도움을 크게 받을 수 있다. 캐슬린 A. 캐할란Kathleen A. Cahalan과 고든 S. 미코스키Gordon S. Mikoski가 지적했듯이, 오늘날 실천신학자로서 우리의 과제는 "인간의 삶에 자리하고 체현된 특징에서 비롯한 인종과 민족성, 젠더, 계급, 성적 지향성에 대한 강조"가 핵심이다.7 나는 그들의 강조점에 전적으로 동의하면서도 이러한 이슈 전체를 묶는 하나의 역사적 요인이 식민주의의 지속적인 결과들이라는 사실에 주목하는 것이 도움이 된다고 본다. 그러나 이러한 현실이 신학계에서는 간과되어 왔다. 곽퓨란Kwok Pui-lan은 경종을 울린다. "성서학자와 종교학자들이 포스트식민주의 이론을 효율적으로 사용해서 각자의 분과를 면밀하게 검토하는 동안에, 몇몇 예외를 제외하고 신학자들은 그중 다수가 포스트근대 연구와 관계된 분야에 관심을 보임에도 불구하고 번성하고 있는 이 포스트식민주의 분야

---

6 Hoeft, "Gender, Sexism, and Heterosexism," 412. 성(Sexuality)은 여성과 남성이라는 양성 이분법적 범주 너머에 있는 반면, 젠더(gender)는 생물학적으로 타고 나고 고정된 것이 아니라 사회적으로 구성되는 규범(a socially constructed norm)이다.

7 Cahalan and Mikoski (eds.), *Opening the Field of Practical Theology*, 3.

에는 거의 주의를 기울이지 않았다."8 곽퓰란은 실천신학의 중요한 주제로 식민주의를 포함해야 한다고 요청할 뿐만 아니라 식민주의가 인종과 민족성, 젠더, 계급, 성적 지향성의 이슈와 얽혀 있는지를 자세하게 살펴본다. 곽퓰란은 도날슨과 함께 쓴 다른 글에서 젠더와 종교, 식민주의가 수많은 방식으로 상호연결되는지를 보여주고 있다. 그것들은 서로 분리되고 독립적이지만 서로가 서로에게 복잡하게 얽혀 있어서 병행해서 작동한다.9 그것들의 교차하고 상호연결된 방식을 검토하기 위해서는 자기비판적 신학적 성찰에 관여할 필요가 있다. 이는 어떻게 교회의 가르침과 전통이 억압의 체제로 기능하는지 드러내도록 할 것이다. 종교교육학자 잭 시모어Jack Seymour는 "우리는 체제가, 특히 교회가 우리가 하나님의 자녀보다 못한 존재라고 가르칠 때 도전할(벗어날) 필요가 있다. 인종주의, 계급주의, 성차별주의, 이성애주의는 그 전통이 우리의 형제, 자매 중 어떤 이들이 충만한 삶을 살아갈 기회와 하나님의 자녀이자 상속자로서의 마땅한 지위를 부인하도록 조종되고 있는 몇 가지 방식일 뿐이다"라고 쓴다.10 시모어는 식민주의를 언급하지 않지만 그가 우선으로 삼는 문제를 풀어가는 통찰이 이 접근에 매우 유용할 것이라고 생각한다. 이것이 바로 포스트식민주의 여성주의 관점에서 나온 실천신학이 절실하게 필요한 이유다. 포스트식민주의 이론을 이용해서 퀴어 또는 인종화된 청소녀/청소년들에게 관여하는 일은 실천신학을 위한 열매를 더욱 많이 맺을 것이다.

우리가 가족과 종교를 배양하는 모태 핵심부에서 청소녀/청소년

---

8 Kwok, *Postcolonial Imagination and Feminist Theology*, 6.
9 Donaldson and Kwok (eds.), *Postcolonialism, Feminism, and Religious Discourse*.
10 Seymour, *Teaching the Way*, 60.

들에게 영향을 미치는 하나의 현실로서 백인 이성애 규범에 도전해야
하는 두 번째 이유는, 청소녀/청소년들이 성적 지향성과 인종적 차이
의 문제가 수면 위로 올라오는 사춘기에는 이러한 백인 이성애 규범
이 영향을 미치는 경우가 많기 때문이다. 『사춘기 소녀들의 성스러운
자기』The Sacred Selves of Adolescent Girls라는 책에서 패트리샤 데이
비스Patricia Davis가 인터뷰한 세 명의 젊은 레즈비언 모두 열다섯 살 혹
은 열여섯 살에 자신들의 퀴어 정체성을 받아들이게 되었다.[11] 펄 푸
요 개스킨스Pearl Fuyo Gaskins의 『너는 무엇이니?』What Are You?에서 인
터뷰 대상자들은 청소녀/청소년으로서 혼혈됨의 고투를 나누었다.[12]
이는 젊은 사람들이 중요한 문제에 대해서 비판적으로 성찰하고 추상
적으로 사유하기 위한 충분한 경험이 있을 때의 삶의 단계다.[13] 사춘
기는 발견의 시간이자 위기의 시간이다. 청소녀/청소년들의 다양한
정체성들은 발견되고 혼란스럽게 되고 심지어 때로 상실하기도 하며,
희망하기로는 재발견되고 긍정된다. 이때는 다른 격동의 변화를 따
라, 특히 신체적 변화와 감정적 변화와 더불어, 청소녀/청소년들은 자
기 자신이 누구인지를 전적으로, 전인적으로 수용하기 시작하는 시기
다. 많은 실천신학자는 청소녀/청소년을 연구하면서 서사적 행위의
중요성을 보여주고 있다.[14] 이 사춘기가 바로 젊은 사람들이 자신의
정체성을 형성하고 삶의 이야기를 하면서 자신의 주체성을 구성해나

---

11 Davis, "Okay with Who I Am," 144, 152, 154.

12 Gaskins, *What Are You?*

13 Parker (ed.), "Introduction," 7.

14 Parker, *Trouble Don't Last Always, Parker, ed., The Sacred Selves of Adolescent Girls*; Turpin, *Branded*; Baker, *Doing Girlfriend Theology*; Dean, *Practical Passion*.

가는 때다.15 조이스 앤 머서Joyce Ann Mercer는 소명에 관한 월터 브루
그만Walter Brueggemann의 이해를 인용하면서 "우리가 누구인가라는 질
문은 궁극적으로 인간의 목적에 관한 질문, 우리가 **누구의 것인가** 하
는 질문, 또 우리**가 되는 것이** 왜 중요해야 하는가에 관한 질문이 된다"
고 주장한다.16 청소녀/청소년은 이러한 존재론적인 어려운 질문과
함께 관계적 정체성 정립을 위해 극적인 변화를 겪기 때문에 그들과
함께 신실하고 끈기 있게 기꺼이 여행하려는 가족의 지원을 받는 것
이 중요하다. 만약 이와 반대로 지원이 제공되지 않는다면, 만약 가족
이 청소녀/청소년들의 젠더 정체성과 인종 정체성을 반대하고 비난한
다면, 성적 지향성과 젠더, 인종 정체성은 청소녀/청소년들의 거룩하
고 영적인 정체성의 핵심이고 일부이기 때문에 그들의 영성에 파괴적
일 수 있다. 가족 안에서 그러한 상호 지원이 깨어지고 없어진다면,
어린이와 청소녀/청소년의 건강한 성장은 방해받게 될 것이다. 『사춘
기 소녀들의 성스러운 자기』에서 소개된 퀴어 청소녀/청소년의 이야
기들은 스스로의 정체성을 얻기 위해서 가족의 상실이라는 대가를 치
러야 하는 어려움을 포착한다. 모든 소녀가 자신들이 말을 걸고 의지
하고 힘을 얻는 사람이 되어주는 부모의 역할을 포함해서 가족의 중
요성을 말했다. 그러나 그들이 자신의 숨겨진 퀴어 정체성을 드러내
면서 "커밍아웃"을 했을 때, 이러한 같은 소녀들은 자신의 가족의 지
원이 사라졌다는 것을 (몇몇 경우에는 나중에 되돌아왔음에도, 적어도 맨
처음에는) 발견했다. 대부분의 퀴어 소녀/청소년들은 가족을 상실하
는 것이 이전에 경험해보지 못했던, 가장 끔찍한 고통을 초래했다는

---

15 Parks, *Big Questions, Worthy Dreams*.
16 Mercer, "Call Forwarding," 32. 강조는 원문 그대로다.

경험을 나누었다.[17] 그들이 표현한 경험은 가족이 젠더 정체성을 향한 여행에서 매우 중요하다는 점의 유력한 증거가 된다. 그뿐 아니라 가족은 정의를 실천하고 정의에 대한 모델을 만들며 정의로운 사회를 세우는 일의 토대를 제공한다. 가족의 역할 속에서 젠더와 윤리 사이의 연결을 탐색한 여성주의 철학자 수전 몰러 오킨Susan Moller Okin은 이렇게 주장한다. "도덕적 발달의 뿌리에 있는, 우리 자신에 대한 감각과 타자들과 맺는 관계를 최초로 갖게 되는 것은 바로 가족 안에서다.[18] 보니 밀러-맥르모어Bonnie Miller-McLemore는 가정home이 정의를 행하고 가정과 세상 사이의 분열과 영성과 정의 사이의 분열에 도전하는 장소다.[19]

에릭 에릭슨Erik Erikson은 "신의fidelity"의 의미를 숙고하면서 사춘기에 반드시 발달되어야 하는 덕목이라고 주장한다.[20] 젊은 사람의 관점에서 신의란 "거기 있음"을 의미한다. 켄다 크리시 딘Kenda Creasy Dean은 신뢰를 받거나 경험해보지 않는다면, 신의를 배우거나 알게 될 수 없다고 주장한다.[21] 우리 삶의 일부인 다른 사람 안에서 신의를 경험함으로써 우리는 신의를 알게 된다. 또한 신의는 현존의 인식론the epistemology of presence을 요구한다. 다른 사람과 함께 존재하는 것은 그들이 누구인지와 무관하게 다른 사람에게 스스로를 개방하는 수용의 행위다. 가족들은 그 중심에 이러한 자질을 가지고 있다. 젊은 사람이 무조건적으로 수용되면서 신의를 경험하는 경우에만 신의를 배울 수 있고

---

17 Davis, "Okay with Who I Am," 142.

18 Okin, *Justice, Gender, and the Family*, 14.

19 Miller-McLemore, *In the Midst of Chaos,* 101-125.

20 Erikson, *Identity: Youth and Crisis,* 233.

21 Dean, "Somebody Save Me: Passion, Salvation, and the Smallville Effect," 22-23.

알 수 있다. 신실함과 충성심으로 표현되는 신의는 사춘기에 가장 영향을 많이 받으며 길러진다. 이러한 신의의 신실함은 가족 안에서 수행되며 다양한 신앙 공동체들은 하나님의 한결같으심을 잠깐이나마 제공한다. 따라서 신의를 아는 것과 배우는 것에는 신학적 시사점이 있다. 청소녀/청소년들이 주변에 있는 사람들로부터, 그 사람들을 통해서, 특히 가족 안에서 하나님이 신실하시다는 것을 경험하지 못한다면, 우리가 어떻게 그것을 아는지를 명확하게 표현하기 어렵다. 이것이 바로 가족의 역할을 다루기 위해 퀴어 또는 인종화된 청소녀/청소년에 대한 논의가 실천신학에서 중요한 이유다. 또한 이것이 바로 퀴어 또는 인종화된 청소녀/청소년이 실천신학의 중요한 주제인 이유다.

## 가족Family과 가정Home: 퀴어 또는 인종화된 청소녀/청소년을 위한 중요한 문제

가족이란 무엇인가? 이 질문은 결코 단순하게 대답되지 않는다. 이주와 입양, 동성 결혼과 같은 사건들 때문에 여러 다른 종류의 가족들이 있는 세상에서는 가족을 어떻게 규정하느냐의 질문은 어렵다. 하지만 대부분의 사람들이 가족이 덕목과 삶의 원칙을 함양하는 중요한 장소 중 하나라는 데 동의할 것이다. 가족에 대한 연구는 수십 년 동안 실천신학의 주제가 되어 왔다. 실천신학자들은 가족을 둘러싼 논의에 여성주의 이론과 사회 정책을 포함하여 다학제적 연구들을 통합해왔다.[22] 가족은 복잡하고 따라서 가족 안에서 펼쳐지는 개인적

---

22 Couture, *Blessed Are the Poor?*; Miller-McLemore, *Also a Mother.*

문제를 검토하는 작업에 더해서, 공적 (사회적, 종교적) 기관의 다양한 네트워크와 역할들을 조사할 필요가 있다. 실천신학자들은 가족 문제가 사적이면서 공적이고, 개인적이면서 사회적인 문제임을 명확하게 해왔다. 이러한 무대들 사이에 상호연결성이 중요하다. 작고한 캐나다 수상 피에르 트루도Pierre Trudeau는 "정부state는 국가에 속한 일원인 민족nation의 침실에서 어떤 일이 일어나는지 관심을 둘 아무 권리가 없다"고 했다.[23] 그의 재담은 기본적으로 이혼과 동성애, 낙태를 합법화하는 가족 정책 개혁을 소개하기 위해 이루어졌다. 사생활과 소수 집단을 보호하기 위해서 정부를 포함한 공공은 해야 할 역할이 있다. 그러한 개혁의 노력에도 불구하고 가장 최근의 보수당Conservative Party 리더십(낙태할 권리와 게이의 권리, 트랜스젠더의 권리를 반대했던)을 향한 사회적 보수의 지지를 보면, 캐나다 사회에서 이러한 이슈들은 반세기 후에도 계속해서 유의미하다.[24] 캐나다의 그러한 21세기 현실은 세계의 여러 다른 곳에서도 느낄 수 있다.

가족은 종교적 삶에서도 중요하다. 영적 형성은 가족 안에서 시작되고 계속된다. 그/녀s/he가 누구인지의 정체성의 내면감각(혹은 상실), 그/녀가 세계와 또 하나님과 어떻게 연결되는지는 부분적으로 어떻게 가족이 기능하는가의 관점에서, 그 관점을 통해 발달된다. 가족의 역할을 다루고 긍정하고 논의하는 실천신학 연구와 저술이 많이 있다. 그러나 청소녀/청소년과 청소녀/청소년기의 관점에서 퀴어 가

---

23 http://canadachannel.ca/canadianbirthdays/index.php/Quotes_by_Prime_ Ministers_-_Pierre_Trudeau, 2016년 7월 20일 접속.

24 https://www.thestar.com/news/canada/2017/05/28/liberals-brand-andre w-scheer-as-social-conservative-extremist-after-surprising-leadership -win.html.

족과 간인종적 가족의 이슈를 명시한 출판물은 많지 않다. 이것은 실천신학자이자 그리스도교 교육자인 에블린 파커Evelyn Parker가 유색인종 사춘기 소녀와 레즈비언, 일하는/가난한 백인 소녀의 영성에 대한 작업을 시작했을 때 알아챘던 점이다. 그리스도교 여성주의와 우머니스트, 무헤리스타mujerista 신학자들이 인종주의와 성차별주의, 계급주의, 이성애주의를 분명하게 다루며 기여했지만, 인종화되고 가난하며 퀴어인 사춘기 소녀에 대해서는 기여가 훨씬 적었다.25

퀴어 청소녀/청소년을 적절하게 연구하기 위해서 실천신학은 만연되어 있는 가족 개념을 검토해야 한다. 가족 개념의 기준은 자주 백인 이성애적 용어로 규정된다. 반-동성애에 기초한 이성애주의는 식민주의 의제의 일부이자 파편이기도 하다. "동성애"라는 바로 그 용어가 식민화된 문화라는 딱지를 붙이기 위해 만들어졌는데, 식민화된 문화 안에서 다양한 성적 실천은 유럽 그리스도인 식민지 도덕보다 야만적이고 열등한 것처럼 존재한다.26 하나의 구성물로서의 동성애는 장애의 형태에 귀착시키며 공포스러운 것으로 간주된다.27 동성애의 악마화는 식민지 문화에 대한 악마화의 일부인데, 이는 문화적 억압으로 이어지며 이성애를 규범으로 세우는 데 이바지한다. 이성애의 정상화normalization는 어떻게 종교와 식민주의, 성이 서로 뒤얽혀 있는지를 현저하게 드러내는 또 다른 사례다.

어떤 규범성normativity이 작동하기 위해서는 정상normal이 아니라고 상상되는 어떤 현실이 있어야 한다. 규범성은 비정상성abnormality을 필

---

25 Parker, *The Sacred Selves of Adolescent Girls*, 3.

26 Aldrich, *Colonialism and Homosexuality*.

27 Kwok, *Postcolonial Imagination and Feminist Theology*, 138.

요로 하며 이에 의존하고 있다. 이성애 규범성은 동성애자나 퀴어라
는 꼬리표가 붙은 사람들이 존재할 뿐만 아니라 그들을 어떤 종류의
결핍이나 과잉의 사례로 ─호르몬과 욕망이 너무 많거나 너무 적다고
보는 것─ 이해되는 조건에서만 작동한다. 혼혈 퀴어 가족에 대한 질
적 연구는 이러한 규범성을 조사할 것을 요청한다. 몇몇 연구 프로젝
트는 실천신학자들이 비판적으로 순혈blood purity와 이분법적 젠더 이
데올로기를 비판적으로 조사할 것을 촉구하면서 끝맺는다.28 이러한
연구 프로젝트에서 살아낸 경험을 사용하는 이 그룹에서는 인종으로
서의 혈통의 신화myth of blood와 사회적 관계로서의 젠더의 신화가 생
물학적으로 고정된 정체성이 아니라 인간의 실천과 수행에 의해 유지
된다는 점을 조사한다.29 그들의 이야기는 교회 안에서, 또 사회의 대
부분의 공동체 안에서 만연되어 있으며 작동하고 있는 편견과 선입
관, 두려움을 드러낸다. 이러한 경험과 이야기를 부각시키는 것은 실
천신학이 간-인종 퀴어 가족을 진지하게 받아들이고 변혁을 향해 긍
정적인 변화를 도모하는 이질적인 퀴어 가족의 기능을 긍정하는 데
기여하는 길로 인도해준다.30

이성애 규범적인 가족 이데올로기를 폭로하기 위해서 중요한 추
가적 도구는 가정home에 대해 섬세하게 이해하는 작업을 포함한다. 캐
서린 터핀Katherine Turpin은 사춘기 청소녀/청소년들을 형성하고 움직
이고 있는 대부분의 일차적이고 중요한 환경은 가정보다는 학교(와
친구들)와 더 넓은 문화(특히 미디어)임을 발견했다. 이러한 공간들은

28 Elam, *The Souls of Mixed Race; Bystydzienski, Intercultural Couples;* Senna, "The Mulatto Millennium."
29 Graham, *Making the Difference;* Butler, *Gender Trouble.*
30 Marshall, *Counselling Lesbian Partners,* 131.

가족에 의해 물들인 삶의 이상과 종종 매우 다를 수 있는 삶의 이상을
공급하는 공간들이다. 그녀는 가족 안에서 사랑과 돌봄의 실천은 헛
되지 않다는 것을 발견했다.[31] 나중에 젊은 성인들은 가정에서 가르
쳐지고 수행되었던 것을 자주 기억하며, 한동안 휴면기에 있었을지도
모르지만 교회에서 배운 실천을 재발견한다. 그러한 가르침은 그들이
가정에서나 교회에서 배운 것이 반-문화적counter-cultural일 경우, 특히
효과적이고 변혁적이 된다. 예를 들어서, 소비자 문화에 도전하는 가
르침은 행복한 삶이 마치 구매하는 것과 무엇인가를 소유하는 것으로
만 결정된다는 아이디어를 해체하기 위한 도구를 제공한다. 가정과
교회에서 이루어지는 가르침이 누가 봐도 항상 분명하지 않을 수는
있지만, 장기적으로는 효과적이다.

『너는 무엇이니?』에서 데릭Derek은 가정의 필수적 역할에 대한 훌
륭한 예를 제공한다.[32] 데릭은 가정에서 일어난 배움의 힘에 대해서 말
한다.

> 부모님 두 분 모두 저에게 대비시킨 것이 있어요. 부모님은 항상 바깥 세
> 상에서는 인종주의가 존재한다는 것을 인식하도록 했어요.… 인종주의가
> 벌어졌을 때, 인종주의를 대비하지 않았던 사람들이 받았을 법한 충격이
> 저에게는 그렇게 크지 않았어요. 저에게는 학교에서 배우지 못하는 것을
> 가르쳐주려는 부모님이 있으니까요.… 집에서는 언제나 흑인문학을 읽도
> 록 우리 문화의 양면 모두 이해하도록 격려받았어요. 집에서는 코케시언-
> 아메리칸Caucasian American, 백인 쪽보다는 아프리칸-아메리칸 쪽에 초점

---

31 Turpin, *Branded*, 176.

32 Gaskins, 『*What Are You?*』, 120. 개스킨스가 이탤릭체로 인용한 방식을 그대로 보존
하지 않았음을 밝힌다.

이 맞추어졌어요. 백인 출신 미국인 쪽은 학교에서 많이 배우니까요.···
학교에서 흑인들에 대해 배우는 때는 2월, 흑인 역사의 달Black History
Month뿐인 것 같았어요. 저희 집에서는 매월이 흑인 역사의 달이었어요.

여기서 우리는 가르침과 배움, 실천이 의도적으로 존재하는 환경으
로서의 가정에서 일어난 교육을 본다. 가족의 이러한 역할은 특히, 가
족 바깥의 공동체가 대단히 중요한 정보와 충실한 책임성을 가르치는
데 실패하는 "회피 반응avoidance response"이라는 덫에 갇혀 있을 때 결정
적으로 중요하다.33 데릭의 부모가 제공한 것은, 엘리자베스 콜드웰
Elizabeth Caldwell이 가정의 중대한 역할에 대한 목록을 만들면서 유용하
게 표현했던 "의식적으로 경청하기, 반응하기, 비판하기, 질문하기"다.
그러한 교육의 모델로 콜드웰이 제시한 은유인 "집만들기"homemaking
라는 표현은 얼마나 적절한가!34 데릭의 가정에서는 기존의 지배 체제
가 해체되면서 새로운 세계, 새 집이 만들어졌다. 데릭의 가정에서 진행
된 것은 세계를 반영하는 거울이 되었다. 포스트식민주의 학자 로즈메
리 마란골리 조지Rosemary Marangoly George는 이러한 질문을 던진다. "'가
정'이라는 단어가 사적 영역, 집안domestic 영역을 의미하는 것으로 축소
되는 때는 언제이고, 그 같은 단어가 '한 국가의 정사'를 의미하는 '국내
domestic'라는 뜻으로 확장되는 때는 언제인가?"35 포스트식민주의 여성
주의 관점에서 가정은 단지 사적이지 않으며, 종족과 공동체, 민족, 젠
더, 인종, 노예제, 식민주의 궤적을 포함하는 역사적 준거를 지닌다.36

---

33 Seymour, *Teaching the Way of Jesus,* 136.

34 Caldwell, "Religious Instruction: Homemaking," 79–80.

35 George, *The Politics of Home*, 13.

36 Kwok, *Postcolonial Imagination and Feminist Theology*, 104.

# 퀴어 또는 인종화된 청소녀/청소년의 관여

## 1. 경청하기|Listening

실천신학의 과제로서 간인종적 또는 퀴어 청소녀/청소년들의 정체성을 검토하는 작업에서 정체성들은 결코 고정적이지 않고 유동적이라는 사실을 처음부터 명시해야 한다. 이는 가족이라는 개념에도 동일하게 적용된다. 그러므로 한 사람의 정체성을 형성하고 빚고 영향을 미치는 가족은 고정적이지 않다. 왜냐하면 가족의 구성원도 고정적이지 않기 때문이다. 현실화된 이러한 사실은 간인종적 퀴어 관계에 기초한 가족들의 어린 구성원들에게 지극히 중요하다. 이러한 젊은 사람들은 "임시적, 잠정적, 가변적, 일시적이며 변화하고 바뀌는… 다수성과 이질성"의 유동적 정체성들을 낳고 수용한다.37 포스트식민주의 여성주의 실천신학은 어떻게 이러한 젊은 사람들의 삶과 그들의 유동적 정체성들에 관여하는가?

그러한 관여를 위한 하나의 접근은 경청하기다. 경청하기는 인간의 공통된 실천이다. 또한 경청은 태도이며 의도적이고 심사숙고하는 행위다. 성서적 지혜에서 나온 쉐마Shema로서의 듣기는 실천신학을 위한 접근(방법)이자 교훈(내용)이다. 쉐마의 가르침은 억압과 불의 가운데서 해방과 신실함을 약속하시는 하나님을 신뢰하며 우리가 겸손해야 함을 인식하는 것이다. 쉐마는 분별과 훈육이 필요하다.38 경청하기는 듣기hearing와 말하기telling를 수반한다. 샤프Melinda M. Sharp는 "상호문화

---

37 West, "The New Cultural Politics of Difference," 203-204.
38 Seymour, *Teaching the Way of Jesus*, 79-80.

적 오해의 포스트식민주의 이야기"에 주의를 기울인다.[39] 샤프는 듣기와 말하기를 포함한 창조적 서사 행위자성을 말한다. 목회신학자 R. 루아드 갠즈부어트R. Ruard Ganzevoort는 서발턴subaltern의 목소리들이 주는 중요한 기여를 인식한다. 서발턴의 목소리는 여성들과 다른 피부색의 사람들, 게이, 레즈비언 신자들이 개인적 경험의 이야기를 말함으로써 지배 그룹의 서사적 헤게모니에 도전한다.[40] 또한 듣기와 말하기로서의 경청하기는 경청하는 사람의 겸손을 요구한다.

경청하기는 자기 자신의 이야기를 말하려는 사람이 있음을 암시하며 화자speaker를 가정한다. 또한 경청하기는 청자(청중)을 위한 배움의 기회를 의미한다. 바라건대, 이 이야기들이 명시적인 방식으로 하나님에 대해서 말하지 않는다고 해도, 우리가 경청할 때 이들을 통해 일하시는 하나님을 보도록 가능케 한다. 보다 정확히 말하자면, 하나님은 그들의 이야기 안에 숨어 계실지도 모르고 동시에 말해지지 않을지도 모르기 때문에 주의 깊게 듣는 일이 중요하다. 여기서 경청은 이러한 젊은 사람들에게 권한을 부여하고 해방시키는 작업이고, 부여와 해방의 작업 안에서 어떻게 하나님이 현존하시는지를 인식하게 된다. 도리스 베이커Doris Baker는 젊은 사람들이 자신들의 삶을 세우는 것을 격려하고 관여하는 방법으로서의 경청의 중요성에 높은 가치를 부여한다.[41] 베이커와 머서는 이러한 경청하기를 "거룩한 경청holy listening"이라고 부른다.[42] 젊은 사람들을 경청하는 것은 어른들과

---

39 Sharp, *Misunderstanding Stories*, 10.

40 Ganzevoort, "Narrative Approaches," 214.

41 Baker, *The Barefoot Way*, 112. 베이커는 젊은 사람들이 자신의 삶을 세우는 데 도움을 주는 네 가지 접근방식을 제안한다. "L.I.V.E." - 경청하라(Listen), 정서에 몰입하라(Immerse in the feelings), 더 넓게 보라(View it wider), 행동과 "아하" 깨달음의 순간을 탐색하라 (Explore Actions and "Aha" moments).

보다 넓은 신앙 공동체를 하나님과 함께 하는 여행에 관해 알리고 또 다른 젊은 사람들이 자기 자신의 여행을 탐험하는 공간을 창조한다. 실제로 베이커와 머서는 졸업이나 가족 구성원 혹은 친구를 상실하는 일과 같은 그들의 삶에서 중대한 순간에 청소녀/청소년을 인터뷰하는 것이 청소녀/청소년 목회의 의미있는 부분이 될 수 있다고 주장한다.[43]

앞서 파커가 이야기했듯이, 실천신학의 분야에서 간인종적, 퀴어 청년을 다룬 연구는 매우 드물어 보인다. 그러나 실천신학자들이 다른 학과들의 문헌으로 눈을 돌린다면, 곧 방대한 자료를 찾게 될지도 모른다. 한 예로 나는 펄 푸요 개스킨스의 작업이 유용하다고 주장한다.[44] 인종 간 결혼관계의 자녀이자 수상 경력이 있는 저널리스트로서 개스킨스는 인터뷰를 통해 혼혈 청소녀/청소년과 청년의 이야기를 유효하게 하기 위해 2년 넘게 그들의 이야기를 경청했다. 나는 두 명의 간인종적 사춘기 청소녀/청소년을 둔 어머니로서 "증언하는 행인 witnessing bystander"이 되어 개스킨스의 저작에서 이러한 이야기를 이해한다.[45] 제거하기보다는 포함하는 이러한 학문적 방법론은 나를 "진정한 참여authentic participation"로 끌어들인다.[46] 진정한 참여는 엠마뉴엘 라테이Emmanuel Lartey가 정의가 이끄는 목회 돌봄이라는 실천신학적 접근으로 제안한 것이다. 나는 증언하는 행인으로서 나 자신의 편견, 재현에서 파편화된 본성이라는 수행자로서의 내 한계를 인식한

---

42 Baker and Mercer, *Lives to Offer*, 73.

43 *Ibid.*, 79, 81-82.

44 Gaskins, *What Are You?*

45 Baker and Mercer, *Lives to Offer*, 78.

46 Lartey, *In Living Color*, 32-34.

다. 아니 심지어 그들의 이야기를 부정확하게 재현하는 것에도 책임이 있다. 그러나 아래에 이어질 짧은 글 형식에서 포착한 경청하기는 그들의 투쟁을 고양시키고 살아낸 경험에서 나온 지혜를 부각시키는 방법이다. 그들은 이혼, 이주, 대학교 내 분리된 사회화, 간인종적 가족 이슈들과 순혈이라는 이름으로 혼혈 구성의 문제들을 제기하고 비판적으로 고찰하도록 이끈다.

내가 경청한 첫 번째 이야기는 도나 마케타 랜돌프Donna Maketa Randolph의 이야기다. 그녀는 20살의 코리안-아프리칸-어메리칸Korean-African-American이며, 한국인 어머니는 아프로-어메리칸 아버지와 이혼했다. 이민자로서는 도나의 어머니는 이혼 이후에 절박했다. 도나는 그녀의 어머니가 이렇게 말하는 것을 기억한다. "내가 이 나라에 있어. 직업도 없고 교육도 못 받았는데. 집으로 돌아갈 수도 없어. 아, 내 인생은 끝났어."[47] 미국에서 도나의 어머니는 불안정한 상태였고 교육도 받지 못했기 때문에 도나는 자기 어머니의 분투를 끌어안는다. 이러한 경험은 도나 자신의 정체성을 발달시키는 데 영향을 주었다. "우리는 서로를 정말 많이 의지했기 때문이에요.… 엄마는 나를 길러 준 사람이에요.… 나를 위해 언제나 있어 주셨죠.… [하지만] 엄마는 저를 엄청 의지했어요. 저는 엄마의 사전 같았죠."[48] 이번 장 앞부분에서 논의했던 신의fidelity라는 개념은 특히 여기서 뚜렷해 보인다. 엄마는 "나를 위해 있어 주었"으며, 따라서 나는 "엄마를 위해 있어줄 것이다." 또한 여기서 우리는 모녀 관계에서 "상호적 책임성"이라는 개념의 발달을 발견할 수 있다. 신학자 낸시 더프Nancy Duff는 그리스도인의

---

47 Gaskins, *What Are You?* 92.
48 *Ibid.*, 89, 92.

소명의 의미를 탐색하면서 부모와 자녀 사이의 이러한 상호 책임성을
강조한다. 하나님은 부모와 성인만이 아니라 어린이와 젊은 사람들도
부르신다.49 사랑과 돌봄은 일방향으로만 흐르지 않는다. 어린이 역시
보통 자신의 부모를 돕고 돌보는 능력을 가지고 있다. 가족 안에서 이
러한 사랑의 상호성은 서로가 필요한 사람들이 이미 사회에서 소수화
된 경우 더욱 분명하게 나타날 수 있다. 도나의 이야기는 그들의 취약
하고 어려운 삶에도 불구하고 혹은 그러한 삶 때문에 이러한 상호의존
적 관계가 생존과 성장에 핵심이라는 사실을 보여준다.

개스킨스의 작업에서 인터뷰를 했던 사람들 대부분은 지지하는
가족이 있다고 응답했지만, 우리는 모든 간인종적 가족들이 균질적인
비-간인종적 가족들보다 더욱 건강하거나 강인하다고 가정하거나 낭
만화해서는 안 된다. 마리아 루트Maria Root는 간인종적 가정 200가구
를 연구했는데, 정체성의 수행의 관점에서 가족들이 다양하다는 점을
발견했다. 매우 유능하고/자신감 있는 스펙트럼의 한쪽 극단이 있고,
인종의 이슈를 회피하는 다른 한 쪽 극단이 있으며, 인종주의에 무지
하고/무관심한 스펙트럼의 중간이 있다.50 따라서 가족 안에서 복잡
하고 모호한 정체성들을 긍정하는 가족을 어떻게 배양할 것인가의 질
문이 남는다. 다음에 이어지는 젊은 사람의 이야기는 이러한 점을 잘
보여주고 있다.

20살의 재패니즈-유럽피안-아메리칸Japanese-European-American인 커
티스 후지타Kurtis Fujita의 이야기를 들어보자.

49 Duff, "Vocation, Motherhood, and Marriage," 69-81.
50 Root, *Racially Mixed People in America*, Gaskins, *What Are You?* 118에서 재인용.

때로 마음속에는 어느 쪽에 내가 더 연결되어 있는지에 대한 질문들이 있어요.… 부모님의 이혼에서 비롯된 걸 많이 생각해요.… 어느 정도까지는 한 쪽에 아니면 다른 쪽에 어울리게 억지로라도 나 자신을 욱여넣으려고 애써왔어요. 이제 내가 느끼는 방식은-내가 양쪽 다라는 거에요.… 어떤 점에서는 운이 좋죠. 내가 정말 많은 장소에 어울릴 수 있으니까요.… 그 누구도 존재하는 대로 자기 자신을 한정해야 한다고 생각하지 않아요.… 우리는 언제나 변하고 있고, 매 순간 우리를 위한 새로운 규정이 있어요. 우리는 계속해서 배워야 해요.51

19살의 아프리칸-유러피안-아메리칸African-European-American인 마야 코리Maya Corey의 이야기를 들어보자.

혼혈인으로서 사람들에게 제가 어울린다고 또는 심지어 어디에 제가 어울리고 싶어하는지 안다고 믿게 만드는 것은 기를 써야 하죠. 많은 혼혈인들이 겪는다고 생각하는 단계를 저도 분명히 겪었죠. 사람들이 네가 혼혈이니까 너는 흑인이 아니라고 말하는 건 억울하죠.… 그들은 여러 다른 종류의 흑인이에요.… 나는 소위 아메리칸 흑인 세계 경험 전체의 일부에요. 그게 제가 다다른 지점이에요.… 가야 할 길이 멀지만 나 자신을 어떻게 간주하느냐를 편안하게 느끼는 지점까지 왔어요.… 인종적 정체성과 다른 딱지들에 관한 사회적 규정과 한계는 나의 내면과 상관이 있을 필요가 없어요. 저는 성장한 거 같아요.52

커티스와 마야 모두 다른 하나를 희생하고 하나를 선택하지 않고

---

51 Gaskins, *What Are You?*, 182, 183.
52 *Ibid.*, 187, 189.

자신들이 지닌 혼혈 정체성들을 편안하게 느끼는 듯하다. 외적으로 인종적 규범의 압박을 인식하는 동안, 두 사람은 자신들의 다수의 정체성을 다루며 나아갈 수 있는 것으로 보인다. 그러나 몇몇은 공적 공간에서 부딪히게 되는 편견의 벽과 씨름한다. 20살의 가이아니즈-유러피안-캐내디언-아메리칸Guyanese-European-Canadian-American인 스튜어트 해이Stuart Hay는 그러한 벽 중 하나를 어떻게 경험했는지 나눈다. "여러 차례, 우리 가족이 레스토랑 같은 곳에 가면, 사람들이 물어보죠. '전부 같이 오신 거 맞나요?'"[53] 스튜어트는 이 사례가 사람들이 스튜어트의 가족을 하나의 가족으로 보지 않는다는 사실을 뜻한다고 여긴다. 스튜어트의 가족은 가족이 똑같이 생겼다는 선입견에 들어맞지 않기 때문이다. 인터뷰 대상자들의 다음과 같은 반응은 이와 유사하게 분리된 사회화segregated socialization와 고정관념의 가정, 순혈의 개념과 같은 더욱 힘든 이슈들을 언급한다.

20살의 아프리칸-어메리칸-푸에르토리칸African-American-Puerto Rican인 모니나 디아즈Monina Diaz의 이야기를 들어보자.

특히 프린스턴 대학교에서 분리된 사회화(게토화)를 봐요. 정말로 사회적으로 분리되어 있으니까요. 이 모든 다른 사람들이 있고 그 사람들은 사회적으로 구성된 이러한 노선들을 따라 평행선을 그리도록 자기 자신을 조정하죠. 게토화된 그룹으로 기숙사에 들어가고… 식당에 들어가고… 교실에 들어가고, 따로따로 그 사람들은 자기 자신을 조정하죠.… 그렇게 게토화된 삶을 사는 이들은 다른 민족들, 다른 문화들이 공존해서 한 집에 산다는 게 어떤 것인지 모를 거예요. 제 남자 형제나 여자 자매들은 피부색까

---

53 *Ibid*., 106.

지 모두 완전히 다르고, 저는 그게 대수롭지 않아요.… 우리가 집 밖으로 나왔을 때에만 아프게 하는 문제가 될 뿐이에요.[54]

20살의 나바호-유러피안-아메리칸Navajo-European-American인 데니스 홉슨Denise Hobson의 이야기를 들어보자.

사람들이 자기 자신을 입증해야 한다고 생각하지 않아요.… 우리는 더 엄격한 미국 원주민 혈통 정도blood quantum가 있어요. 우리는 사분의 일 정도의 나바호족 혈통을 지닐 뿐이에요. 원주민 보호구역에서 성장한 나바호족 사람들인데도 나바호족으로 간주되지 않는다는 게 당황스럽죠.… 제 생각에는 (혈통이 아니라) 전통과 문화가 우리를 우리가 될 수 있게 만드는 정체성이라고 봐요.[55]

모니니와 스튜어트, 데니스는 사람들을 가르는 표면적이고 이데올로기적 피부색의 경계선이 지닌 부조리를 강조한다. "사람들을 피부색으로 가르는 것은 색깔로 차를 가르는 것과 같아요. 색은 표면적인 부가물이죠. 사람들에게 피부색도 마찬가지예요."[56] 그러나 이들의 이야기를 경청하는 것은 사회가, 심지어 대학교들도 여전히 피부색에 의해 얼마나 심하게 분열되어 있는지를 날카롭게 깨닫게 만든다. 그러한 분열은 혼혈인들이 제자리를 벗어난 존재로 구성한다. 왜냐하면 그들은 피부색을 가르기 위해 만들어진 선입견의 틀에 들어맞지 않기 때문이다. 더 나아가 그러한 분열은 마치 순수 혈통이 있고

---

54 *Ibid.*, 55, 56.
55 *Ibid.*, 68, 70.
56 Cohen, *The Culture of Intolerance*, Gaskins, 46에서 재인용.

오염된 혈통이 있는 것처럼 핏줄blood lines에 의해 표시된다. 혈통이 인종과 기만적으로 연관되는 문제는 좀 더 초점을 맞춘 검토가 필요하다. 순혈 이데올로기는 여전히 대중의 마음속에서 강력하게 작동하고 있다.

## 2. 피를 확인하기

피blood, 혈통는 가족과 소속, 시민권, 사람의 인종, 젠더 정체성과 밀접하게 연결되어 왔다. 우리는 모두 인간 생존의 생물학적 필수요소인 피를 공유한다. 그러나 불행하게도 혈통은 공동체를 분열시키고 특정한 그룹을 차별하는 상징으로 활용되어 왔다. 젠더와 인종 사이에서 구별하고 백인 남성이 타자들보다 우월하다는 주장을 하기 위해서 피의 언어를 사용하는 것은 고대로부터 유지되어 온, 유럽 사회에 깊이 자리 잡은 관행이다. 예를 들어, 기원전 4세기 아리스토텔레스 Aristotle는 남성의 피가 여성의 피보다 우월하다고 주장했다. 그는 남성이 혈액을 정액으로 변환시킬 만한 충분한 열을 지닌 반면, 여성은 정액을 생산할 만한 충분한 열이 없으며, 이것이 여성의 열등학의 증거가 된다는 점을 지적함으로써 그 아이디어를 과학적(?)으로 "증명했다." 아리스토텔레스는 남성과 대조적으로 여성이 추가의 피를 가지게 되며, 생리 기간에 배출해야 한다고 말했다. 그는 이렇게 썼다. "여성은 이를테면 무능한 남성이다. 왜냐하면 여성이 여성 본성의 차가움으로 인해 정액이 되는 마지막 단계에서 양분을 만들어내지 못하면서 여성이 되는 특정한 무능력을 거치기 때문이다."[57] 이 "과학적으

---

57 Aristotle, *Generation of Animals*, 1.20.728a16–21, Sharkey, *An Aristotelian*

로" 치환된 주장은 피의 언어가 수 세기 동안 사회적으로 구성된 위계를 정당화하는 데 쓰여 온 방식을 보여준다. 여성의 피가 무능력하다는 주장은 호르몬의 결핍이나 과잉에 근거해서 동성애자들의 비정상적이라고 보는 이성애적 규범성의 주장을 연상시킨다. 여기서 우리는 어떻게 젠더 위계가 혈통 담론과 밀접하게 연결되어 있는지 볼 수 있다.

또 헌혈은 동성애 관계를 맺는 사람들을 차별하는 데 사용되어 왔다. 이스라엘과 프랑스, 그리스, 미국에서는 게이 남성들이 헌혈하는 것이 허용되지 않는다. 캐나다에서는 몇 년 전에 이러한 법을 금지했지만, 여전히 5년 동안 성관계를 하지 않는 게이 남성에게만 헌혈할 자격이 주어지는 법이 있다.[58] 왜 5년인가? 이러한 규제는 얼마나 불합리하고 작위적인가! 의료종사자들은 게이 남성이 그 기간 동안에 성관계를 하지 않았다는 것을 어떻게 그리고 정확하게 판단할 수 있을까? 부조리는 계속된다. 저명한 캐나다 작가인 로렌스 힐Laurence Hill은 CBC캐나다국영방송의 매세이 강의Massey Lecture 시리즈 일부에서 피에 대해 광범위하게 연구했다. 힐은 이 강의에서 북미와 유럽의 혈액 서비스가 예시하는 이러한 배제적 법이 무지가 부추기는 동성애에 대한 두려움에 근거하고 있다고 적나라하게 비판을 했다. 힐은 여러 게이 인권 학자와 활동가에 동의하면서 이렇게 썼다. "안전한 섹스를 하지 않는 문란한 이성애자가 한 명의 파트너에게 충실하고 콘돔을 사용하는 게이 남성보다 훨씬 더 큰 위험을 야기할 것이다."[59]

순혈에 대한 근거 없는 이론들은 인종에 대한 낭설처럼 살펴볼 만한

---

*Feminism*, 85에서 재인용.

58 http://www.huffingtonpost.ca/2013/01/12/gay-men-donating-blood_n_2467103, html, 2016년 9월 1일에 접속.

59 Hill, *Blood*, 111.

또 다른 적당한 사례다. 2차 세계대전 동안 아프로-아메리칸 출신이며 혈액 보관 분야에 선구적인 전문가였던 찰스 리처드 드루Charles Richard Drew 박사는 프랑스에서 부상당한 병사들을 위해 미국에서 영국까지 혈장liquid plasma을 배송하는 일의 책임자였다. 드루 박사는 스스로가 인종주의에 맞서 싸우면서, 1942년에 미국 적십자가 발표한 인종주의 정책을 마주해야 했다. 그 정책은 백인 병사들에게 흑인들이 헌혈한 것을 배제하는 내용이었다. 이러한 정책이 개정되어야 한다는 이의가 제기되었다. 하지만 여전히 혈액은 분리되어서 처리되었고 같은 인종의 혈액을 수혈받는 방식은 그대로였다.[60] 드루 박사는 이러한 어리석음에 깊이 탄식했다. "전장에서 병사들이 부상을 당했을 때, 그 혈장이 어느 인종에게서 왔는지 아무도 신경쓰지 않을 것이라고 매우 진실하게 말할 수 있다.… 혈액은 세계 곳곳에서 보내오고 있다. 그러한 가치 있고 과학적인 일이 그러한 어리석음에 의해 방해를 받고 있어야 한다는 것은 안타깝다."[61] 혈액의 구분은 과학과 무관했으며 모든 것이 편견과 차별과 상관 있는 것이었다. 백인 심장의이자 드루 박사의 동시대인이었던 버나드 로운Bernard Lown 박사는 차별적 헌혈 정책이 거슬렸던 사람들 중 하나였다. 로운 박사는 그만의 반항적이고 짓궂은 방식으로 "유색인"과 "백인" 혈액 주머니에 꼬리표를 뒤섞어버렸다. 실천신학의 과제로서, 우리도 의사인 로운의 지혜와 행동을 본받아 인종주의와 전투를 벌이면서 사람들을 분열시키고 비백인을 차별하는 순혈의 개념에 도전하면서 이 예언자적이고, 심지어 신나게 또 짓궂게 전복적인 행위에 동참할 필요가 있다. 순혈에 대한 근거 없는 이

---

60 *Ibid.*, 102.
61 Love, *One Blood*, 155-58.

론은 앞서 소개된 데니스 홉슨의 이야기에서 드러난 것처럼 나바호족 선주민을 "너무 백인"이라며 차별하는 데 사용되고 있기 때문이다.

우리 대부분의 몸에서는 피가 자연스럽고 공평하게 흐르지만, 우리의 마음과 사회적 정신에서는 피가 우리가 사람들을 판단하는 방식으로 무겁고 대개 오염된 편견을 실어나른다. 피에 관련된 담론은 마치 한 사람의 능력이나 재능이 고정되어 있거나 변하지 않는 것처럼 여기고, 능력이나 재능을 예정하는 데에도 자주 쓰인다. 그러나 피를 논의하는 것은 위험하고 어려우며 피가 여러 가지 방식으로 정체성-형성에 연결되었다는 사실을 염두에 두는 것이 필수적이며 중요하다. 우리는 인종적 정체성이거나 젠더 정체성 혹은 성 정체성이든 간에, 한 사람의 특별한 정체성에서 확정된 요인으로 혈통이라는 신화에 도전해야 한다. 대신에 이른바 피의 정체성은 유동적인 정체성들을 긍정할 수 있다. 정체성은 피처럼 유동적이다. 정체성은 피처럼 항상 변화하고 순환한다. 문제는 그러한 유동적이고 변화하는 정체성들이 대개 비가시적이라는 점이다. 우리는 단지 한 사람이 보이는 것으로 그 사람이 어떤 인종인지를 알 수 없다. 같은 식으로, 우리는 단지 한 사람이 행동하는 방식으로 그 사람이 어떤 젠더 정체성을 가지고 있는지 알 수 없다. 그러므로 명백하지 않은 것들을 인식하는 방법을 배움으로 우리의 제한된 시각 너머로 나아가기를 배울 필요가 있다. 신앙의 사람들인 우리는 우리의 가시적 이해 너머에 존재하시는 하나님을 믿는다. 실제로 히브리서 저자에 따르면 "믿음"이란, "볼 수 없는 것들"과 "우리의 눈에 보이는 것이 보이지 않는 것에서 나왔다는 것"(히 11:1-3)들을 확증해준다. 혼종 퀴어 가족 출신의 젊은 사람들은 볼 수 없는 것과 비가시적인 것들을 보면서 우리 신앙인들에게 종교적 믿음을 가르쳐줄 수 있다. 그들은 관습적이고 규범적 방식으로 가족 정체성을 바라보는 방식을 초월하도록 돕고 그래서 우리가 새로운 방식을 창조할 수 있도록 하는 방식으로 모호하고 복잡한 정체성 이슈들을 다루어나가는 방법을 말해줄지도 모른다. 이제 퀴어 또는 인종화된 청소녀/청소년에 관여하는, 실천신학의 과제 중 처음 두 개의 과제인 경청하기와 피를 확인하기에 더해서 세 번째 과제인 "보기"라는 주제를 살펴보도록 하자.

## 보기: 보기의 힘과 숨은 함정

스튜어트 해이가 식당에 있는 동안 계속 받았던 질문, "전부 같이 오신 게 맞나요?"는 간인종적이거나 퀴어인 가족의 구성원들에게는 유별난 일이 아니다. 오늘날 대도시의 거리에서 또한 작은 지방 도시에서 볼 수 있는 간인종적 커플이나 퀴어 가족의 수가 늘어나고 있다고는 해도 그들은 분명히 눈에 띈다. 부정적인 방식으로 포착되는 것(수동태)은 종종 불쾌감을 수반한다. 간인종적 커플이나 퀴어 가족이 오랜 기간 동안 원치 않는 관심을 받는 일에 길들여졌다 해도, 이러한 관심은 여전히 자의식의 과잉을, 심지어 불안을 야기하기도 한다. 그들은 마치 자신들의 관계가 공공의 승인을 필요로 하는 것인 양 자신들의 품위와 합법성을 증명해야 할 것 같은 느낌을 받는 것이다. 앞에서 언급한 바 있는 도나는 다음과 같은 경험을 나눠주었다. "누가 저를 쳐다보는 것 같은 느낌을 단 한 번도 좋아한 적이 없어요. 그리고 늘 누군가 나를 쳐다보는 것 같은 느낌을 받곤 했죠. 정말 많은 사람들이 이런 생각을 하면서 저를 바라보는 것 같았어요. '좋아, 그러니까, 쟤네 엄마가 흑인이나 뭐 그런 사람들이랑 잔 게 분명하군.'"[62] 장애학을 연구하는 여성주의 학자인 로즈마리 갈랜드-톰슨Rosemarie Garland-Thomson은 이렇듯 응시당하는 경험은 인식론적 재고를 야기할 수도 있다고 역설한다. "우리는 평범한 시선이 실패하는 지점에서, 더 많이 알고자 하는 때에 응시한다. ⋯응시는 지배를 정당화시키는 현상태status quo를 재고해보게 되는 상황을 제공한다. 우리가 누구인가 하는 정체성은 우리 스스로가 아니라고 생각하는 우리 자신을 응시함으로써 주목받게 될 수 있다."[63]

존 웨스터호프John Westerhoff를 포함한 종교교육가들은 "보기"가 힘이라고 부르는 것에 대해 강력하게 논의해왔다.[64] 보는 행위에는 힘이 있는데 왜냐하면 "우리가 사물을 보는 방식은 우리가 알고 있는 것 또는 우리가 믿는 것의 영향을 받기 때문이다.⋯ 우리는 한 가지 사물만을 보는 법이 없다. 우리는 언제나 사물들과 우리 자신의 관계를 본다."[65] 보기의 이러한 연결 능력은 해석학적 성찰을 가능하게 한다. 사람들이 다른 이들의 행동을 성찰하면서 보기는 자아 비추기mirroring가 된다.[66]

보기의 힘은 가치중립적이지 않다. 해석이 가치 중립적이지 않은 것과 마찬가지다. 정확히 이런 이유로 본다는 것(남을 응시 하는 일)은 배움을 한 걸음 나아가게 하고 효과적인 가르침을 야기한다는 점에서 긍정적일 수 있고 동시에 편견을 소통한다는 점에서 부정적일 수도

---

62 Gaskins, *What Are You?*, 90–91.

63 Garland-Thomson, *Staring*, 3, 6.

64 Westerhoff, *A Pilgrim People*, 8.

65 Berger, *Ways of Seeing*, 8–9.

66 Foster, *From Generation to Generation*, 79.

있다. 스탠포드 대학 영문학 교수인 미셸 엘람Michele Elam은 혼혈인이
등장하고 그들의 문화적인 재현이 드러나는 소설과 드라마, 그래픽
서사, 텔레비전 프로그램들을 살펴보았다. 엘람의 분석은 대학과 대
학교 수업에서 사용되는 혼혈인에 의한, 혼혈인을 위한, 혼혈인의 교
육 교과서의 표지에 대한 자료를 포함한다. 이러한 표지들에는 "진짜"
얼굴이 등장하는 "진짜" 사람들의 사진이 있었다. 그러나 엘람은 그
표지들은 "드러내는 만큼 감추고, 비의도적으로 열린 관점만큼 협소
하다"고 말한다.67 그 표지들은 인종화된 개인들과 그 가족들의 다양
성을 드러내면서, 비의도적으로 이러한 사람들의 현실을 중산층이고
예의바르며 매력적인 것으로 제한시킨다. 특정한 특권적 그룹이 보여
지도록 선택된다. 엘람은 계속해서 말한다. "이성애 커플만 등장한다
는 사실은 암시적으로, 다른, 더욱 소수화된 가족들(가령 동성 또는 간성
커플 또는 낙인찍힌 커플의 입양된 자녀)은 혼혈 유권자들의 '대표'(규범)
로 여겨지지 않으며, 따라서 조용히 재현의 분야에서 누락되었다."68
그녀의 논지는 엘리오트 아이스너Elliott Eisner가 교육이 이루어질 때 명
시적인 방식, 암시적인 방식, 존재하지 않는 방식으로 가르침이 이루
어진다는 성찰을 공명한다.69 보기는 커리큘럼을 소통하기 위한 가장
명시적 가르침 중 하나다. 하지만 동시에 보기는 (특정 그룹만 보여질
때) 암시적으로 현실의 다른 측면들을 숨김으로써 의도하지 않는 가
르침을 실어나른다. 공적 무대와 소셜 미디어에서 하나의 특정한 종
류의 혼혈 가족만 보이는(명시적인 것) 동안에 암시에 의해서 또 부재

---

67 Elam, *The Souls of Mixed Race*, 32.

68 *Ibid.*, 36.

69 Eisner, *The Educational Imagination*.

에 의해서 다른 종류의 가족들이 중요하지 않거나 바람직하지 않다고 보여지게 된다. 하지만 심지어 한 그룹이 재현을 통해 문화 속에서 가시적이 되는 경우에도, 이는 그러한 그룹이 직면하고 있는 유쾌하지 않은 현실들을 감추는 데 사용될 수 있다. 여기서 역사가 코베나 머서 Kobena Mercer가 말한 인종적 불평등이라는 논점은 예리하다. 권한 부여로서의 가시성에 대한 근대적 관점은 제한적이다. 왜냐하면 "흑인의 미디어가 이전보다 더욱 가시적임에도 불구하고 우리는 미국 정치에서 인종적 불평등의 심화를 문화와 정치의 구조적 분리의 증거로 목격하고 있다."[70] 즉, 보임이 힘을 가지는 것이라면 흑인의 보임이 흑인 인권의 힘으로 이어져야 하지만, 여전히 흑인들은 차별을 받고 있기 때문이다. 그의 논점은 쉽게 다른 인종화된, 비-흑인, 혼혈인 사람들에게 적용될 수 있다. 그러한 인종적 불평등은 미국 상황 너머의 다른 장소들까지도 이르고 있다.

　여기서 우리가 보기와 보이(지 않)기의 특정한 방식인 "패싱passing"이라 불리는 행위의 경험을 생각해볼 수 있다. 우리가 여기서 사용하는 용어인 "패싱"은 보지 못하는 무능력이 아니라 다르게 보는 능력으로 이해된다. 전복적 수행으로서 패싱은 유용하다. 왜냐하면 패싱은 우리가 "인종을 결정하는 것이 외양appearance의 문제가 전혀 아니라 견해apprehension의 문제이며, 가시성visibility의 문제가 아니라 시야vision의 문제"임을 분명히 하도록 해주기 때문이다.[71] 호미 바바Homi Bhabha에 따르면, 패싱은 혼종hybridity을 창조한다. "거의 같지만 사뭇 다른" 현

---

70 Mercer, "Diaspora Aesthetics and Visual Culture," 158, Elam, *The Souls of Mixed Race*, 158에서 재인용.

71 Elam, *The Souls of Mixed Race*, 161.

실이 혼종성의 본질이다. 패싱은 유사성resemblance과 위험성menace 모두를 담고 있다.72 패싱은 구경꾼인 다수로서 권력을 지닌 이들의 눈 속에서 곤혹스러움을 창조한다. 패싱하는 사람이 거의 같지만 사뭇 다른 흉내내기를 수행하면서, 패싱은 지배 그룹이라는 구경꾼들 속에 혼란(통제불가능)을 창조할 수 있다. 또한 "패싱하는" 사람이 두 개의 상호 배타적 정체성을 동시에 지니는 역설적 현실을 성취하게 한다. 또한 패싱하는 이들은 기존의 정체성들 너머로 나아갈 수 있다. "패싱할 수 있는 사람들은 혼혈 전통의 유산을 상속받을 뿐만이 아니라… 불평등의 땅에서 같지 않은 자격의 역설이라는… 위반을 표시하는 방식으로 그 전통을 실천으로 표현한다."73 패싱의 목적이 인종주의의 억압에서 완전히 자유로워지는 것을 염두에 두는 한, 패싱 수행 안에서 이루어지는 이러한 위반은 완전히 해방적이지 않다는 사실에 주의해야 한다. 패싱은 백인 인종 카드를 쓰는 권력으로 이용되기도 한다. 이 경우 패싱은 체계적이고, 제도화된 인종주의를 공모하는 것으로 유지된다. 패싱하는 이들이 인종주의를 풀고 해체하는 목표를 성취하는 가운데서도 인종주의에 얽히게 되기 때문이다. 따라서 벨 훅스bell hooks가 제안한 것처럼, 보이는 특정한 방식으로서의 패싱은 "대립적인 응시oppositional gaze"로 바라보아야 한다. 이는 자기비판적 성찰(혼란 효과)을 위해 전략적으로 바라보기라는 수행을 이용하는 작업과 구경꾼이 되는 것에서 참여적 행위자로, 구경에서 참여로, 행인의 바라보기에서 지지자의 인정으로 입장을 변경하는 작업 양자에 의해서 이루어진다.74

---

72 Bhabha, *The Location of Culture*, 86.

73 Elam, *The Souls of Mixed Race*, 118.

74 bell hooks, "The Oppositional Gaze: Black Female Spectators," 94-104.

혼종성의 전복적 행위로 패싱에 대한 통찰은 포스트식민주의 이론과 본질essence과 수행performance 사이의 구별에서 도출된 것이다. 패싱하는 능력은 개인적으로 고립된 선택이 아니라 매우 정치적으로 충전되고 사회적으로 위치한 공적 수행이며, "역사적 관여의 형식, 문화적 덧쓰기의 양피지, 사회적 실천과 규범과 계속하는 협상"으로서의 수행이다.[75] 리사 로위Lisa Lowe는 패싱을 역사적 관여와 협상의 형식으로 묘사하면서 인종적 "혼종성들은 한편으로는 언제나 상업 문화에 의해 전유되고 상품화되는 과정 안에 있으며, 다른 한편으로는 대립적 '저항 문화'의 창조로 재표현되는 과정 안에 있다"고 주장한다.[76] 이는 보기와 너머를 보기로서의 패싱을 염두에 두는 한, 혼종성의 모호한 입장을 의식하면서 지배적이고 억압적인 정상화와 인종적, 성차별적, 동성애공포적 착취에 맞서 일하기 위해서 관여하도록 실천신학자들이 영감을 받는, 이 저항적이고 전복적인 영이다. 실제로 "저항은 교육에서 하나의 재능이다. 왜냐하면 저항은 철회 안에 차이들을 숨기는 대신에 우리는 진실하게 또 다른 것에 개방한다."[77]

혼혈인들은 백인으로 패싱할 수 있다. 왜냐하면 백인은 이미 규범화된 체제와 동화되어있기에 자기 자신을 규범이라고 직시할 수 없기 때문이다. 그들은 다른 방식으로는 본인들을 상상할 수 없다. 따라서 "백인성은 표시되는 않는 —즉, 말해지지 않는— 규범으로서 그 기능이 특징이 되며, 통상 이전ex-nomic이다. 백인성을 명명하는 것은 그것을 인종화하는 것이다"라는 주장은 진실을 담고 있다.[78] 역설적으로

---

75 Elam, *The Souls of Mixed Race*, 105.
76 Lowe, *Immigrant Acts*, 82.
77 Seymour, *Teaching the Way of Jesus*, 135.
78 Elam, *The Souls of Mixed Race*, 108.

"패싱으로" 백인의 가면을 쓰는 것은 혼혈 신체에 대한 시각적 집착을 밝힌다. 패싱은 그들을 바라봄으로써 알고자 하는 지배적 권력의 욕망을 드러내고 그들이 누군지를 아는 것에 실패함(위협)으로써 지배적 권력의 좌절을 표현한다. "패싱"의 이러한 비밀스러운 진실은, 백인 이성애적 균질한 가족이라고 불리는, 비이성적으로 협소하고 완강하게 규범적인 틀 안에 짜맞추어진, 정상화되고 상업화되고 범주화된 인종적 재현이라는 가면으로 숨겨온 것을 부수고 열기 위해 인종화된 그룹과 퀴어 그룹을 전통적 경계선을 흐리는 능력에 해방한다는 것이다.

퀴어 또는 인종화된 청소녀/청소년들에 관여하는 포스트식민주의 여성주의 실천 신학의 과제로서 보는 행위에 대한 마지막 논점은 인정recognition의 의미를 살펴보는 것이다. 로즈마리 갈랜드-톰슨을 차용하자면, 인정은 다른 누군가에 대한 자각self-realization을 포함하며 그 너머로 나아가는 것이다. 좀 더 중요하게 이는 "윤리적이고 정치적인 사회의 초석으로서… 인정은 결국 동일시identification와 구별짓기differentiation의 조합에 의거한다. 인정의 궤적은 다음과 같다. '나는 나와 비슷한 점 그리고 나와 다른 점을 봄으로써 당신을 알아본다.'… 다른 말로 하면, 나는 당신을 있는 그대로 본다."79 사회학자이자 인권운동가인 W. E. B 뒤부아W. E. B Du Bois의 언어에 따르면, 상호 인정은 "이중 의식화double consciousness"를 포함한다. 즉 "자신을 바라봄에 있어 항상 타자의 눈으로 바라본다. 진정한 자의식self-consciousness은 없으며 다른 세계의 계시를 통해 그[원문대로]가 그 자신[원문대로]을 보도록 할 뿐이다."80 이중 의식화는 억압의 결과이지만 저항의 힘을 동시에 내포

---

79 *Ibid*., 158.
80 Du Bois, "Of Our Spiritual Strivings," 615, Elam, *The Souls of Mixed Race*, 154에

한다. 긍정적 가능성을 지닌 "음과 양의 눈"을 통해 비서구적이고 비이분
법적인 관점의 해석학을 제시한 포스트식민주의 성서학자인 탓-시옹
베니 류Tat-siong Benny Liew는 우리가 "살아있는 이들과 죽은 이들을 목격
한" 이중초점의 시각을 가지고 있다고 제시한다. 그는 우리가 살아있는
자들과 죽은 자들을 동시에 보는 시각은 힘이 있다고 주장한다. 왜냐하
면 우리는 음과 양의 눈으로 사물을 봄에 있어 물질적 가시성의 저변과
배후와 너머, 즉 과거와 현재를 함께 볼 수 있기 때문이라는 것이다.[81]
실천신학자 엘리자베스 콘드-프레이저Elizabeth Conde-Frazier에게 음양의
눈으로 본다는 것은 우리의 이웃인 타자의 세계로 진입한다는 것인데
이는 그리스도교 신학의 핵심이다. 왜냐하면 예수 그리스도 안에 계신
하나님이 신적 정체성과는 다른 정체성인 타자성을 입으시기 때문이
다. 콘드-프레이저는 이러한 모험, 양가적 시간, 혼종성을 보는 힘을
회심conversion이라고 주장하는데 왜냐하면 이 모험이 영적이고 교육학
적인 실천으로서의 익숙함과 편안함의 변위dislocation를 가능하게 하기
때문이다.[82] 이는 우리 각자가 생각하고 세계를 바라보는 습관적인
방식을 몰아낸다는 점에서 포스트식민주의적 관심에 도움이 된다.[83]
이렇게 의식적으로 익숙한 습관적 사유와 규범화된 행위를 축출하려
는 시도가 꼭 필요한 이유는 식민주의의 유산 중에 샤프가 "전략적인
망각"이라 부른 것이 있기 때문이다. 전략적인 망각은 사회적으로 승
인된 식민주의 규칙과 정책들, 지배화를 정당하게 하는 현 상태 유지st
atus quo에 의해 용이해지며, 이러한 규칙과 정책들은 (식민화된) 인류

---

서 재인용.

81 Liew, *What Is Asian American Biblical Hermeneutics*, 2, 19.
82 Conde-Frazier, "From Hospitality to Shalom," 170.
83 Kwok, *Postcolonial Imagination and Feminist Theology*, 3.

의 선함과 존엄을 인정할 가능성을 옥죈다.[84]

여기서 중요하며 서로 연관된 두 가지 인정이 언급되어야 한다. 우선 상호 인정의 관점에서, 우리는 이 특정한 그룹을 마치 고고학자가 인간 존재의 증거를 찾듯이 보아서는 안 된다. 다시 말하면 우리는 사람들을 바라볼 때 연구 범주로 대상화하지 않을 것이다. 대신 우리는 관점을 옮겨 사람들이 자기 자신을 어떻게 바라보고 정체화하는지를, 예컨대 인종적으로 섞였다거나 퀴어라거나 하는 식으로 스스로 정체화한 것을 인정하는 자리에 우리 자신을 위치시킬 것이다.[85] 이러한 자세는 목회적이다. 목회자로서 우리는 양을 안전한 곳으로 인도할 때에 양들을, 그들의 독특한 은사와 능력을 알아본다. 둘째, 상호 인정의 관점에서 바라본다는 것은 병리학적이거나 가부장적이지 않다. 우리는 혼혈 인종이나 퀴어인 사람들에게만 계승되는 어떤 특별한 문제를 찾으려 하는 것도, 청소녀/청소년들을 도움이 필요한 나약한 존재로 보고 길들이려는 것도 아니다. 물론, 그들을 낭만적으로 바라보는 위치에 있는 것도 아니다. 우리는 그들을 독특하고 다양한 그룹으로서 바라보며, 그들이 획일적이고 억압적인 규범이라는 엉킨 매듭을 풀어낼 힘을 우리에게 줄 수 있다고 믿는다. 그들의 분투와 헌신을 통해, 저들의 한계를 인정하면서 우리는 통념과 (인종) 프로파일링, 낙인찍기와 고유한 정체성을 말소하려는 권력에 저항하는 법을 배울 수 있다. 서로 다른 다양한 방식으로 살아가는 청소녀/청소년들의 삶은 인간 가족의 심오한 현실의 한 단면과 상호의존적 관계 안에서 정체성과 인간 자아가 지닌 방대한 복잡성에 대한 관점을 제시한다.

84 Sharp, *Misunderstanding Stories*, 86.
85 Cahalan and Mikoski (eds.), *Opening the Field of Practical Theology*, 6.

## 맺음말

포스트식민주의 여성주의 실천신학이 퀴어 또는 인종화된 청소녀/청소년에게 관여하는 과제는 들음listening으로 시작해서 봄seeing으로 끝났는데, 들음과 봄이라는 두 가지 행위는 연결되어 있다. 이러한 두 가지 행위의 예시를 '관음觀音'이라는 불교 실천에서 발견할 수 있다. 관觀은 봄이며 음音은 소리이기에, 관음은 문자 그대로 "소리(고통)를 보는 것"을 뜻한다. 우리는 그것을 "들음音"으로 소리를 "본다觀." 관음은 봄과 들음이 연결되어 있는 본성을 역설적으로 잡아낸다. 또 관음은 고난과 고통에 (접촉이 되고) 주의를 기울이는 능력을 지닌 마음의 중요성을 가르쳐준다. 이러한 불교의 지혜는 유대교 신경학자 올리버 색스Oliver Sacks의 지혜와 공명한다. 올리버 색스는 만약 우리가 "목소리를 보기" 시작하거나 시작할 수 있다면 우리는 우리 자신과 타자를 동시에 "이웃이며 낯선 사람neighbour and stranger"로 보기 시작한다.[86]

이 장에서는 가족의 복잡성을 드러내는 방법의 일환으로 유독 연구가 이루어지지 않은 그룹인 혼혈 또는 퀴어 청소녀/청소년에 주의를 기울였다. 혼혈 또는 퀴어 가족의 관점에서 이러한 복잡성을 이해하는 일은 실천신학자들이 백인 이성애 가족 규범을 폭로하도록 해준다. 균질적인 규범적 집합으로 가족을 이해하는 방식을 넘어서고 나면, 우리는 오늘날의 사회 속에서 이질적 가족과 그 가족의 모호한 상황을 인식하기 시작한다. 여기가 우리가 혼종성hybridity과 양면성amphibiousness의 영역에서 가능한 퀴어 가족 구조의 대안적 공간을 찾으면서 간인종적 가족을 파열rupture이라는 범주로 발견하는 곳이다.[87] 간인종적 또는 퀴어

---

86 Sacks, *Seeing Voices*, xiii.

가족들은 가족에 대한 기존의 균질적이고 이성애적인 규범을 교란하기 때문에 그들은 어떻게 가족들이 형성되고 해석되고 인식되며 협상될 수 있는지를 탐색하기 위해서 특별히 생산적인 장소를 제시한다. 하나님이 바라시는 상호의존적 관계성을 위해서 가족들이 형성되는 과정에서 이러한 차이들과 그 차이들의 역할에 주의를 기울이는 것은, 실천신학의 배움의 현장이 되며 차이들에 대한 상호 인정의 중요성을 강조하는 포스트식민주의 여성주의 실천신학의 목표에 연결된다.

　이제 가족에 대한 우리의 관점을 이성애적이고 균질적 규범 너머로 확장하고 "깊은 데로 나가 그물을 내려서 고기를 잡아야"(눅 5:4) 할 시간이다. 바다의 물과 같이 삶도 삶의 이질적 다양성 가운데 깊고도 넓다. 우리가 우리의 그물을 현명하게 내리고 넓게 그물을 던지는 법을 배우지 못한다면, 우리는 풍성한 물고기를 잡지 못할 것이다. 코넬 웨스트Cornel West는 예수의 이러한 가르침을 끌어와서 비선형적 카이로스Kairos 시간의 징조를 읽어낸다. "차이의 새로운 문화정치학의 비평가와 예술가들이 그물을 넓게 던지고 근육을 넓게 이완시키며 그렇게 해서 그들의 비전과 분석, 프락시스를 특정한 영역에 한정시키기를 거부할 때가 도래했다."[88]

---

87 McCarthy, "Nuclear Alternatives."

88 West, "The New Cultural Politics of Difference," 217.

# 성인 중심의 예배 너머

이 장에서는 대다수 교회에서, 특히 주류 개신교회에서 행해지는 어른 중심의 그리스도교 예배에서 간과되는 그룹으로 어린이를 중점적으로 다룰 것이다. 우리는 특정한 교회의 주일학교 사례를 통해 대부분의 주류 개신교회가 채택하는 주일학교 교육 모델의 문제를 비판하면서 놀이에 검토되지 않은 가정들을 살펴볼 것이다. 다음으로는 예배의 의미에 관한 예전학에서 예배의 참여자로서의 어린이로 초점을 옮길 것이다. 이어 종종 어린이의 출석과 더불어 연상되는 무질서한 예배에 관한 두려움을 명명할 것이다. 이를 통해 우리는 사회의 또한 교회의 환경이 산만해지는 상황에 관한 두려움을 검토해볼 수 있을 것이다. 마지막으로 이번 장은 예배에서 어린이가 배제되는 것이 결국은 예배에서 간과되거나 비가시화된 다른 그룹들에 대한 배제와 연관된다는 점에 주의하도록 촉구할 것이다.

학교화schooling[1]된 그리스도교 교육에 관한 비판은 수년간 활발하

---

1 이 장에서는 그리스도교 교육을 주일학교와 연관해서 고찰할 것이다. 다른 어떤 종교 단체들보다도 개신교 전통의 "그리스도교" 교회가 "주일학교"를 어린이 교육의 장으로 활용하였기 때문이다.

게 이루어져 왔지만 교회 안에서 어린이 교육은 대체로 주일학교 에
토스와 역사, 프로그램에 의해 계속해서 크게 좌우되었다.2 주일학교
라는 명칭이 교체되었더라도,3 핵심적인 가르침과 배움의 방식은 크
게 변하지 않았다. 이는 특히 넓은 단위의 신앙공동체적 실천과 참여
에서 어린이가 분리된다는 측면에서 그러하다. 이러한 구분은 발달
단계상 어린이의 필요가 어른의 필요와 다르고, 연령에 맞는 가르침
과 배움에 관한 필요가 있다는 이론적 근거에 의해 뒷받침된다. 물론
아동발달 이론과 연령에 맞는 교수법, 또래 집단과 더불어 학습할 필
요의 중요성을 일축하려는 것이 아니다. 문제는, 이러한 접근이 어린
이를 대상으로 하는 교육사역에서 유일한 방식 혹은 가장 지배적인
방식이 된다는 것이며, 세대 사이에서 이루어지는 건전한 배움의 기
회가 지닌 중요성이 고려되지 않는다는 데 있다. 세대 간 배움inter-
generational learning이라는 관점에서 연령대 별로 분리된 교육은 교육이
어린이들에게만 필요하다는 왜곡된 관념을 야기한다. 이 내용은 1장
에서 페다고지의 어원을 다루면서 지적한 적이 있다. 이러한 관념은
교육이 평생의 과업이라는 인식을 약화시키며, 성인들과 다른 연령대
그룹을 위한 교육이 중요하다는 사실을 간과하게 만들 수 있다. 어른

---

2 Kennedy, *The Shaping of Protestant Education*; Lynn and Wright, *The Big Little
School*. 이들이 주일학교의 역사를 영국에서 미국으로 넘어온 개척지 부흥운동 전통과
로마 가톨릭 교회의 상황들 속에서 검토하는 반면, 마리아 해리스(Maria Harris)는 교
회 전체의 삶에서 동떨어져 있는 교리 교습의 위험에 대해 현대적 비판을 제시한다.
Harris, *Fashion Me a People*.

3 캐나다연합교회에 소속된 교회 중 내가 알고 있는 두 곳에서는 "주일학교"를 "은혜의
땅"(Grace Land)와 "무지개 마을"(Rainbow Village)로 변경하여 어른들이 예배를 드
리는 주일 오전에 어린이들의 학습이 이루어지는 장소와 프로그램을 명명하였다. 다른
몇몇 교회의 경우, 프로그램의 측면에서 커리큘럼의 이름을 "성스러운 놀이"(Godly
Play) 또는 "역할 놀이 순환"(Rotation Role Play) 프로그램으로 바꾸어 전형적인 주일
학교 커리큘럼 너머를 시도하였다.

들이 어린이들을 따로 떼어놓느라 분주하고 별도의 행사를 운영할 때, 교회에서나 그 너머의 장에서 어린이들에게 배울 수 있는 기회를 놓치고 만다.

어린이를 분리한 그리스도교 교육은 발달 단계에 따른 필요를 지나치게 강조함으로써 정당화할 수 있을지도 모른다. 어린이는 발달 단계에 맞추어 그들의 또래와 더불어 배워야만 한다는 것이다. 그러나 이러한 주장을 다시 꼼꼼히 들여다볼 필요가 있다. 종교적 상황에서 배움이란 무엇인가? 종교적 배움이란 의미를 생성하는 과정이자 한 인간을 둘러싼 세계, 한 인간을 형성하는 세계를 이해하는 과정이라고 말할 수 있을 것이다. 그러므로 배움은 결코 개인적인 것일 수 없다. 배움은 다른 사람들로부터 떨어져서 완전히 독립적인 상태에서는 일어나지 못한다. 배움의 어느 하나의 측면이 정보를 습득하는 데에 있고 그러한 배움이 사적인 환경에서 개별적으로 이루어질 수는 있을 것이다. 예컨대 집에서 혼자 요리책을 읽으면서 특정한 요리법을 배운다고 해보자. 심지어 이러한 방식의 배움도 타자를 필요로 한다. 즉, 요리책의 저자(들)과 그 책을 출판하고 배포하는 데에 기여한 수많은 사람들이 그 뒤에 숨어있는 것이다. 관계와 사회적 상호작용을 통해 한 인간은 정보를 모으고 이를 내재화한다. 또한 한 개인은 특정한 공동체 내의 활동에 비판적으로 참여하기 위해 이러한 정보를 성찰하고 이해한다. 이런 점에서 그리스도교 교육은 공동체적 맥락에 의거한 정체성 형성에 관여한다. 조이스 앤 머서Joyce Ann Mercer는 "배운다는 것은 변화하기 위함이고, 새로운 정체성을 획득하기 위함이며, 되어가는 과정에 참여하기 위함이다.… 배움이 그 과정을 통해 한 사람이 변화하고, 달라지고, 변혁하는 과정을 의미하는 한, 배움의 핵심은 정체성에 관한 것"[4]이라고 말한다. 그러나 공동체를 마치 본질적으로 선한 것처럼 낭만화해서는 안 된다. 특권을 통해 특징지어지는 지배적 공동체는 다른 공동체들을 예속해왔기 때문이다. 공동체의 한 형태로서의 교회도 예외는 아니다.[5] 교육이 중립적이지 않은 것처럼 공동체도 마찬가지다. 교회는 차별과 배제에 저항하고 해방할 수 있지만 그와 마찬가지로 차별과 배제를 합리화하고 지지할 수도 있다. 그러므로 우리는 "우리의 페다고지를 연구"하는 과업에 착수해야 한다.[6] 이러한 연구 작업은 가르치는 자이자 배우는 자로서 각자가 지니고 있는 가정들을 비판적으로 검토하는 과정을 포함하는데, 이는 이러한 가정을 통해 우리가 교회 내 어린이 교육을 고려하면서 명시적으로 혹은 암시적으로 특정한 가치나 시각을 부여할 수 있기 때문이다. 주일에 어린이들이 배움을 위해 모이는 교회라는 장소에 관한 가정에는 어떤 것들이 있을까? 실천신학에서 이러한 추정들을 동사의 형태로 그리고 인간의 행위를 통해 분석하는 방법론인 서사적 접근 Narrative Approach을 사용해 예시를 들어보고자 한다. 이 경우 행위는 소통을 생성하는 텍스트로 간주된다.[7]

## 개인적 서사와 성찰

어느 주일 오후, 교회에서 돌아온 아들 노아가 말했다. "저 은혜의

4 Mercer, *Welcoming Children*, 168.
5 Kim-Cragg and Schweitzer, *The Authority and Interpretation of Scripture*, 30.
6 Hess and Brookfield (eds.), *Teaching Reflectively in Theological Contexts*, 4.
7 Ganzevoort, "Narrative Approaches," 216.

땅(주일학교의 다른 이름)에 가기 싫어요." 내가 물었다. "왜?" "지루해
요. 아무것도 배우는 게 없어요." 노아가 대답했다. "오늘은 무얼 했
니?" 나는 다시 물었다. "아무것도 안 했어요. 제 말은, 그러니까, 그림
그리고 이것저것 오리는 것 말고는 아무것도요." 이 말을 들었을 때의
내가 한 추측은 아들이 뭔가를 배울 때 컴퓨터를 사용하지 않았기 때
문에 교회에서 하는 활동을 좋아하지 않았을 것이었다. 노아는 학교
에 가지 않을 때는 컴퓨터를 하거나 컴퓨터 게임을 하고자 하는 경향
이 있었기 때문이다. 나는 대답했다. "그림 그리고 오리는 게 어째서
문제가 되니? 컴퓨터를 사용하지 않고도 즐겁게 뭔가를 배울 수 있는
다른 방법들이 있는 거잖아."

　우리의 대화는 거기까지였다. 하지만 나는 어른들이 1층 본당에서
예배를 드리는 주일 오전에 지하 1층의 은혜의 땅이 어떻게 운영되는
것인지 궁금해지기 시작했다. 아들과 이야기를 나누고 몇 주 후에 나
는 은혜의 땅에서 1일 자원 교사로 봉사하기로 마음을 먹었다. 은혜의
땅은 두 연령대로 나뉘어 운영되고 있었는데 한 그룹의 구성원은 1학
년에서 4학년까지, 다른 그룹은 5학년에서 8학년까지였다. 두 그룹
모두가 개정공동성서정과Revised Common Lectionary를 따라 성경 이야기
를 배우는 일에 집중하고 있었다. 그렇다면 아이들은 본당에서 예배
를 드리고 있는 어른들과 같은 텍스트에 관해 배우고 있다는 뜻이었
기에 내심 바람직한 접근이라는 생각이 들었다.[8] 성경의 이야기들을
단순히 읽고 이야기해주는 대신, 아이들은 크레용, 종이, 가위를 가지
고 그날의 이야기를 바탕으로 뭔가를 만들어보는 과정에 참여하고 있
었다. 이러한 교수법은 단순히 듣고 말하는 것을 넘어서 시각적, 촉각

---

8 Kim-Cragg, *Story and Song*, 46.

적인 접근을 포함하고 있었기에 훌륭한 교수법이라고 생각했다. 아니, 은혜의 땅의 교육과정은 상호작용을 기반으로 하는 창의적인 접근법이라고 느껴졌다. 결국 문제는 은혜의 땅에서 일어나고 있는 일이 아니라 일어나지 않고 있는 일이라는 이해에 도달했다. 교육적 접근방법은 사려 깊은 것이었지만 이러한 접근은 예술 작업 활동을 좋아하는 아이들의 필요만을 충족시켜주고 있었던 것이다. 노아의 경우처럼 소근육을 사용하는 일에 능숙하지 않은 아이들에게 그림을 그리고 무엇인가를 자르는 활동은 성경의 이야기를 배우기에 최선이 아니었던 것이다. 노아의 동생인 하나의 경우는 좀 달랐다. 하나는 은혜의 땅에서 기꺼이 활동에 참여하고 있었고 예배를 마친 후엔 나와 남편에게 자신의 작품들을 자랑스레 보여주곤 했다. 하나는 선생님들에게 칭찬 받는 어린이였다. 이 날의 방문을 통해 나는 교실 안에서 학생들의 경험을 형성하는 데에 교수법의 표준이 어떤 영향을 미치는지를 알게 되었다. 하나가 행복한 학생일 수 있었던 것은 교사들이 준비한 교육 활동에 잘 맞는 특질을 갖고 있었기 때문이었다. 이는 은혜의 땅의 교육 계획이 더욱 다양한 능력과 학습 양식을 포괄할 수 있는 활동을 계발해야 한다는 도전 과제를 제기했다. 미셸 푸코Michel Foucault가 전개한 권력 분석 이론을 활용해서 어린이교육을 연구한 게일 캐넬라 Gaile Cannella와 라디카 비루루Radhika Viruru는, 이러한 관점에서 각별한 주의를 기울일 것을 요청한다. 가끔은 "가치와 유용성, 생산성, 공신력, 심지어 권한 부여에 관한 언어가 규율 권력을 은폐하는 일에 사용되기 때문이다. 바람직하다고 간주되는 것들은 '숙달된 유순한 몸prac-ticed docile bodies'을 조작함으로써 창조된다."9

9 Cannella and Viruru, *Childhood and Postcolonization*, 63-64.

점검해봐야 할 또 다른 가정은 교사의 여성화이다. 다른 사람들의 학습 방식이 자신의 학습 방식과 같을 거라고 가정하는 것은 이해할 만하고 당연한 일이다. 하지만 이러한 추정은 돌고 도는 논리인 "캐치-22"다.[10] 다문화적 종교교육에 관한 논의에서 엘리자베스 콘드-프레이저Elizabeth Conde-Frazier는 "교사들의 학습 경험과 교사들이 교육 이론 및 실천에 관한 정보를 습득한 방식은 자기 인식의 한 부분일 뿐이며 제한적이다. 교사들은 이를 성찰함으로써 자신들의 교수법이 어떻게 그리고 어째서 서로 다른 문화적 배경을 가진 학생들에게 편안하거나 불편할 수 있는지 알 수 있다"고 지적한다.[11] 가르치는 일이, 특히 초등학교에서는 종종 여성에 의해 수행된다는 것은 잘 알려진 사실이다. 대부분의 교회학교의 경우도 마찬가지다. 교사들이 대체로 여성일 때 가르치는 일의 함의와 결과가 무엇일지에 대해 누군가 질문할지도 모른다. 여성 교사들이 선호하는 특정한 교육 활동을 다른 활동들에 비해 더 자주 활용할 것으로 추정된다면 그것은 과연 공평할까? 지금 나는 모든 여성이 남성들에 비해 미술 공예를 좋아한다는 식의 정형화를 하려는 것이 아니다. 유동적 성 정체성에 관한 이해 없이 생물학적 여성의 일이 여성적인 것이라는 일반화를 하려는 것도 아니다. 하지만 상대적으로 여성이 남성보다 미술 활동을 즐기는 경향이 있기에 누군가는 여성 교사들이 이러한 종류의 활동을 혹시 기본값으로 선택하는 경향이 있는 것은 아닌지 의심할 수 있다는 말이다. 중국의 한 격언에서는 성별에 관해 직접적으로 언급하지 않지만

---

10 Tye, *Basics of Christian Education*, 86. (역주: "catch-22"는 소설의 제목에서 유래한 표현으로 모순적인 순환논리를 의미한다.)

11 Conde-Frazier, "From Hospitality to Shalom," 182.

가르치는 일에 관하여 예리한 시사점을 발견할 수 있다. "당신의 자녀를 당신 자신의 학습 경험에 가둬 두지 말라. 자녀들은 다른 시대에 태어난 사람들이다."[12] 주일학교에 얽힌 나의 개인적 서사에서 끌어낼 수 있는 중요한 교훈은 배움에 관한 어떤 규범적 접근도 진지하게 검토해 볼 필요가 있다는 것이다. 우리는 특정한 교수법을 활용함으로써 누가 효용을 얻을지 그리고 일정한 교수법이 지나치게 자주 도입됨으로써 누가 학습으로부터 배제될 수 있는지를 질문해야 한다.

특정한 가르침이나 실천이 반복되면 그것은 우리가 생각하고 행동하는 방식에 영향을 주고 나아가 "통제적 규범"이 된다. 이는 페다고지적 관점에서 사라 아메드Sarah Ahmed가 "반복사용 긴장성 손상증후군repetitive strain injuries"이라 부른 것을 야기할 수 있다. 이 포스트식민주의 퀴어 여성주의 이론가는 다음과 같이 주장한다. "어떤 몸동작만을 반복함으로써 또는 특정한 방향만을 지향함으로써 신체는 뒤틀린다. 신체는 특정한 행위만을 가능하게 하는 대신 다른 종류의 행위에 관한 능력을 제한하는 어떤 형태로 곡해되고 만다."[13] 비록 아메드의 주장은 이성애적 규범성을 그리고 인간 사회 안에서 성정체성이 어떻게 기능하고 합법화하며 통제하는지를 특정적으로 가리키고 있지만, 이는 교수 상황에서도 유용한 통찰을 제공한다. 가르치는 일을 수행하는 상황에서라면 다양한 학습의 양식에 관하여 그리고 가르치는 일에 관한 우리 자신의 실천과 선호에 관하여 인식하는 것은 언제든 유념할 만한 것이기 때문이다.

---

12 Caine and Caine, *Making Connections*, 13.
13 Ahmed, *The Cultural Politics of Emotions*, 145.

## 예배의 다면성

북미의 종교 연구에서 공통으로 나타나는 주제 중 하나는 어린이가 신성하다는 것이다. 아브라함 계열의 종교들뿐만 아니라 유교와 힌두교에서도 어린이는 하나님의 선물로 여겨진다.[14] 우리는 그리스도인의 삶에서 어떻게 어린이의 신성함을 확증할 수 있을까? 우리가 하나님의 선물인 어린이를 축하하는 장소는 어디이고 시간은 언제일까? 누군가는 신앙 공동체의 예배 의례들이 바로 그런 공간이라고 주장할 것이다. 왕성하고 지속적인 예배 경험이 부재한 가운데 건전한 신앙공동체를 세우는 것은 불가능하다. 바로 이 지점에서 신성한 존재로서 어린이를 존중하고 어린이들의 온전한 참여를 수용하는 예배의 역할이 필요하다.

우리의 논의와 관련해서 루스 덕Ruth Dock의 『모든 하나님의 사람들을 위한 예배』Worship for the Whole People of God는 매우 적절하다. 덕은 이 책에서 예배 안에 어린이가 개입하고 포함되도록 하는 노력이 부족하다는 사실에 대해 우려를 표현하기 때문이다.[15] 어린이에만 초점을 맞춘 연구는 아니었지만 내가 다른 저술에서 이미 탐색했던 것처럼 그리스도교 교육 훈육과 예배 훈육 사이의 긴밀한 관계성은 매우 중요하다.[16] 어린이를 고려하여 예배와 그리스도교 교육이 긴밀한 관계를 맺는다는 건 두 항이 동일하다는 말이 아니다. 이 부분은 1981년에 데이비드 응David Ng과 버지니아 토마스Virginia Thomas가 밝힌 바 있

14 Browning and Miller-McLemore (eds.), *Children and Childhood in American Religions*, 3.
15 Duck, *Worship for the Whole People of God*, 27-30.
16 Kim-Cragg, *Story and Song*.

다. 예배의 목적은 교육이 아니다. 이는 그리스도교 교육의 목적이 예배가 아닌 것과 마찬가지다. 다만 이 둘은 서로를 형성하고 서로에게 자료를 제공하기 때문에 완전히 개별적인 항으로서 다뤄져서는 안 된다는 말이다. 응과 토마스의 주장처럼 찬양과 감사와 제물 드림의 행위는 예배의 정수로서 어린이들에게 하나님에 관한 그리고 하나님을 향한 우리의 반응에 관한 가르침을 준다. 대안적으로, 어린이의 신명남과 즉흥성에 더해서 어린이들의 "실수"는 어른들과 예배공동체에게 그리스도교 신앙과 그리스도인의 삶에 필수적인 기쁨과 수용, 용서를 가르쳐준다.[17]

　나아가 포스트식민주의 여성주의 실천신학의 관점에서 예배에서 어린이들의 자리를 면밀히 살펴보는 작업은 예배와 교육을 구획화하는 경향을 비판적으로 살펴보기를 요청한다. 어떤 이들은 이 그리스도인의 활동과 실천의 구획화compartmentalization나 어른들의 예배에서 따로 떼어진 어린이 주일학교의 발생이 선택의 문화culture of choice에 의해 부추겨진 것이라는 도발적인 주장을 하기도 했다. 알레스데어 매킨타이어Alasdair MacIntyre는 한 강의에서 오늘날의 문화가 변화해온 데에는 부분적으로 구획화와 선택의 영향 때문이라는 주장을 폈다.

　우리의 일상은 모두 구획화되어 있어서 우리가 집에서 일터로, 무역노조지부 모임으로, 스포츠 클럽으로, 속회의 종교 집회로, 혹은 또 어딘가로 이동할 때면 우리는 저마다 자체적인 규범을 가지고 있는 각각의 장소들로 들어가고 나오게 된다. 이들 각각은 우리가 자신들의 규범을 익히기를 요구하는데 마치 우리가 각각의 장소를 오갈 때마다 바뀌는 상황

---

17 Ng and Thomas, *Children in the Worshipping Community*, 48-65.

에서 일련의 태도와 규범들을 효과적으로 교체하는 것이 마땅하다고 하는 듯하다. 그리하여 새로운 덕목 하나가 덕의 목록에 추가되었는데 바로 적응력adaptability이다. 또한 새로운 악덕 하나도 악덕의 목록에 추가가 되었는데 이는 경직성inflexibility이다.[18]

우리가 어느 장소에서 다른 장소로 이동할 때, 가령 집에서 나와서 그리스도교 예배의 장소로 가는 경우에, 경직성을 포함한 일련의 규범에 적응하기 위해서 우리의 관계성은 변한다. 가정에서는 어린이와 어른이 공동거주co-dwell하며 함께 일을 해나가는데, 이는 자율적이고 당연하게 여겨지는 규범(일상적 삶)이다. 하지만 교회에서는 작동하는 규범이 어른은 위층으로 올라가고, 어린이는 아래층으로 내려가는 것이다(역자 주: 북미에서 교회 건물은 대개 예배 공간이 위층에, 주일학교 공간은 아래층에 있다). 우리는 매킨타이어의 논리를 따라 그것이 효과적이라고 믿기 때문에 그러한 선택을 내린다. 이러한 선택의 문화에서 위태로운 것은 공동체를 다른 활동의 셀 단위 조직들로 쪼개고 나누는 것이다. 공동체의 구획화에 맞서는 실천신학의 도전은, 매킨타이어가 질문을 제기한 바와 같이 활동을 분리하기 위해 연령대별로 그룹을 나누기로 선택한 사회를 향한 반-문화적counter-cultural 도전이다. 우리가 제시하는 것은 이러한 파편화된 문화를 바로잡기 위해서 세대 간 예배의 중요성과 장소를 급진적으로 다시 숙고하는 것이다. 우리를 새로운 가치에 조정하면서 이러한 구획화에 저항할 수 있다. 우리는 이러한 가치 조정을 방해하는 바로 그 사고방식이나 체제에

---

18 Alasdair MacIntyre, "A Culture of Choices and Compartmentalization," 2000년 10월 13일에 노트르담(Notre Dame)에서 공개강좌를 했다. http://brandon.multics.org/library/macintyre/macintyre2000choices.html.

도전할 필요가 있을 것이다. 도로시 배스Dorothy Bass와 크레이그 다익스트라Craig Dykstra는 열두 개의 다른 그리스도인 실천을 탐색한 다음, 핵심적인 조언을 제공한다. "때로 사람들은 실천에 들어가지 못한다. 왜냐하면 사회의 구조 자체가 그러한 실천을 반대하기 때문이다."[19] 아마도 주일 아침을 모든 연령의 사람들이 함께 그리스도교 의식을 축하하는 경험을 나누는 것을 상상하는 것이 어려울 것이다. 왜냐하면 바로 그런 상상이 사회적 규범에 맞서는 것이기 때문이다. 하지만 그러한 상상이 불가능한 것은 아니다.

이러한 분리를 바로잡기를 추구하면서 나는 새로운 복잡한 도구를 재발명하기보다는 예배의 기초가 되는 다양한 측면을 다시 논의할 것을 제안한다. 이 재고를 위해 예배의 개혁과 갱신 속에서 이루어진 최근의 발전을 짚어보는 것이 도움이 될 것이다. 제2차 바티칸공의회의 예전적 갱신운동(1963~1965)은 여러 교단의 개혁교회 안에서 변화를 촉발하는 중요한 사건이었다. 돈 샐리어스Don Saliers는 이러한 변화를 다음과 같이 요약했다. 세례와 성찬의 중심성에 대한 강조의 갱신, 그리스도교력을 위한 포괄적인 성무적인 성서 읽기, 성서적 설교의 회복, 대개 고대 유대교와 그리스도교 자료에 근거한 새로운 기도 모델, 감각과 몸의 참여의 회복, 예전과 사회적 윤리 사이의 활발한 연결, 고대와 현대를 모두 포함해서 찬양 만들기와 음악적 개혁에서의 창조성.[20]

세일리어스의 간결한 정리는 성서와 성례, 특히 예배 안에 그 양자의 상호작용에 대한 강조를 짚고 있다. 예배는 성서와 성례가 모두 필

19 Bass and Dykstra, "Growing in the Practices of Faith," 200.
20 Saliers, "Worship," 292.

요하다. 개혁 이후, 그리스도인들은 교단의 노선에 따라서 예배 실천
들에서 부정적인 분리를 경험해왔다. 개신교 전통은 '오직 성서로Sola
Scriptura'의 깃발 아래 설교와 성서적 해석에 보다 초점을 맞추면서 성
례의 역할을 일축해버렸다. 그 사이에 가톨릭은 성서를 경시하고 예
배 안에서 성찬식에 더욱 초점을 맞추었다. 이러한 간극은 계몽주의
적 사고와 식민주의 이데올로기가 18세기에 세계를 휩쓸고 19세기와
20세기 초에 그 정점을 찍는 동안에 더욱 벌어졌다.[21] 따라서 기도의
옛 실천이 회복하려는 노력은 어느 정도는 포스트식민주의적 움직임
이고 근대주의를 폐기하는 것이며, 포스트-개혁 전통post-Reformation적
시각과 실천이다. 옛 실천에 새롭게 초점을 맞추는 것은 단선율 전례
성가 부르기Chanting와 공동으로 암송하기를 포함한다. 단지 글로 쓰여
진 텍스트에 의지하는 대신에 구술성orality으로 표현되는 기도는 침묵
과 극대화된 사람의 목소리를 포함한다.[22] 또한 기도에는 다른 신체
적 움직임, 즉 서기와 꿇기, 앉기, 절하기, 걸어다니기가 포함된다. 인
간의 감각이 창조적으로 예배 안에서 연관될 때, 우리는 종교적 기념
의례와 그리스도교 교육 사이의 깊은 연결성을 제대로 알아볼 수 있
다. 이는 배움과 가르침의 실존적, 인지적, 예술적, 성찰적 방식을 망
라한다. 존 웨스터호프John Westerhoff는 항상 전인적 배움을 위한 다중-
감각multi-sensory의 경험들이 중요하다는 사실을 강조해왔으며, 이러한
다중-감각 경험들이 예전을 통해 가능하다고 지적해왔다.[23] 일반교
육 이론가 스티븐 브룩필드Stephen Brookfield는 자신의 학문과 연구를 가

---

21 Kim-Cragg, *Story and Song*, 2.

22 Senn, *Embodied Liturgy*, 297.

23 Westerhoff, *Will Our Children Have Faith?*, 54-56.

르침에 대해 전념해왔는데 이와 유사한 논점을 짚었다. 브룩필드는 능숙한 가르침skillful teaching에 대한 17가지 진실을 상세하게 설명했다. 예를 들어, 그는 이렇게 조언한다. "학생들이 배움을 어떻게 경험하는지에 주목하라. 당신의 본능을 신뢰하라. 배움의 감정적 측면을 인식하라. 당신의 성격을 알아라. 당신 자신의 배움을 성찰하라."[24] 이 조언 목록은 교사가 학생에 대해 가지는 감정과 본능처럼 감각의 중대한 역할을 부각시키면서 학습자로서의 교사라는 경험적 측면의 중요성도 강조한다. 예전 갱신 운동과 능숙한 가르침이 주는 통찰은, 양자가 다른 목적을 지녔음에도 사람의 웰빙과 공동체의 웰빙, 특히 주변화되고 억압받는 이들의 그러한 경험을 중시하는 실천신학에 기여한다.[25]

이러한 통찰을 염두에 두고 예배의 다섯 가지 신학적 기초를 검토해보자. 이는 의례Ritual, 계시Revelation, 응답Response, 관계성Relationship, 리허설Rehearsal로서의 예배로, 내가 예배에 대한 "다섯 개의 R들"이라고 부르는 것이다.[26] 첫 번째로, 의례Ritual를 통해 우리는 우리 삶에 의미를 창조하고 그리스도인의 정체성을 형성한다. 의례로서의 예배는 삶의 통과의례(출생과 죽음과 사이[in-between])를 기리고 위기와 도전(상실과 질병, 전환)을 다루는 데 도움이 된다. 의례는 우리가 인간으로서 누구인지를 형성한다. 반복적이고 공동체적 행위를 통해 의례는 고립된 개인주의적 방식이 아니라 다른 이들과 함께 의미를 창조한다. 그러므로 의례는 그리스도인의 배움의 목표를 의미를 생성하고

---

24 Brookfield, *The Skillful Teacher*, 192-210.
25 Cahalan and Mikoski (eds.), *Opening the Field of Practical Theology*, 273.
26 Duck, *Worship for the Whole People of God*, 7-17.

세계를 이해하고 개인적 정체성과 공동체적 정체성을 발견하도록 활성화한다. 물론 어린이들도 의례를 통해 배울 수 있다. 실제로 어린이들에게 이상적으로 적합한 의례는 반복적이고 촉각적인 본성이 크다. 이것이 바로 어른 중심의 예배에서 어린이를 배제하는 것이 문제가 되는 이유다. 배스와 다익스트라가 주장한 것처럼, "함께 하는 삶의 지속적 패턴 속에서 교육이 일어난다"는 확신은 진실을 담고 있다. "이는 노래를 부르며 회중이 소속감을 느끼는 것과 같다. 당신이 아이라고 해도 다른 사람들로부터 음의 높이를 배우고, 손뼉을 따라서 치거나 치지 않기를 배우고 한 해의 특정한 시기에 특정한 멜로디를 기대하기를 배운다. 온몸을 사용하고 음악적 취향과 교회 안에서 교회 밖에서 발달시킨 훈련에 의지할 것이다.… 공동체적이지만 계획하지 않는, 이러한 종류의 배움은 언제나 일어난다."[27] 여기서 배스와 다익스트라가 묘사한 것은 어른과 어린이 모두에게 적용된다. 실제로 어린이가 주일에 예배에 부재한다면 어른도 배움의 기회를 잃어버리는 것이다.

그렇게 놓쳐 버린 기회는 우리가 맺는 하나님과의 관계에도 영향을 미친다. 세대 간 예배와 배움은 하나님의 현존의 현현으로 이어질 수 있다. 이는 예배의 두 번째 "R"인 계시Revelation로 이어진다. 계시로서의 예배는 하나님을 향해 있다. 하나님은 우리가 하나님의 현존을 감각하고 조우하고 경험할 때 계시되신다. 성서에는 하나님의 전능한 행위는 하나님의 상처 받기 쉬운 본성과 마찬가지로 나타난다. 하나님은 사람이 혼자 성서를 읽고 묵상할 때 개별적으로 계시되신다. 또한 성서는 하나님이 예배 안에서 계시되시는 공동체 안에서 집단적으

---

27 Bass and Dykstra, "Growing in the Practices of Faith," 198.

로 읽히고 해석되고 설교되고 수행된다. 성례전을 통해서 우리는 하나님의 헌신적인 사랑을 맛보고 알아보고 만지고 받아들인다. 이것이 바로 많은 믿음의 사람들이 먹기 전에 하나님께 감사하는 이유다. 여기서 식사 전에 식사기도를 드리는saying grace 의례적 실천이 연결될 수 있다. 우리는 하나님께 우리 앞에 놓인 음식이라는 선물에 복 주시기를 요청한다.[28] 이것은 먹기라는 가장 일상적, 평범한 행위를 성스러운 행위로 만들고 신학적으로 만든다. 또한 이것은 다시 주일 예배와 연결된다. 매 주일(성찬식이 이루어지는 주일에) 우리는 고든 래스롭이 명명한 "배고픈 축제hungry feast"에서 우리 자신을 손님으로 바라보도록 초대받는다.[29] 아르헨티나 찬송이 가르쳐주듯이, 빵은 "배고픈 이들에게 주어지고 빵을 제공받은 이들에게는 정의를 향해 갈급해하도록 한다."[30] 다른 곳에서 주장한 바와 같이, 먹는 것은 어떻게 인간이 예배 안에서 신적인 것을 만나는가의 중심이 되는 것처럼 "성찬식은 예전이 음식을 어떻게 만나는가의 중심이다."[31]

예배의 세 번째 "R"은 하나님께 대한 우리의 응답Response이다. 예배는 우리를 향한 하나님의 헌신적이고 변함없는 사랑에 대한 우리의 응답에 관한 것이다. 먼저 시작한 분은 하나님이시다. 하나님은 우리를 창조하셨다. 하나님이 약속하셨다. 하나님이 사람들이 고통을 부르짖는것을 들으셨기 때문에 그들을 자유롭게 하셨다. 이에 우리는

---

28 Bass, "Eating," 51.

29 Lathrop, "The Eucharist as a 'Hungry Feast,' and the Appropriation of Our Want."

30 "God Bless to Us Our Bread," 스코틀랜드 아이오나(Iona) 공동체의 존 벨(John Bell)이 영어로 번역.

31 Kim-Cragg, "Through Senses and Sharing," 34.

하나님께 응답한다. 왜냐하면 우리는 "하나님의 사랑의 행위에 감사하기" 때문이다. 우리는 응답한다. 왜냐하면 "우리는 노래하기를 그칠수 없기 때문이다."32 여기서 하나님께 향한 응답으로서의 노래하기는 다중적 신학적 의미를 지니고 있다. 세일리어스에 따르면 노래하기는 "찬양의 자연어natural language of praise"다.33 노래하기는 하나님을 향한 기본적인 인간의 언어다. 하나님을 향한 응답은 주로 우리의 감사 속에서 하나님을 찬양하는 것을 통해 표현된다. 노래하기, 특히 그리스도교적 실천으로서 함께 노래하기는 상상할 수 있는 가장 인간적인 행위 중 하나다. 이것이 바로 디트리히 본회퍼Dietrich Bonhoeffer가 우리가 함께 노래해야 한다고 역설한 이유다. "노래하는 것은 당신이 아니다. 노래하고 있는 것은 교회이고 당신은 한 구성원으로 그 노래를 공유하고 있는 셈이다."34 본회퍼는 함께 노래하는 이러한 행위가 바로 그리스도인의 공동생활의 실천이라고 말한다. 노래하는 바로 그 행위가 그리스도인 정체성이라는 어떤 형태를 받아들이기 이전에 인간의 DNA에 프로그램되어 있는 듯하다. 세일리어스는 "인간이라면 누구나 존재론적으로 음악을 만들 어떤 필요가 있다"고 쓴다.35 소리를 내는 것처럼 음악을 만드는 것은 모든 인간이 태어나면서 하는 첫 번째 행동이다. 사람만이 소리와 함께 태어나는 것이 아니라 "신앙도 노래 안에서 태어나고 노래 안에서 살아간다."36 마리아가 천사에게 그녀

32 http://www.united-church.ca/beliefs/statements/songfaith, 2017년 7월 29일 접속.
33 Saliers, "Singing Our Lives," 179.
34 Bonhoeffer, *Life Together*, 61.
35 Saliers, "Singing Our Lives," 180.
36 *Ibid.*, 183.

를 통해서 예수가 태어날 것이라는 소식을 들었을 때, 그녀는 노래했다. 하나님을 향한 마리아의 용감하고 신실한 반응은 마리아가 노래하기 시작하면서 성모 마리아 송가Magnificat에서 기념되고 확인된다. "내 영혼이 주님을 찬양하며 내 마음이 내 구주 하나님을 좋아함은… 힘센 분이 나에게 큰 일을 하셨기 때문입니다.… 우리 조상들에게 말씀하신 대로, 그 자비는 아브라함과 그 자손에게 영원토록 있을 것입니다"(눅 1:46, 49, 55).

왜 하나님은 이러한 놀라운 것을 마리아와 그녀의 조상들을 위해 행하시는가? 이 하나님은 관계적이시기 때문이다. 이는 예배의 네 번째 차원의 "R"인 관계성Relationship으로 이어진다. 예배는 우리와 함께 언약을 맺기를 바라시는 하나님의 갈망을 표현한다. 더 나아가 예배는 하나님의 사람이 되려는 우리의 갈망에 목소리를 부여한다. 예배를 통해서 우리는 우리를 하나님의 것으로 부르시는 하나님을 들으며, 지상에서 정의와 평화, 사랑을 위한 하나님의 사역에 동참하도록 초대받는다. 이것이 정의와 평화가 입 맞추는 사랑의 관계다. 가족과 신앙, 결혼에 대해 광범위하게 저술해온 허버트 앤더슨Herbert Anderson은 사랑하기를 관계성의 실천이라고 부른다. "사랑은 그 모든 형태 속에서 인간의 관계성 안에 구석구석 스며드는 특성이다."[37] 달리 말하면, 사랑이 상호성의 구체적 행위와 신앙의 실천으로 표현되는 동안에 관계성은 사랑을 구성한다. 하나님은 사랑의 모델을 제공하신다. 실제로 하나님이 보여주시는 사랑은 불가분하게 자기의 사랑과 이웃의 사랑에 뒤얽혀 있다. 이는 예수가 율법을 두 계명으로 요약했을 때 제자들에게 상기시켰던 것이다. "첫째는 이것이다. '이스라엘아, 들어

---

37 Anderson, "Loving," 63.

3장 _ 성인 중심의 예배 너머 133

라. 우리 하나님이신 주님은 오직 한 분이신 주님이시다. 네 마음을 다하고, 네 목숨을 다하고, 네 뜻을 다하고, 네 힘을 다하여, 너의 하나님이신 주님을 사랑하여라.' 둘째는 이것이다. '네 이웃을 네 몸과 같이 사랑하여라.' 이 계명보다 더 큰 계명은 없다"(막 12:29-31). 레이놀즈는 계속해서 말한다. 신학적으로 "하나님 사랑과 이웃 사랑은 하나의 역동 속에 감싸여 있는 쌍둥이 요소"이며, 이는 주고받음의 상처 받기 쉬운 관계성 안에 있는 서로가 서로를 사랑하는 것이 하나님을 사랑하는 하나의 방법이 되는 곳에서 사랑의 거룩한 예전이다."38

하나님과 자기, 이웃 이 세 개의 축 사이에서 사랑의 상호적 관계성은 이 땅에 하나님의 왕국Kingdom이 아니라 친족으로서 하나님 나라 Kin-dom of God를 이루며 화해된 세계를 향한 정의로운 관계를 추구한다.39 이 하나님의 친족으로 이루어진 새 세상은 여기에 아직 있지 않음에도 이미 지금 여기에 있다. 예배의 마지막 "R"은 리허설Rehearsal로서의 예배이며, 이러한 아직과 이미의 하나님의 친족 현실을 가리킨다. 우리는 오는 하나님의 친족이 임하도록 기도하면서 예배한다. "모이는 교회는 이 세계에서 변혁하시는 생명이라는 하나님의 드라마에 참여하도록 변화되고 준비된다."40 예배에서 우리는 예언의 소리를 발한다. 즉, 정의로운 세계가 이미 여기에 있다고 예언하며 "불의에 반대하는 큰소리를 낸다."41 하나님의 친족에 대한 가시적이고 물리

---

38 Reynolds, "Invoking Deep Access," 222.

38 Reynolds, "Invoking Deep Access," 222.

39 '하나님의 친족'(kin-dom of God)라는 용어는 이사시-디아즈(Isasi-Diaz)가 만들어낸 것이다. 그녀의 글, "Solidarity: Love of the Neighbor in 1980s," 31-40을 보라.

40 Duck, *Worship for the Whole People of God*, 14.

41 Saliers, "Singing Our Lives," 190.

적 표시는 성막 또는 히브리어로 *mishkān*이라는 예배 공간을 생각할 때 잘 포착할 수 있다. 이 성막이라는 단어가 새표준개정역New Standard Revised Version에서는 텐트로 번역되었다. 이 성막/텐트는 이동 가능하고 임시적인 예배 공간이라는 이미지를 불러일으킨다. 이는 교회를 건물로 생각하고 예배 공간을 고정되고 영구적인 것으로 생각하는 우리의 관점에 도전한다. 우리는 하나님의 친족을 추구하고 하나님의 친족이 이 땅에 이루어지도록 하나님께 기도하며, 예배 안에서 하나님의 친족을 리허설한다. 그러므로 우리는 편안한 장소에서 영구히 정착할 수 없다. 우리는 세상을 변화시키는 데 헌신하며 성령의 운동에 싸여 있는 새로운 사람들과 새로운 통찰에 변화되도록 우리 자신을 열어놓은 채로 예전적 길을 여행하면서 천상의 도시를 실제처럼 리허설해야 한다.42

각각의 "R"은 예배에서의 어린이에 대한 우리의 관심사의 핵심을 가리킨다. 이 땅에 새로 온 사람이자 특정한 신앙공동체의 새로운 구성원인 어린이는 관찰하고 참여함으로 그들이 누구인지를 배운다. 가령 세례식에 참여함을 통해서 어린이는 물을 통해 막힘없이 주어지는 하나님의 무조건적 사랑이 드러나는 곳에서 하나님을 조우한다. 예배에서 성서에 귀를 기울이고 읽고 재연하는 과정에서 어린이는 자신들의 삶의 이야기가 거룩한 이야기와 어떻게 연결되는지를 배운다. 어린이들은 하나님이 자신의 앎 너머 있으시다는 것을 아는 만큼 친밀하게 그들과 가까우신 하나님의 임재를 조우하고 경험한다. 어린이들은 그러한 끝내주게 멋지고 친밀한 하나님을 향해 반응하고 자신들의 가치를—예배를 뜻하는 영어 단어인 "worship," *weorth-scipe*worth-ship, 가

42 Kim-Cragg and Burns, "Liturgy in Migration and Migrants in Liturgy," 125.

치를 돌림이 여기서 유래했다— 하나님께 돌리는 것을 배운다.[43] 또한 어린이들은 자신들의 삶과 소중함에 가치를 부여하기를 배운다. 어린이들은 모두 똑같이 하나님의 이미지로 창조되었고 올바른 관계성을 추구하시는 하나님께 부름을 받았다. 어린이들이 다른 사람들이 무엇을 하는지 단순히 관찰하고 받아들이는 과정을 통해 예배에 참여하면서 어린이들은 헌금하기와 읽기, 봉사하기, 노래하기라는 리더십 역할을 더욱 활발하게 참여하도록 장려받으며, 이를 통해서 어린이들은 공동체 안에서 다른 사람들과 맺는 관계성과 자신의 달란트에 대해 감각하게 된다. 예배 안에서 어린이들은 또 다른 세계, 하나님이 일찍이 창조하셨고 여전히 창조하고 계시고 갈망하고 계신 그 세계가 가능하다는 사실을 깨닫기를 배운다. 어린이들은 분열이 해소될 수 있고 "행운의 반전reversal of fortune"이[44] 일어날 수 있으며 꼴찌가 첫째가 되는 곳을 꿈꾸고 상상하기 시작한다. 우리가 하나님의 도움으로 하나님의 친족을 위해 일한다면 그것은 선포되고 실현될 것이다. 이미(빵과 포도주를 나누고 함께 노래하는 가운데)와 아직 아니(도래하고 있는 하나님의 친족)의 역설이 예배에서보다 더 잘 소통되는 곳은 없다.

리허설로서의 예배라는 다섯 번째 논점은 어린이를 가르치는 것에 관심을 둔다는 점에서 메리 엘리자베스 무어의 비유적-역설적parabolic-paradoxical 신학과 공명한다. 이는 그 신학을 체화함으로, 우리의 교육적 실천을 통해서 우리가 우리의 삶과 신앙의 역설적 본성을 배양하면서 꼴찌가 첫째가 되는 비유적 신학을 가르치는 것이다.[45] 역

---

43 Duck, *Worship for the Whole People of God*, 3.
44 Turner, "Reversal of Fortune," 87-98. 그녀는 출애굽기의 미리암의 노래를 예언적 설교의 사례로 제시하면서, 미리암의 공연에 "행운의 반전"이라는 제목을 붙였다.
45 Moore, *Teaching as a Sacramental Act*, 91-120.

압하는 권력이 있지만 저항하는 힘도 있다. 이것이 바로 역설이다. 무어는 "우리는 권력의 함정에 갇힌 것이 아니다. 그 함정에 사로잡히지 않았다. 언제나 권력의 영향력을 변경하는 것이 가능하다."[46] 다른 변혁적 배움과 더불어 비유와 역설에 대한 그러한 배움은 예배에서 어린이들과 함께 하는 예전적 실천을 통해서 일어날 수 있으며 종종 정말로 일어난다. 머서의 언어로 말하자면, 예배는 "예전적 실천으로서 동시에 진정한 변화를 일으킨다. 즉, 하나님은 우리가 다르게 살아갈 수 있게 하지만… 예배자들이 그 차이를 살아내는 그리스도교 신앙 안에서 형성되고 재형성되지 않는다면 '진정한 변화'가 되는 것과 완전히 유사한 것으로 보이지 않는 대안적 비전과 이미지로 우리를 변화시키신다."[47] 이러한 예배 경험에서 어린이와 다른 사람들은 종말론적 비전을 바라봄으로, 예배에서 빵이 떼어지고 어린이들이 서투른 손에도 불구하고 그 빵을 대접하는 바로 그 순간에, 희망의 미래를, 변화된 세계를 만지기도 한다.

예전적 리더십이 중시되는 한, 성례전적 신학에서 평범한 사물(물, 빵, 포도주, 기름)을 거룩하게 만드시는*ex opere operato* 성례전의 주체는 하나님이시다. 성례전을 집례하는 사람의 선함이나 능력*ex opere operantis*이 아니다. 예배사가로서 제임스 화이트James White는 도나티우스파Donatist 논쟁을 하는 동안, 히포의 아우구스티누스는 성례전이 사람에게 달려 있는 것이 아니라 하나님께 달려 있다고 주장하면서 비가시적 은혜의 가시적 기호라는 성례전 이해를 발달시켰다고 설명한다.[48] 성례전을 집례하고 실행하도록 부름을 받은 사람은 누구

---

46 Foucault, *The History of Sexuality*, 13.
47 Mercer, *Welcoming Children*, 226.

나 잘 배우고 신중하게 수행하기를 배워야 한다는 것이 중요하지만, 또한 궁극적으로 성례전이 신적 행위자이신 하나님께 달려 있다는 것을 아는 것도 중요하다. 그러므로 평범한 사람들이 성례전에 참여하지 못하게 막는 어떤 이유도 신학적으로 부적절하다. 성례전의 주체는 잘난 성직자가 아니라 하나님이시기 때문이다. 교회가 수 세기에 걸쳐서 다음과 같은 관점을 승인해왔다고 해도, 우리는 어떤 특정한 성례전이 타자의 것보다 더욱 유효하다거나(예를 들어 로마 가톨릭이나 메노나이트 세례) 어떤 특정한 예전적 실천이 일부에게만 열려 있다(가령 세례 받은 사람만 성찬을 받는다)고 신실하게 주장할 수는 없다. 하나님의 선물을 받고 그 선물을 다른 사람들과 나누기 위해서는 교육이 필요하다. 성례전 자체나 성례전을 집례하는 리더십과 무관하게, 우리는 성례전을 통해서 하나님의 헌신적인 사랑이 공동체 안에서 보여지게 된다는 것을 안다. 종교교육과 연결해서 성례전에 대해 탐색해야 할 것이 더 많으며, 이러한 주제를 다룬 쟁쟁한 문헌이 이미 존재한다.[49]

다섯 가지 "R"들을 실제 예배에서 온전히 가르쳐지고 수행되기 위해서 덕은 추가적으로 중요한 두 개의 그룹을 고려해야 한다고 말한다. 무엇보다도 장애가 있는 사람들이고 그 다음에는 소수집단 문화

---

48 White, *Introduction to Christian Worship*, 183.
49 Edie, *Book, Bath, Table, and Time*. 그는 세례식과 성찬식을 귀중한 교육적 실천으로 활용한다. 메리 엘리자베스 무어는 *Teaching as a Sacramental Act*에서 성례전의 이론과 수행을 공부하고 분석함으로 거룩한 가르침을 위한 교육적 근거를 제공했다. 로버트 브라우닝(Robert Browning)과 로이 리드(Roy Reed)는 성례전을 종교교육과 연결한 현상학적 접근에 주목하면서 예전 안에 패러다임의 변화를 말한다. 그들의 *The Sacraments in Religious Education and Liturgy*를 보라. 수잔 로스(Susan Ross)는 *Extravagant Affections*에서 인간 경험의 전인적이고 신체적 차원을 강조하면서 성례전적 신학의 여성주의적 분석을 제공한다.

출신의 사람들이다. 예배와 장애는 예배와 어린이처럼 불안정한 연합 unstable allies이다.[50] 이는 공간에 대한 접근성 문제가 중요하고 교회가 아직도 가야 할 길이 남아 있지만(즉, 접근 가능한 이동 지원과 청각 장비, 수화 서비스, 점자 문헌과 큰 글씨 문헌뿐만 아니라 독서대와 강대상, 화장실, 회의실, 사교실), 단지 신체적으로 공간에 접근할 수 있느냐의 문제를 다루는 게 아니다.[51] 장애가 있는 사람들은 접근 가능성 문제보다 더 크다. 이는 신학적 문제다. 덕은 장애와 신학에 대해 광범위하게 저술한 낸시 아이스랜드Nancy Eiesland에게서 통찰을 얻어 이렇게 쓴다. "장애가 있는 사람이 가져다줄지 모르는 특별한 선물은, 꾸며낸 이야기나 텔레비전 광고가 만들어낸 완벽한 삶과 완벽한 몸에 대한 약속과 대조적이며, 모든 것 안에서 하나님의 현존을 찾는 가운데 그 선함과 한계와 함께 삶을 직면하고 긍정하는 은혜다."[52] 톰 레이놀즈는 "깊은 접근"deep access을 요청하면서 주의를 기울이고 차이를 염두에 두기를 요구하는 "주의함의 영성"spirituality of attentiveness을 제안한다. 레이놀즈에게 예배와 회중의 삶에서 장애를 다루는 것은 다름을 다루는 것이다.[53] 다름을 긍정하는 것은 하나님의 형상Imago Dei으로 창조된 각 사람의 환원 불가한 존엄을 긍정하는 것이다. 하나님의 형상의 신학적 인류학은 하나님과 연결된 인간 존재의 공통적이지만 다양한 본성을 가리킨다. 장애는 이러한 인간의 본성의 일부이며 신체적 차이 안에서 그 차이를 통해 나타나는 특징이다. 줄여서 말하면, 장애는

---

50 Jobling, "The Bible and Critical Theology: Best Friend or Unstable Ally?," 154.
51 Eiesland and Saliers (eds.), *Human Disability and the Service of God*; Foley (ed.), *Developmental Disabilities and Sacramental Access*.
52 Duck, *Worship for the Whole People of God*, 33.
53 Reynolds, "Invoking Deep Access," 214.

부가적이고 별도의 (외부의) 인간 문제가 아니라 다른 선물이 나누어지게 하는 민감성과 가능성을 포함하는 한계다. 하지만 레이놀즈는 그러한 장애에 대한 이해가 충분히 수용되기 위해서 "정상의 숭배cult of normalcy"에 의문을 제기해야 한다고 주장한다.[54] 정상의 숭배 아래서 장애는 능력의 결여로, 채워져야 할 결핍으로, 적응해야 하는 온정주의적 문제로, 제공되어야 하는 추가 서비스로 보여질 뿐이다. 레이놀즈는 매우 긍정적 용어인 "포함inclusion"이 차이를 부인하는 대가로 지배 그룹의 경험을 보편화하면서 실제로 특권을 부여하는 경우를 상세히 살펴본다. 이 포함이 실제로 하는 것은 장애가 있는 사람을 타자로 식별하고 그들이 제자리에 있지 않도록 만들고 장애를 비정상으로 만들며 사회에서 "장애인"이라는 딱지가 붙인 이들을 정상인들에게서 따로 떼어놓는 것이다.

더 나아가 교육을 사람들(어린이들)이 이미 가지고 있는 잠재력과 그들이 이미 아는 진리를 "이끌어내는leading out"[55] 것으로 간주하는 한, 장애는 교육적 문제다. 어린이와 장애가 있는 사람을 포함해 소수자화된 사람들은 그저 권력에 있는 사람들이 일방적으로 해주는 지원을 받는 사람들이 아니다. 장애인 공동체의 구성원들은 단지 받은 사람이 아니라 삶의 다른 가치와 우선순위, 의미를 제안하고 모델로 제시하는 주는 사람들이다. 교육은 양쪽 방향으로 이루어진다. 배움은 상호성 안에서 일어난다. 교육이 일방향으로만 이루어진다면, 교육은 강압이 되고 억압하고 조종하는 데 이용된다. 신앙 공동체 안에 다양하고 다른 능력의 사람들이 존재하는 것은 "신실함을 반드시 증가시

---

54 Reynolds, *Vulnerable Communion*, chapter 2.
55 Groome, *Christian Religious Education*, 5.

킨다."[56]

    비슷한 논점이 인종적 다양성과 문화적 다양성에 대해서 말해질 수 있다. 덕은 우리가 규범으로 작동하는 유럽-아메리칸 백인 중심의 예배 전통 너머로 나아가도록 촉구한다. "적합한 예전이 무엇인가에 대한 유럽적이고, 북미적인 기준은 탈중심화되어야 한다. 그래서 여러 배경을 지닌 그리스도인들이 서로가 서로에게서, 성령에게서 예배를 드리는 방법과 서로를 더 깊고 충만하게 기리는 방법을 배울 수 있다."[57] 비-유럽적 문화 요소는 반드시 예배하기의 "정상적" 유럽-아메리칸 방식을 바꿀 것이다. 문화적으로 주의를 기울이고자 하는 예배에서 발생하는 것을 자주 보게 되는 것은, 예배의 순서를 거의 크게 바뀌지 않고 다른 언어로 노래와 기도가 더해지는 것을 포함한다.[58] 더욱 급진적 변화를 포함하는 것으로 더 나아가지 않는다면, 이런 식의 포함은 진정성이 없고 명목상의 시책tokenistic 같은 제스처가 될 위험이 있다. 이것은 비-백인 소수민족 문화의 구성원들이 가난, 이민, 인종주의, 문화적이고 언어적 차이로 인해서 자주 직면하는 어려운 현실에 주의를 기울이는 것과 같이 복잡하고 민감한 일[59]이다. 덕은 "예배와 문화를 통합하기 위해서", 특히 소수집단 문화와 예배를 통합하기 위해서는 "회중이 다양성과 변화에 향한 태도를 고려하고 선입견과 인종주의를 다루고 구성원들과 새로 온 사람들이 경험하고 있는 복잡한 감정에 목소리를 부여할 필요가 있을 것이다."[60]

---

56 Mercer, *Welcoming Children*, 228.
57 Duck, *Worship for the Whole People of God*, xviii.
58 Kim-Cragg, *Story and Song*, 91.
59 Black, *Culturally Conscious Worship*.
60 Duck, *Worship for the Whole People of God*, 54.

## 어수선해지는 것에 대한 두려움

예배의 핵심 요소인 다섯 가지 "R"을 염두에 두고 재능과 문화적 다양성에 헌신하면서 우리에게는 어른 중심의 예배 너머로 나아가야 하는 본질적 이유가 있다. 하지만 두려움은 여전히 회중이 더욱 세대 간 공동체, 다양성의 공동체 기념과 모임이 되도록 준비된 예배를 보게 할 변화로 나아가지 못하게 멈칫하게 만들 수 있다. 예배는 정숙하고 질서정연해야 한다는 믿음이 변화를 꺼리는 성향의 배경일 것이다. 이 점에 있어서 사도 바울의 영향력은 해롭다. 고린도 교회의 분쟁을 다루면서 사람들이 예배하고 예언하는 방식에 대해서 다음과 같은 조언을 했다. "그러므로 나의 형제자매 여러분, 예언하기를 열심히 구하십시오. 그리고 방언으로 말하는 것을 막지 마십시오. 모든 일을 적절하게 하고 질서 있게 해야 합니다"(고전 14:39-40). 이보다 앞선 구절에서 바울은 다음과 같이 적절하게 하고 질서 있게 행함의 한 측면을 상세하게 설명했다. "성도들의 모든 교회에서 그렇게 하는 것과 같이, 여자들은 교회에서는 잠자코 있어야 합니다. 여자에게는 말하는 것이 허락되어 있지 않습니다. 율법에서도 말한 대로 여자들은 복종해야 합니다. 배우고 싶은 것이 있으면, 집에서 자기 남편에게 물으십시오. 여자가 교회에서 말하는 것은, 자기에게 부끄러운 일입니다"(vv. 33b-35). 이 텍스트는 리더십의 소임을 다하는 여성의 능력의 관점에서 교회의 여성들에게 엄청난 영향을 미쳤을 뿐만 아니라 예배가 엄숙하고 질서 있는 것이어야 한다는 개념을 형성하는 데 이바지했다. 여성을 통제하는 데 사용되곤 했던 이 텍스트는 장애인과 어린이, 정신적 질병이 있는 사람이라고 여겨지는 사람들을 통제하는 식으로 확장될 수 있었다.

"예배"를 지칭하기 위해 사용하는 동사에 문제가 있다. "거행하다 observe"는 단어는 공적, 공식적, 심지어 법적 의미에서 "추모하다com-memorate"와 "엄숙하게 기념하다solemnize"라는 단어가 연결되는 특정한 의미들을 떠올리게 한다. 예배를 거행으로 보는 이러한 관점의 전형적인 예를 전승기념일 예배(Remembrance service, 역자 주: 1차 세계대전 종전을 기리는 날로, 한국의 현충일에 해당하는 기념일)다. 이 예배는 전쟁에서 목숨을 잃은 이들을 추모하고 엄숙하게 기념하기 위해서 캐널라와 비루루는 규칙을 지킨다는obeying rules 관점에서 'observance'가 지닌 또 다른 뜻인 '감시'에 주목하도록 한다. 캐널라와 비루루는 "비정치적이고 순진한 것 같이 들리는 'observation'이라는 단어는 더 정확히 감시surveillance라고 일컬어질 수 있다. 왜냐하면 그것은 의심의 여지 없이 분류하고 판단하고 통제하는 방법이 되기 때문이다"이라고 주장한다.61 미셸 푸코는 "계속해서 지켜보다keeping an eye on"를 뜻하는 감시observation가 어른들이 어린이들의 감각을 규제하고 사회적 행위를 평가한다는 명목으로 어린이들을 응시하는 데 필수적이라고 지적하면서 유사한 논점을 제시한다.62

예배를 질서정연하고 거행되어야 할 어떤 것으로 보는 관점은, 그러한 관점이 언제 어떻게 시작되었는지 꼬집어 말하기 어려움에도 불구하고 지배적인 담론이 되었다. 그러나 참회하는 경건이 그러한 예배의 관점에 영향을 미친 가장 강력한 본질적 요소 중 하나라고 말할 수 있다. 화이트는 속죄는 "확실히 개신교 경건의 영속적인 부분이 되

61 Cannella and Viruru, *Childhood and Postcolonialization*, 108.
62 Foucault, *Discipline and Punish*.

었다"고 말한다.[63] 1940년 이래 북미 지역에서 그리스도인으로 성장한 베이비부머들의 생각에는 그러한 예배가 질서정연하게 강제되어 있다. 또한 이러한 생각을 하는 사람들 중에는 북미 출신 그리스도인들에 의해 1800년대 후반과 1900년대 초반 즈음에 선교화된 지구의 남반구에 있는 사람들도 포함된다. 그들에게 예배란 경건하고 엄숙하고 질서 있는 것이어야만 한다. 즉흥적인 반응(손뼉치기나 웃기, 노래하기, 기도하기)은 경건을 극대화하고 경건함의 질서를 방해하지 못하게 하기 위해 승인되지 않는다. 자연스럽게 인간이 만드는 소음(가령 어린이가 우는 것이나 뇌성마비가 있는 사람이 이리저리 움직이는 것)은 엄숙함을 창조하기 위해 반드시 통제되어야만 한다. 움직임(찬양을 부르는 동안에 춤을 추는 것과 동작으로 하는 기도하는 것)은 기묘한 감정을 낳기 때문에 막는다.[64] 움직임과 소음에 대한 그러한 두려움은 어린이의 문제에 국한되는 것이 아니라 선주민과 식민화된 사람들의 춤을 제한하는 것으로 확장된다.

체로키족 출신 선주민 포스트식민주의 학자 코키 알렉산더Corky Alexander는 질서와 엄숙의 요구가 선주민들이 그리스도교 예배에 참여하고 배제되는 데 영향을 미쳐온 방식에 대한 흥미로운 사례를 제공한다. 알렉산더는 여러 선주민 부족에게 속한 "발을 구르며 추는 춤The Stomp Dance"이라는 전통이 초기 선교사들과 미국 성결운동American Holiness Movement 그룹에 의해 어떻게 금지되었는지를 설명한다.[65] 이러한 예는 다른 식민지 사례에서도 공통적으로 공유되는 특징이다.

---

63 White, *Protestant Worship*, 27.
64 Miller-McLemore, *In the Midst of Chaos*, 1-20.
65 Alexander, "The Cherokee Stomp Dance," 268.

나이지리아 춤과 그것이 그리스도교 공동체에서 배제된 것을 살펴본 찰스 크래프트Charles Kraft에 따르면, 이러한 조치는 "혼합주의syncretism 에 대한 두려움"과 엄숙한 예배에 대한 서구 우월 의식 양자에서 유래한다.66 그는 춤이 유럽의 식민주의자와 선교사들에 의해 그리스도교 문화와 예배에 비해 열등하다고 여겨졌으며 그래서 그리스도교 예배에서 금지되었다고 말한다. 더 나아가 식민주의자들의 형태에 선주민들의 예배의 형태를 혼합한다는 개념은 식민주의자들의 예배 실천의 순수성을 해치는 것으로 여겨졌다. 많은 그리스도교 식민주의 선교사들은 그리스도교 예전과 지역의 의례 실천이 혼합하는 것을 지독하게 거부하고 검열했다. 우리는 이후 4장에서 이러한 종교적 혼종성을 살펴볼 것이다.

　페다고지의 관점에서 춤을 금지하면서 예배를 통제하는 것은 신체적 움직임에 대한 두려움 그 이상이다. 이는 즉흥성을 통한 배움을 위한 여지가 거의 남게 놓치 않는 통제에 관한 것이다. 그러나 피에르 부르디외Pierre Bourdieu와 장-클로드 파스롱Jean-Claude Passeron이 논증한 것처럼, 계획적이고 의도적인 노력에서 발생한 교육의 본성에도 불구하고 교육은 언제나 의도하지 않은 실천을 낳는다.67 신학적이고 성서적으로 말하자면, 선생인 우리는 배움의 씨앗을 심는 사람일 뿐이다. 성장은 궁극적으로 우리 손길 너머에 있다. "그러므로 심는 사람이나 물 주는 사람은 아무것도 아니요, 자라게 하시는 분은 하나님이십니다"(고전 3:7). 성장은 경이이며 신비다. 성장은 기쁨이거나 실망을 줄 수 있다. 이러한 점에서 무어는 가르침이 예상하지 못한 것을 예상하는 것이라

---

66 Kraft, *Anthropology for Christian Witness*, 259-60.
67 Bourdieu and Passeron, *Reproduction in Education, Society and Culture*.

고 주장한다. 무어는 대림절의 의미를 통해서 기대의 주된 실천으로
우리를 인도한다.[68] 그리스도교 교육은 성령의 사역에 달려 있다. 교
육의 이름으로 성령을 억누르고 통제한다는 것은 얼마나 불합리한
(또 불가능한) 발상인가! 교육의 결과는 궁극적으로 우리의 통제 너머
에 있다. 이것은 선생인 우리가 교육적 활동을 미리 계획하지 않아도
된다는 뜻은 아니다. 그러한 노력은 필수적이다. 그러한 노력이 없다
면 우리는 그것을 교육이라 부를 수 없다. 의도적으로 (체계적으로 또
한 지속가능하도록) 기획한 교육 작업은 변혁에 도움이 되는 효과적 배
움을 낳는다.[69]

　　마지막으로 어린이와 예배하는 관점에서 실천신학에 대한 우리의
접근은 '이것이냐 저것이냐either-or'가 아니라 '이것도 저것도 너머에
both-and beyond' 있다. 우리는 장소이자 가르침의 양태로서, 아는 것을
나누고 배우는 어른의 도움으로 어린이들이 자기 자신이 될 수 있는
주일학교가 필요하다. 하지만 우리는 또한 어린이들과 다른 그룹이
서로의 통찰에서 지혜를 얻으면서 상호작용하고 협상하고, 성령의 은
사에 의해 인도되는 공간을 창조할 필요가 있다. 우리가 교육적 활동
을 잘 계획하고 특정한 결과를 기대한다고 해도 우리는 예기치 못한
배움과 즉흥성, 비의도적인 실천을 위한 공간을 만들 필요가 있다. 이
러한 관심은 어린이의 발달이라는 포괄적 개념이 틀렸음을 밝히는 데
도 기여할 수 있다. 캐넬라와 비루루는 장 피아제Jean Piaget의 어린이의
인지 발달에 대한 이론을 검토했다. 그리고 어린이가 자율적이고 이

---

68 Moore, *Sacramental Teaching*, 40-64.

69 Cremin, *American Education*, xiii. 그는 교육을 "지식과 태도, 가치, 능력, 감수성을
　　전수하거나 불러 일으키려는 의도적이고 체계적이며 지속되는 노력"이라고 규정했다.

성적이며 억제된 행동을 보여주면서 통제되는 것을 배워야 한다는 피아제의 근본적 관점에 도전했다.[70] 우리가 어수선해지는 것에 대한 두려움을 떠나보내고 그 대신에 성령의 사역을 신뢰한다면, 우리는 예배자들의 참여에서 즐거운 놀라움을 얻을 수 있다.

이러한 즐거우며 심지어 혼란스러운 놀라움은 건강한 열매들을 맺으며 더욱 강력하고 더욱 효과적인 배움으로 이어질지도 모른다. 우리가 어린이들이 예배에 완전하게 동참하도록 개방하지 않으면 그러한 이것도-저것도-너머에both-and-beyond라는 접근은 발생할 수 없다. 주일학교 같으면서도 교실이기도 하고, 연령대에 맞춘 배움이면서도 간세대적이며, 다른 사람들과 상호작용하는 배움을 얻기 위해서 분리된 시간은 어른과 어린이 모두를 위해서 필요하다. 하지만 주일 아침이 재구조화되면 극적인 변화, 반문화적 변화이자 체질까지 바꾸려는 변화는 강한 저항에 부딪힐 수 있다. 이러한 변화에는 작고 한결같은 걸음을 수반하는 부드러운 (하지만 끈질긴) 접근이 필요할지도 모른다. 예를 들어, 우리는 한 달에 한 번 주일학교 없는 예배 드리는 것을 시도하거나 여름에 함께 예배 드리기로 결정해 볼 수 있다. 아니면 동일한 실험으로 세대 간 예배를 매 예전 절기(대림절, 크리스마스, 주현절, 사순절, 부활절, 오순절)가 시작될 때마다 세대 간 예배를 따로 확보해둘 수 있다. 설교는 놀라움의 아름다움과 믿음과 희망, 사랑에 장벽이 되는 통제나 두려움을 떠나보내는 자유에 초점을 맞출 수도 있다. 교사들이 훈육의 권력, 예배로 이해되는 기념observance의 한계나 즐거운(소란스러운) 축하로서의 예배에 대한 통찰을 배우며 가르침을 준비할 수 있다.

---

70 Cannella and Viruru, *Childhood and Postcolonialization*, 94.

## 목회적이고 예전적인 함의: 우리는 여기를 떠나서 어디를 향해 나아가는가?

예배는 그리스도인의 급진적 실천이다. 아무도 예배에 들어가기 위해서 여권이 필요하지 않다. 예배에는 선행조건이 없다. 하나님을 예배하기 원하는 이들은 누구나 환영받는다. 이것이 예전학 신학자들이 예배를 하나님의 친족의 리허설이라고 명명하는 이유다. 그러나 실제 예배에서 단지 소수에게 공간을 내어주고 다른 사람들을 배제하는 방식이 존재한다. 현 수준에서 보면 예배는 급진적으로 실천되지 못하고 있다. 실제로는 예배를 행하는 특정한 방식들이 다른 사람들이 하나님의 친족을 알아채지 못하게 방해한다. 우리가 예배의 모든 측면, 즉 기도에서 노래, 설교, 성찬의 나눔을 어른을 위해, 특히 정상적 규범norm으로 여겨지는 그런 어른을 위해서 준비하려고 한다면 어린이는 배제되는 사람들 중 하나다.

이 책 전체에서 내가 접근하는 방식은 대체로 실천신학의 주제로 적절하게 연구되고 인식되지 않던 그룹에 주의를 기울이라는 초청이다. 이전 장에서는 퀴어 또는 인종화된 청소녀/청소년과 젊은 사람들에 초점을 맞추었듯이 이번 장에서는 어린이와 장애가 있는 사람들에게 초점을 맞추었다. 예배 안에서 어린이에 주목하는 것은 무엇이 그리스도교 교회가 되어야 하는지에 대한 우리의 비전을 부패하게 만드는 권력 구조와 사회 체제를 드러낸다. 권력의 꽃The Power Flower 교육활동은 그러한 구조와 체제를 폭로하기 위한 탁월한 도구가 될 수 있다. 이 활동은 사회적 변화를 위한 캐나다 교육자들이 사람들이 개인적 차원과 사회적 차원에서 권력 격차를 자각하는 것을 돕기 위해 개발한 것이다.[71] 데이지 유형의 꽃의 중심은 인종과 민족성, 언어, 종교, 가족, 계급, 나이, 교단, 교육, 비장애ability, 성직자/평신도, 지리적 지역(출신), 지리적 지역(현재), 성적 지향성, 성별을 포함하는 16개의 꽃잎들로 분할된다. 16개 중 꽃잎 하나가 비어 있는데, 이 빈 곳은 활동의 참여자에게 특별한 중요성이 있는 그녀의 또는 그의 또는 그들의 정체성을 삽입할 수 있다(예. 도시에 산다/시골에 산다). 이러한 부분들은 중심에서 파이와 같이 두 벌의 잎에 의해 둘러싸이며, 바깥쪽 꽃잎은 사회에서 지배적 정체성을 묘사하고, 안쪽 꽃잎은 참가자들에 의해 채워진다. 이 활동의 목적은 사회가 좌우하는 권력의 관점에서 각 사람의 사회적 위치를 발견하는 것이다.

권력의 꽃을 활용하여 회중을 자세히 살펴보자. 누가 찬송을 선택하는가? 누가 기도를 선택하거나 창작하는가? 누가 성서 본문들을 선택하고 읽는가? 누가 예배를 인도하는가? 요컨대 누가 힘을 가졌고 예배와 관련된 일을 결정하는가? 어린이들이 이러한 일 중에서 하나라도 포함되는가? 어린이의 필요나 관심이 이러한 의사결정에 반영되는가? 어린이들이 예배의 소중한 참여자로 여겨지지 않는 한, 예배 경험은 그들을 소외시킬 것이다. 어린이들의 필요와 관심이 예배의 여러 순서에 포함되지 않는 한, 어린이들이 관여하고 배우도록 동기를 부여하는 것은 어렵게 된다. 단지 소수의 몇몇에게만 특권이 주어지는 건강하지 못한 패턴을 다루면서 회중 내부에서 실제 권력의 수행을 인식하도록 하고 모든 사람을 존중하는 의사결정의 측면들을 바꾸어가기 시작하는 것은 교육적으로 중요한 과제다. 덕은 "'우리는 과거에 한번도 그렇게 해본 적이 없다'는 표현이 우리의 현재 논의를 멈

---

71 Arnold, Burke, James, Martin, and Thomas, *Education for a Change*, 87.

추지 못하도록 반드시 중단되어야 한다"고 주장한다.72

어린이의 눈으로 예배를 살펴보는 것과 권력의 꽃 활동을 활용하는 것은 우리가 다른 무시된 그룹을 알아보는 데 도움이 된다. 어린이는 우리가 예배에서 "정상적으로" 보이는 것 너머를 보게 할 수 있다. 예배 리더십은 대개 예배 위원회나 사역 팀과 음악 팀을 통해 기존의 확실히 자리잡은 교회 구성원들이 관심을 가지기 때문에 대개 그들이 내리는 선택과 결정은 지배적이고 규범적 그룹의 스타일과 습관, 관심을 재현한다. 이것이 바로 회중 안에서 예배의 정치학에 놓여 있는 구조적이고 제도적 권력을 이야기하면서 의미한 것이다. 그들이 새로 온 사람들과 자리잡지 못한 구성원들이 정기적으로 예배를 함께 드리는 모습을 본다고 해도, 확실히 자리잡은 기성 구성원들이 예배를 기획할 때는 실제로 그들을 보지 않는다.

그들을 본다고 말은 하지만 실제로는 그들을 보지 않는다는 사실을 말할 때 대개 비판적 인종이론의 담론에서 자주 논의되는 "색-맹"color-blindness, 인종불문주의이라는 용어를 소개하는 것이 도움이 된다. 사회학자 에두아르도 보닐라-실바Eduardo Bonilla-Silva는 백인들이 '색-맹'이라는 신화를 인종주의라는 주제를 회피하고 인종 차별이라는 혐의를 회피하는 수단으로 사용하고 있다고 주장한다.73 패트리샤 윌리엄스Patricia Williams는 이렇게 표현한다. 너의 피부색이 보이지 않는다는 인종차별 도피 선언은 역으로 "'나는 피부색을 생각하지 않아. 그러므로 너의 문제(인종차별)는 존재하지 않아'로 이어지기 때문이다. 이 순진해 빠진 유토피아적 이상주의 발언은 의욕적인 무지와 결합되어 패권적 백인

---

72 Duck, *Worship for the Whole People of God,* 54-55.
73 Bonilla-Silva, *Racism without Racists,* 53-54.

성을 조금도 교란하지 않는다." 계속해서 윌리엄스는 우리에게 필요한 것은 "더욱 복잡해지긴 했지만, 더욱 사려 깊은 수호자됨guardian-ship, 인종문제를 폭로하고 도피되지 못하도록 수호하는 힘"이 필요하다고 말한다.[74]

대규모 지구적 이주의 포스트식민주의 시대에 새로 온 사람(근래에 예배에 나타나긴 하지만 보이지는 않는)이 대개 남반구 출신의 인종화된 유색인이라는 점을 고려하면, 예배 전반을 고려하고 변화를 도모해야 할 그리스도교 교육가들과 예배 인도자들에게 색-맹에 대해 비판적 인종 이론이 제공하는 통찰은 묵직한 무게의 중요성을 제시하고 있다. 이러한 새로 온 사람은 자주 어린이와 함께 있는 젊은 세대 사람들이다. 우리는 국경을 넘어온 다른 유색인들과 마찬가지로 교회에 새로운 종교적 고향을 찾고자 애쓰는 인종화된 어린이들과 그들의 가족에 대해 이야기하고 있다. 그들의 참여와 관심과 필요에 관심을 기울이지 않고서 예배에서 단순히 그들을 환영하는 것으로는 우리는 "어린이-맹children-blind"이자 "색-맹"인 예배를 드리게 될 뿐이다. 보지 못하는 사람들에 대한 불리한 편견을 불러일으킬 수 있음에도 색-"맹" 또는 어린이"맹"이라는 개념은 쓰는 까닭은 우리 자신의 숨겨진 선입견과 검토되지 않은 실천을 드러내는 유용한 도구를 제공할 수 있기 때문이다.[75]

더 나아가 교차성intersectionality라는 이슈가 예배와 그리스도교 교

---

74 Williams, *Seeing a Color-blind Future*, 4.

75 캐시 블랙(Kathy Black)은 *A Hearing Homiletics*에서 예배의 다양한 측면, 특히 장애가 있는 사람들에게 표시되어 있는 사회적 낙인을 용납하고 정당화하는 설교와 성서 해석을 조사한다. 그러한 정당화는 신학적으로 신정론 또는 믿음의 결여로 인한 하나님의 징벌 또는 고침을 받아야 하는 죄인으로서의 희생양 이론으로 가득 차 있을 때 가장 위험하다. Black, *A Hearing Homiletics*.

육, 실천신학에서 제대로 다루어지지 않은 다른 그룹에 대한 논의에
더해져야 한다. 작고한 설교학자 데일 앤드루스Dale Andrews는 "억압의
표리부동한 형태"duplicitous forms of oppression를 다루는 실천신학을 요청
한다.76 예배에서 어린이의 은사를 옹호하거나 비-유럽인 후손의 인
종화된 새로 온 사람을 포함하기를 도모하거나 장애가 있는 이들의
필요를 수용할 때, 마치 그들이 경쟁하는 것 같다. 여기에 소위 정체성
의 정치가 작동하고 있다. 더욱 목회적이고 신실한 접근은 나이와 인
종, 장애의 이슈를 사람들이 다르지만 또 함께 경험하는, 맞물리는 억
압들interlocking oppressions로 연결하는 것이다. 이러한 방식으로 우리 각
자가 어떤 유사한 정체성들을 다른 사람들과 공유하면서도 각 사람을
다르게, 다수의 복잡한 정체성들을 지닌 사람으로 볼 수 있다. 예를
들어, 너무 말-이성주의 중심인 예배는 인지 능력을 갖지 못한 어린
어린이들뿐만 아니라 지적 장애를 지닌 어른들도 예배에 참여하는 것
을 어렵게 만든다. 목소리 발음이 또렷하지 않은 설교자의 메시지는
영어가 첫 번째 언어가 아닌 새로 온 사람들뿐만 아니라 청각 장애가
있는 사람들에게도 접근하기가 어렵게 될 것이다.

예배에서 어린이들과 다른 소수화된 그룹을 관여하도록 하는 과
제와 연결해서 비교적 명시적이지는 않지만 동일하게 악영향을 주는
해로운 이슈는 온정주의paternalism이다. 이 문제를 분명히 보여주기 위
해 잃어버린 양에 대한 성서 비유를 떠올려보자. 잃어버린 양은 대개
사회에 의해 외면받는 그룹을 상징하는 데 쓰이지만, 그들을 단지 규
범적 그룹으로 되찾아질 필요가 있는 완전히 무력한 희생양으로 간주
하는 것을 피하는 것은 중요하다. 우리가 만약 어린이를 잃어버린 양,

---

76 Andrews, "African American Practical Theology," 27.

예배에서 배제된 사람들이라고 동일시한다면, 이 비유의 교훈은 그들이 그럼에도 불구하고 소중하고 찾고 포함될 가치가 있다는 것이다. 그들에 대한 온정주의적 태도는 그들이 정체성을 형성하고 또 예배에 온전히 참여하는 데 도움이 되지 않고 심지어 해롭다. 온정주의를 피하기 위해서는 패러다임의 변화가 일어나야 한다. 아흔아홉 마리 양은 거꾸로 한 마리 양과 재결합했을 때 그들 자신을 되찾아진 존재로 볼 필요가 있다. 다수에 속한 이들이 소수자에게 배우는 중요한 배움의 기회를 놓쳤다면, 중대한 무엇인가를 박탈당했는지도 모른다. 백인의 특권white privilege을 누리는 이들은 언제나 의심스럽다고 간주되는 정체성을 지닌 이들에게 배울 수 있다. 소수자들은 다수자들에게 가르쳐줄 중요한 것이 있다. 왜냐하면 소수자들이 자신의 인종적, 민족적, 문화적 정체성들을 다루며 방향을 찾고 또 그것들을 긍정하는 법을 알기 때문이다. 다수에 속한 이들은 권력을 가진 지배자들을 말한다. 다수자들은 차이를 근거로 매일 차별을 경험하지만 삶의 취약성vulnerability과 회복력resilience을 통합하는, 다른 능력이 있는 이들those with different abilities에게 배울 필요가 있다.77 어른인 다수자들은 즉흥성과 정직성이라는 어린이들의 은사를 존중하는 법을 배울 필요가 있다. 또한 어린이와 인종화된 신규 이민자들, 다른 능력이 있는 사람들은 아흔아홉 마리 양들을 가르치고 그들에게 신나고 놀랍고 즐거운 삶의 충만함을 회복시켜줄 수 있다. 아마도 잃어버린 양을 통해서, 그 잃어버린 양들의 고투와 회복력과 저항력, 자애와 겸손을 통해서 남아있던 양떼인 우리는 하나님을 만나고 하나님의 사람이 뜻하는 바가 무엇인지를 배우게 될 것이다.

---

77 Butler, Cambetti, and Sabsay (eds.), *Vulnerability and Resistance*.

## 맺음말

데브라 딘 머피Debra Dean Murphy가 주장한 것처럼, "예배"는 "그리스
도교 교육의 심장"에 있지만stand as 교회의 삶에서 분리되지stand alone
않는다.78 예배에서 온전한 어린이들의 참여라는 처방만 가지고 학교
화schooling라는 문제를 해결할 수는 없다. 예배에서 어린이와 다른 무
시당한 그룹의 참여가 늘어나는 중요한 만큼, 예배가 그리스도인 삶
의 전부가 아니므로 가령 그들의 생각과 주도권을 존중하는 방식으로
그들이 선교와 아웃리치를 포함한 다른 영역에 개입하는 일을 늘리는
것도 동일하게 중요하다. 더 나아가 머서는 이 문제에 대해 상세하게
설명한다. 머서는 제인 레이브Jane Lave와 에티엔 웽거Etienne Wenger가
제안한 "합법적인 주변부의 참여"(legitimate peripheral partic-
ipation)를79 읽어내는 방식은 구조적이고 역사적으로 주변화된 위치
에 처한 이들에게 주의를 기울여야 한다는 내 주장과 공명한다. 레이
브와 웽거에게 주변부peripheral란 합법적이긴 하지만 "고참자들old
timers"이 책임과 이해 또는 능력의 관점에서 보유한 것과 같은 수준은
아닌 초기 공간initial space을 의미한다. 신참자들이 교회의 실천에서 완
전히 포함되는 다음 단계로 나아가도록 장려받지 못한다면 이 주변부
공간peripheral은 주변화된 공간marginalized space이 된다. 머서는 이와 같
이 표현한다. "어린이들이 실천의 공동체 안에서 구성원이라는 정체
성을 획득하기 위해서 어린이들은 공동체를 중심적으로 규정하는 실
천에 접근하는 형태로 공동체의 가장자리its edges뿐만 아니라 공동체

---

78 Murphy, *Teaching That Transforms: Worship as the Heart of Christian Education*.
79 Lave and Wenger, *Situated Learning: Legitimate Peripheral Participation*.

의 중심its core에도 접근할 수 있어야 한다."[80] 합법적인 주변부의 참여 너머로 나아가는 것은 필수적이지만 우리가 실천신학에 어떻게 관여하는가에 대한 어떤 근본적인 변화를 요구하기에 인내가 필요하다.

매주 예배에서 어린이들이 온전히 참여하는 것은 이루기 어렵고, 심지어 이를 상상하기는 더 곤란할지도 모른다. 왜냐하면 아무도 실제로 이렇게 기존의 결함이 있고 망가진 우리의 교회 경험을 목격하지 않았기 때문이다. 따라서 여기서 참여라는 단어 앞에 붙는 "온전한full"이란 형용사는 "완벽한perfect"이나 "완전한total"이 아니라 "부분적이고 불완전하지만 그럼에도 불구하고 유익한"partial and imperfect though nonetheless wholesome으로 이해되어야 한다. 이는 우리가 확신과 겸손으로 배양할 필요가 있는 실천이다. 이것이 불가능하지 않다는 것을 아는 것은 이 길을 걷는 우리에게 동기를 부여하기 충분할 정도로 해방적이고 강력하다. 거기가 바로 우리가 시작하는 곳이다. 거기가 바로 새로운 가능성을 향해 지평을 활짝 열기 시작하는 곳이다. 어쨌든 우리는 여행을 하고 있다.

---

80 Mercer, *Welcoming Children*, 201.

# 그리스도교-중심주의
# 너머

2장에서 논의했던 간인종적interracial 가족 문제와 유사하게 간종교
적interreligious 관계는 종교적으로 다원화된 포스트식민주의 세계의 이
주로 인해 떠오르고 있다. 이 장에서는 이러한 간종교적 현실을 인식
하면서 다중성multiplicity과 종교적 혼종성religious hybridity의 그리스도교
신학을 탐색한다.[1] 그리고 그리스도교 실천과 전통 내 종교적 다원성
과 다종교 소속을 제대로 알아보면서 실천신학이 그리스도교를 탈중
심화하는 노력을 기울여야 한다는 점을 논의한다. 이러한 탈중심화적
자세가 간종교적 관계성과 실천을 세우는 과정에 기여할 것이다.[2]

21세기 그리스도교의 지형은 변하고 있다. 유럽과 북미의 그리스
도인들은 수세기에 걸쳐 권력과 특권을 향유해왔지만 이제 지배적으
로 세속적이고 다종교적 사회에서 얻게 된 소수자의 상태로 고심하고
있다. 한편으로 그리스도인들은 특권을 잃어버린 상황에 탄식하면서
현재 수세에 몰린 상황을 다시 예전처럼 되돌리려고 애쓰고 있다. 다
른 한편으로 다른 그리스도인들은 그리스도교가 종교로서는 소수자

---

1 Schneider, *Beyond Monotheism*.

2 Kujawa-Holbrook, *God Beyond Borders*.

가 되고 있음에도 전지구적 상황에서는 소수자가 된 것이 아니라고 주장하고 있다. 그리스도교의 태양은 아직 지지 않았다. 남반구의 교회가 성장하고 있음에도 그리스도교는 계속해서 그리스도교의 식민주의, 제국주의 유산을 짊어지고 있다. 이러한 그리스도인들은 종교가 고립된 적이 없으며 경제와 정치, 문화, 젠더, 인종과 같은 다른 요인들을 불가분하게 항상 연결하고 있다고 주장한다.3 다른 종교와 비교해서 그리스도교가 경제적, 문화적, 정치적 권력과 연계되는 한, 여전히 영향력이 크고 잠재적으로는 파괴적인 역할을 수행한다. 실천신학자들은 이 문제에 비판적으로 관여하는 역할을 맡아야 한다.

유럽 사회와 서구 사회에서 진행된 세속화에 대한 그리스도교의 반응을 고려하면, 실천신학은 그리스도교 전통 내에 존재하는 종교적 다원성religious plurality과 세계 곳곳의 종교 다원주의religious pluralism를 충분히 연구하기 위해 더 작업을 진행할 수 있었다. 종교적 다원성은 단지 추상적 개념이 아니라 많은 사람이 살아낸 경험이다. 이는 다른 종교적 실천이 일어나는 오늘날에 펼쳐지고 있는 상황이다. 이러한 현실은 미국 연합그리스도교회The United Church of Christ in the USA와 캐나다연합교회The United Church of Canada, 시애틀 대학교Seattle University, 세계교회협의회The World Council of Churches에서 공동후원한 다종교 소속multiple religious belonging 컨퍼런스에서 소개되었다. 이 장에서는 그 컨퍼런스에 영향을 받았으며 하나 이상의 종교적, 문화적 전통에 속한 사람들, 특히 이러한 전통들을 비정통적이라고 재단하고 혼합주의로 취급하는 경우에 종교적 혼종성이 이러한 사람들을 고양시키는 방법임을

---

3 Russell, "God, Gold, Glory, and Gender"; Kwok, Compier, and Rieger (eds.), *Empire and the Christian Tradition*.

보여줄 것이다. 우선, 우리는 그 컨퍼런스와 몇몇 성과에 대해 이야기하고 일자의 논리the logic of the One 신학을 비판적으로 검토할 것이다. 자주 그리스도교 우월주의의 태도를 낳고 마는 그리스도교-중심주의라는 문제를 다루기 위해서는 이러한 검토가 반드시 필요하다. 신학적 일신론으로 일컬어지는 일자의 논리가 도전을 받고 나면, 다종교소속은 긍정될 수 있다. 그리스도인 정체성과 실천에 대한 누수leakage의 은유와 침투 가능한 본성을 제시하는 것은 그리스도교의 혼종적전통과 실천들을 긍정하는 태도를 강화하려는 것이다. 이러한 혼종적전통들은 그리스도교를 탈중심화하고 타종교를 정말로 존중하며 그리스도교 자체의 다원적, 이질적 전통들을 진심으로 인정하는 데 도움이 된다.


## 그리스도교 공동체 내 다종교 소속 이슈에 대한 기술

2015년에 내가 속한 캐나다연합교회에서 다종교 소속에 대한 컨퍼런스에서 글을 발표해달라고 부탁했다. 그 컨퍼런스는 세계교회협의회와4 파트너십 관계를 맺고 있는 미국 그리스도연합교회가5 주선

---

4 https://www.oikoumene.org/en/press-centre/news/churches-enter- dialogue-%20on-hybridity-hospitality-and-multi-religious-belonging 2016년 11월 3일 접속.

5 http://www.ucc.org/news_multiple_religious_belonging_04212015. 미국에서 첫 회의는 2015년 4월 20~23일에 오하이오주 클리블랜드시에서 열린 "종교적 혼종성 탐색하기와 환대를 포용하기"였다. 이 회의는 세계교회협의회가 함께 주관했다. 이후 같은 해 11월에는 "종교 전통을 넘으며 살아가기: 다종교 소속과 변하는 종교 지형"이라는 주제로 다른 자문회의가 애리조나주 피닉스시에서 열렸다.

한 것이었다.

　내가 속한 교단은 『포스트식민주의 관점에서 본 예전*Liturgy in Post-colonial Perspectives*』에 실린 내 논문에 대해 인지하고 있었다. 나는 이 논문에서 세례의 의미를 소속belonging일 뿐만 아니라 횡단 crossing이라고도 이해해야 한다고 주장했다.[6] 그리고 세례식의 공식 문구formula로 사용되어 온 갈라디아서 3:26-28을 고찰하면서 어떻게 공동체에 소속된다는 의미가 세례에서 핵심이고 중요하게 되었는지 를 보여주었다. 동시에 이 공식문구는 다른 공동체와 정체성들로 횡 단하는 경험을 가리킨다는 점을 새롭게 고찰했다. 데클라Thecla(역주: 사도 바울의 제자로 알려진 초기 그리스도교 성인. 170년경에 쓰인 '바울과 데클라의 행전'이라는 위경이 남아 있다)의 이야기는 이 연구에 영향을 미쳤다. 횡단으로서의 세례라는 탐구는 이주와 간종교적 현실에 영향 을 받은 많은 그리스도인들이 소속과 횡단의 복잡하고 불안정한 두 현실을 모두 어떻게든 받아들이게 된 경험을 반영하려는 시도였다.

　2015년 11월 피닉스시에서 열린 모임은 도전적이었다. 아프리카 감리교성공회African Methodist Episcopal church 사제이면서 동시에 무슬림 인 여성을 만났다. 그녀는 히잡을 쓰고 클러지 셔츠도 입고 있었다. 유대교 신자이자 가톨릭 그리스도인인 가족들과 사역하고 있는 목회 자도 있었다. 또 각기 다른 신앙을 지닌 부모, 한 분은 힌두교를 다른 분은 그리스도교를 실천하는 부모와 성장한 간인종 여성도 만났다. 내가 알게 된 개신교회의 사제는 이슬람교의 가르침을 실천하는 무슬 림과 결혼했으며, 개신교와 이슬람교 전통 속에서 그들의 인종 간 자 녀들을 키우고 있다. 그들은 동시에 다른 종교 전통을 포용하면서 그

---

6 Kim-Cragg, *"Baptism as Crossing beyond Belonging,"* 201-211.

리스도인이 된다는 것의 의미가 무엇인지에 대한 질문을 열어놓았다. 그러한 조우는 캐슬린 그라이더Kathleen Greider가 교실에서 다양한 학생들과 나누었던 논의와 다르지 않았다. 그 토론은 지구화된 신앙 공동체들 안에서 떠오르고 있는 종교적으로 다원적인 현실 만큼이나 그리스도교-중심주의적 관점의 복잡성과 도전들을 반영하고 있다.7 이는 다른 신앙을 지닌 커플이거나 그러한 부모의 자녀이기에 하나 이상의 종교적 정체성에 속한 이들에게는 중요한 이슈다. 2015년 컨퍼런스 다음에 2016년 10월에 시애틀 대학교에서 열린 회담에서 다종교 소속에 관한 대화는 심화되었다. 그즈음에 나는 개신교 신학교에서 예배와 설교를 가르치는 동료에게 페이스북 메시지를 받았다. 그 메시지는 그리스도교 설교에서 그리스도인-무슬림 관계를 다루고 간종교적 인식을 고양하는 설교를 위한 자료에 대한 문의였다. 종교 다원주의는 오늘날 사회에서 증가하는 현상이며, 그 영향과 함의는 실천신학의 하위 분과인 예배와 설교 분야에서 가장 강력하게 느껴진다.8 실천신학의 이러한 분과들이 살아낸 현장의 경험을 진지하게 받아들인다는 사실은 놀라운 일이 아니다. 실천신학자들이 간종교적 대화와 다종교 소속의 이슈에 정말로 관여하려 한다면 설교를 통해 예배에서 표현되는 깊은 종교적 열정을 진지하게 간주하는 일은 긴급한 문제다.9

우리는 회중에게 이러한 간종교적 현실을 어떻게 설교하고 있는

---

7 Greider, "Religious Pluralism and Christian-Centrism," 452-453.

8 Ibid., 455.

9 Moore, "Toward an Interreligious Practical Theology," an annual lecture of the Center for Practical Theology in Boston University, 2010. https://www.yout ube.com/%20watch?v=8enGhBO1rKU,%20accessed%20February%2020,%20 2017.

가? 우리는 어떻게 이러한 경험들을 반영하는 예전을 창조하고 있는
가? 간종교적 이슈와 다종교 소속 이슈를 적절하게 반영하는 교회학
교 커리큘럼을 가지고 있는가? 우리 그리스도교 의례는 신자들에게
그들의 다양적이고 혼종적 종교적 정체들을 유지하고 두 개 이상의
종교들의 의례와 축제를 기념하고 축하하는 것을 권장하고 있는가?
아니면 우리의 그리스도교 실천은 일치와 일률, 질서라는 이름으로
하나의 규범을 선호하는가?

## 이론과 그리스도교 우월주의Christian Supremacy에 특권을 부여하는 이분법을 해체하기

이 장의 주된 부분은 이러한 질문들에 대한 응답이다. 이를 위해서
우리는 먼저 종교적 혼종성의 현실과 종교 혼합주의religious syncretism의
현실에 비추어 그리스도교 우월주의 교리를 살펴볼 것이다. 이러한
연구는 "예전신학에서 받아들일 만한 예배 또는 승인된다고 통과되는
것"이10 하나님의 일자성the Oneness of God의 신학적 주장의 근거가 되기
때문에 필수적이다. 그리스도교-중심주의의 문제를 정립하고 나면
어떻게 예전과 다른 실천들이 "지구 전역에서 시행된 예전적/의례적
형식과 제스처, 신학, 기도, 실천들이 다양"하다는 증거를 제시함으로
써 이러한 하나님의 일자성 개념에 이의를 제기해왔는지 보여주는 사
례를 만들 수 있다.11 이는 그리스도교 실천을 위한 제안으로 이어질

---

10 Jagessar and Burns, *Christian Worship*, 5.
11 Carvalhaes, "Liturgy and Postcolonialism," 3.

것이다.

초기 그리스도교의 시작부터 그리스도교 우월주의의 규범적인 힘
은 감지되었다. 하지만 이 논의를 한정하기 위해 계몽주의 시대까지
만 되돌아가도록 하자. 계몽주의 사상가와 신학자들은 대부분 모든 사
람과 사물에 적용될 수 있는 하나의 보편적 진리 또는 하나의 이성적 논
리가 있다고 믿었다. 그들은 타종교보다 뛰어난 그리스도교의 우월성을
주장하는 일에 미안해하는 구석이 없었다. "근대 자유주의 신학의 아버
지"로 간주되는 프리드리히 슐라이어마허Friedrich Schleiermacher, 1768~1834
는 특히 개신교 신학의 근대적 형태를 발전시키는 데 특히 영향을 크
게 미쳤는데, 가령 그리스도교는 타종교에 비교하여 고등한 종교 형
태 중에서 가장 완벽하다는 입장을 유지했다.12 슐라이어마허 같은
사상가와 신학자들이 그리스도교의 객관적 진리를 주장하는 동안, 그
들이 타종교를 비교했던 방식은 객관적 중립과 거리가 멀었다.

슐라이어마허의 동시대인이었던 헤겔Georg F. Hegel, 1770~1831은 그리
스도교가 유일하게 보편적 종교이며 다른 모든 종교보다 우월하다는
점을 입증하기 위해 종교의 유형론a typology of religion을 정립하는 데 결
정적 영향을 미친 또 다른 철학자였다. 이 유형론은 그리스도교가 규
범이고 보편적으로 모든 사람들에게 유효하며 그 교리들을 계속해서
과학적으로 고찰할 수 있는 반면에 비-서양 종교들이 원시적이고 비
역사적이라고 상정했다. 따라서 그리스도교는 철학과 역사의 선진 과
학적 사유에 필수적이고 도움이 되는 것이다. 가야트리 차크라보티
스피박Gayatri Chakravorty Spivak을 포함한 여러 포스트식민주의 학자들
은 헤겔이 지닌 그리스도교 우월주의 태도를 반박했다. 스피박은 헤

---

12 Kwok, *Postcolonial Imagination and Feminist Theology*, 193.

겔의 사유를 18세기 독일인 정체성 위기의 상황 속에 배치한다. 이러한 상황은 다음과 같은 하나의 서사를 창조했다. "자기와 세계의 새로운 재현에 대한 '과학적' 날조는 식민지와 제국의 건설에 수반된 지배와 착취, 인식적 폭력에 대한 알리바이를 제공한다."[13]

또한 요르그 리거Joerg Rieger에 따르면, 이러한 정체성 위기는 슐라이어마허가 동일시하는 자본주의 시대에 신분이 상승한 중산층과 엘리트 남성들이라는 새로운 정체성의 부상과 결합했다.[14] 곽퓰란Kwok Pui-lan은 왜 신학자들이 포스트식민주의 관점에서 슐라이어마허의 저작을 꼼꼼하게 따져보아야 하는지를 설명한다. 슐라이어마허의 신학과 종교철학은 독일 민족주의와 계급, 인종, 젠더, 식민주의적 환상과 너무 밀접하게 연결되어 있기 때문이다.[15] 영국, 프랑스와 달리 슐라이어마허 시대의 독일은 식민지가 없었지만, 당시 소설과 철학적 에세이, 정치적 글은 공공연하게 "모험해나가고, 외국 영토를 정복하고 전유하며, 그 과정에서 자기를 (재)창조하는" 욕망을 드러내고 있다.[16] 이러한 욕망은 슐라이어마허가 종교에 대한 위계적 관점에 동의하고 유대교와 이슬람교, 힌두교를 어린이같이 미성숙한 종교로 분류하며 그리스도 우월주의를 고취하도록 이끌었다.[17]

스피박에 따르면 헤겔에게 예술art(종교가 포함된다)로서의 지식은 기호(영spirit)와 의미(지식)로 구성되어야 하며 양자가 친근한 관계임을 보여주어야 했다. 그러나 지식으로서의 이러한 예술을 획득하는

---

13 Spivak, *A Critique of Postcolonial Reason*, 7.

14 Rieger, *God and the Excluded*, 23.

15 Kwok, *Postcolonial Imagination and Feminist Theology*, 191.

16 Zantop, *Colonial Fantasies*, 2.

17 Kwok, *Postcolonial Imagination and Feminist Theology*, 192.

것은, 스피박이 명명한 것처럼 엄격한 인식론epistemology이 아니라 인
식술epistemography이었다. 왜냐하면 헤겔은 이러한 예술을 "지식의 존
재로 도래함the coming-into-being of knowledge이라는 단계적 도해a graduated
diagram라고 설명하기 때문이다.18 스피박에 따르면 헤겔이 지닌 지식
에 대한 이해는 도해적이고 단계적이며, 어떻게 사람이 아는가와 지
식을 획득하는가를 보여주는 대신에 지식이 존재가 되는가를 보여준
다. 헤겔은 페르시아와 인도, 이집트의 예술에 심겨진 동양 종교들을
참된 지식에서 탈선한 것으로 경시했는데, 이 종교들이 기호만을 보
여줄 뿐 의미가 빠져 있기 때문이었다. 여기서 내용content으로서 의미
와 기호는 형식 혹은 형태로 여겨진다. 헤겔에게 이러한 비-서양 종교
들은 역사를 구성하는 데 사용될 수 있는 내용이 부재했다. 여기서 바
로 "아프리카는 역사가 없다"는19 헤겔의 신념이 유래한다. 이러한 외
적 기호들은 "**외적으로 적절한 재현**"을20 담아내고 있다고 해도 비역
사적ahistorical 또는 선사적prehistoric 영역에 머무는 무의식적 상징일 뿐
이었다.

  헤겔의 변증법 철학은 동양과 서양이라는 이분법을 상정하고 있
다. 헤겔에게 서양은 역사적 발전이 가능하게 된 동안에 동양은 비역
사적이고 원시적 상태에 머물러 있다. 존 타타마닐John Thatamanil은 헤
겔의 이분법에 도전한다. 알빈드 맨데어Arvind Mandair의 작업에 기초를
두고 타타마닐은 추상적 이론과 실제적 자료 사이에 이러한 이원주의
가 보편자the universal와 특수자the particular의 논리에서 나타나는지를 보

---

18 Spivak, *A Critique of Postcolonial Reason*, 41.

19 Benhabib, *Situating the Self*, 213.

20 Spivak, *A Critique of Postcolonial Reason*, 41. 강조는 원문 그대로다.

여준다. 타타마닐은 이러한 분할 속에서 바로 "역동적이고 역사적으로 자기 인식적인 서양과 얼어붙은 채 세월이 흘러도 변하지 않는 동양"이라는 이분법은, 타종교는 단지 "이론화되어야 할 대상object일 뿐 이론화하는 데 행위자적으로 기여하는 주체subject가 아닌" 반면, 서양 그리스도교가 개념적 권력을 지닌 지식과 역사의 종교라는 개념에 의해 지지된다.[21]

그리스도교 신학적 학과 중 실천신학은 다른 종류의 지식(실천적, 목회적)을 희생하는 대가로 특정한 종류의 지식(이론적, 조직적)에 특권을 부여하는, 이론과 실천 사이의 이분법의 파괴적인 영향을 가장 집요하고 정확하게 비판해왔다. 보니 밀러-맥르모어Bonnie Miller-McLemore는 성공적으로 이러한 이분법을 정치적인 것으로 조사한다.[22] 여기서 "정치적인 것"이란 이론이 실천에 대해 지배력을 행사한다는 관점에서 가치 판단적이라는 사실과 더불어 패권적hegemonic이고 제도적institutional이라는 점을 가리킨다. 종교를 서양의 식민주의적 구성물이라는 점에 대해 도전해 온 종교학자들을 인식하면서 그녀는 그러한 도전을 신학도 마주해야 한다고 주장한다. 제도적 차원의 신학적 지식 생산에서 이론과 실천 사이의 이분법이 존재하는 한, "위계적으로 제도화되는 것을 막기가 어렵다."[23] 반복되는 커리큘럼과 학문적 분할이 이러한 위계가 유지되도록 한다. 또한 이러한 틈을 수정하기를 원하고 신학적 지식을 조직화하는 결정적인 방식을 전복하기를 바라는 이들 사이에서조차 학문적 엄격함과 지적 특권을 잃어버릴 것에 대한 두려움에

---

21 Thatamanil, "Comparative Theology after 'Religion,'" 240.
22 Miller-McLemore, "The Politics of Practical Knowledge," 196, 204.
23 *Ibid.*, 214.

부추겨진다. 사회학과 심리학, 여성주의 이론을 활용하면서 밀러-맥
르모어는 자발적 무지로서 학과적 기억상실증disciplinary amnesia을 언급
한다. 그녀는 어떻게 이러한 무지가 이러한 이분법에 의해 구성되고
유지되었는지, 또한 현재 학계에서 권력을 계속해서 행사하는지를 조
사한다. 따라서 우리는 어떻게 이러한 분열이 지식을 규제하고 통제
하는지를 알아채지 못하게 만드는 학과적 기억상실증을 반드시 기억
해야 한다. 곽퓰란은 이러한 기억이 기억상실증에서 벗어나는 의미로
보면 포스트식민주의적 운동이라고 주장한다. 왜냐하면 이러한 기억
이, 잊지 않는다는 사실이 우리의 마음을 탈식민주의화하는 데 도움이
되고 우리 자신을 "알지 못하는 상태"에서 구하기 때문이다.[24] 밀러-
맥르모어는 우리가 기억상실증에서 회복되는 또 다른 방법이 이러한
기억상실증이 이러한 분열이 "일시적인 것이 아니라 고정된 것"이라
는 개념에 의해 유지된다는 점을 알아차리는 것이다."[25] 학과적 기억
상실증은 틀림없이 변할 것이다. 따라서 이러한 기억상실증을 떠올리
는 것은 그것을 유동적인 것으로 느슨하게 만드는 것이다. 왜냐하면
이러한 이분법적 분열이 그것이 강력한 요새처럼 위장을 한다고 해도
안전하지 않기 때문이다.

푸스티노 크루즈Faustino Cruz의 학자로서의 삶은 십 년이 넘도록 학
장이라는 행정적 역할에 의해 형성되어 왔다. 크루즈는 학문scholarship
과 학문기관에서의 봉사service in academic institutions 사이의 긴장 속에서
이러한 분리를 살핀다.[26] 그는 그리스도교 신학교에서 학문이 연구와

24 Kwok, "Unbinding Our Feet," 79.
25 Miller-McLemore, "The Politics of Practical Knowledge," 208.
26 Cruz, "The Tension between Scholarship and Service," 60.

결합되었다는 사실과 학생들을 지도하며 멘토가 되어주거나 기관의 웰빙을 위한 위원회의 회장을 하거나 교회에서 자원봉사를 하는 것과 같은 봉사의 행위보다 출판에 훨씬 더 많은 중요성을 부여한다는 사실을 발견한다. 그러나 크루즈는 봉사가 사유와 행위를 통합하기를 꾀하며 비판적인 "공감적인 앎empathic knowing"을 요구한다고 주장한다.27 공감적 앎은 교회와 사회를 섬김을 희생하는 대가로 학문을 추구해야 한다는 생각을 폐기한다. 공감적 앎은 지식이 오직 활자화된 언어(출판물에 특권을 부여하면서)라는 편견이 일으키는 개념의 실체를 폭로하고 이해의 구현되고 살아낸 표현을 요청한다.

지식의 이원성에 근거해서 이루어진 균형이 맞지 않는 평가는 다른 방식의 앎에 대해서까지 확장된다. 예를 들어 문자로 쓰여진 지식에 특권을 부여하고 나면 구술orality에 근거한 지식은 부차적인 것이 되고 만다. 이것은 내가 다른 곳에서 논의해왔던 것처럼 또 다른 식민주의 유산이다. 왜냐하면 이러한 태도는 무엇을 기록하고 보관하고 파괴하는지를 통제하는 식민주의 권력을 위한 문헌주의texualism 패권을 생산하는 동시에 식민화된 공동체에게 속하였지만 대개 쓰여지지 않은 수행적 지식performative knowledge을 억압한다.28 이것이 바로 포스트식민주의 학자들이 기록된 해석을 선호하는 서양 문헌의 경향을 비판하는 "사투리vernacular, 방언" 지식을 고취하는 이유다. 수기르타라자 Sugirtharajah는 이 사투리 지식이 중요하다고 주장한다. 왜냐하면 사투리 지식은 구술 전통의 중요성을 고무할 뿐만 아니라 가족과 소작농과 여성을 포함하는 지역의 평범한 식민화된 사람들의 경험과 언어를 인

---

27 *Ibid.*, 70.
28 Kim-Cragg, "Postcolonial Practices on Eucharist," 78.

정하기 때문이다.29 여기서 우리는 학계의 지식이 계급과 젠더, 식민주의의 매트릭스에서 자유롭지 않다는 사실을 알게 된다. 조이스 앤 머서Joyce Ann Mercer가 관찰했듯이, 백인이 아닌 여성이 실천신학자라는 정체성을 갖게 될 때, 그들이 더욱 주변화되고 인정받지 못하게 된다.30 성서신학과 조직신학의 분과와 백인 남성 학자들에게 특권을 부여하는 학계의 위계 속에서는 여성, 인종화된 이, 장애인differently abled, 또한/또는 성적 소수자라는 주변적 정체성들을 가진 실천신학자는 다중적 장애물을 마주하고 "학계의 벽"에서 추락하지 않도록 "모범생poster child" 또는 "본보기 소수자model minority"가 되는 상황에 저항하기 위해 싸워야 한다.31

이론과 실천 사이의 이분법에 의해 에너지를 공급받는 신학과 학문, 봉사는 대개 지식의 전체주의적 형태totalitarian form를 공급하는 단일한 신학이 된다. 로버트 슈라이터Robert Schreiter의 작업을 높게 평가하면서 밀러-맥르모어는 신학자들이 그저 "신학들theologies을 복수형plural으로 인정하기"만 해도 많은 것을 성취할 수 있다고 주장한다. 왜냐하면 그러한 인정이야말로 "다양한 형태 중에 있는 (신학이 무엇인가에 대한) 정의에 대해 중요한 질문을 제기하기" 때문이다.32 이론과 실천 사이의 이분법이 신학 분과에 견고하게 자리잡은 만큼이나 유일한 규범적 종교로서의 그리스도교 신학에 의해 만들어진 전체주의적 관점은 계속해서 우리를 덫으로 옭아매고 있다. 구획화된 학과의 위계는 전체주의적 그리스도교-중심주의와 맞물려 있다. 따라서 고정

---

29 Sugirtharajah, "Thinking about Vernacular," 94.

30 Mercer, "Feminist and Womanist Practical Theology," 97-114.

31 Ahmed, *Living a Feminist Life*, 147-148.

32 Miller-McLemore, "The Politics of Practical Knowledge," 203.

되어 있으며 단일한 그리스도 정체성이라는 개념을 철회하는 것은 신학적으로 반드시 필요하며 여기에 실천신학자들이 맡아야 할 중요한 역할이 있다. 이어지는 연구는 이러한 실천신학적 책무에 효과적이고 긍정적으로 관여할 수 있는 포스트식민주의 여성주의 관점을 향하여 걷는 작은 걸음이다.

## 일자의 논리에 도전하기

유럽 식민주의 그리스도인이 비-유럽인과 비-그리스도인과 만난 결과는 종종 종교적 다원성과 신학적 다중성의 형태 안에 두려움을 만들어왔다. 타타마닐은 애초부터 "종교"라는 개념은 유럽 식민주의 구성물로서 서양이 지닌 동양(서양이 아닌 나머지)에 불안을 숨기고 달래는 용도로 쓰여 왔다고 주장한다. 유럽이 산스크리트어, 범신론에 대한 동양의 섬세한 문화적, 철학적, 언어적 포용을 포함한 인도의 고대 유물을 발견했을 때 종교라는 개념이 등장했다. 이러한 발견은 "문명의 단독성separateness과 우월성superiority이라는 유럽의 개념을 약화시킴으로써 식민주의 프로젝트의 이데올로기적 토대"를 위협했다.[33] 그 결과 그리스도교 신학자들은 그리스도교 우월주의라는 틀 안에서 종교의 개념을 생각할 수밖에 없었다. 이런 의미에서 타종교는 부차적 종교로 상대화되는 반면에, 그리스도교는 그 자체로 하나의 종교가 아니라 중심으로 작동할 따름이다. 이와 같은 종교의 구성은 그리스도교를 편안하게 했는데, 결국에는 종교가 그리스도교의 중력 안으로 흡수되기

---

33 Thatamanil, "Comparative Theology after 'Religion,'" 241.

때문이다.

또한 유럽이 창조한 종교라는 범주는 바로 단일한 그리스도교 정체성을 창조하는 것으로 이어졌다. 타타마닐은 "단일한 종교적 정체성이라는 개념이 생성되고 결과적으로 종교들이 명백하게 경계가 표기되었으며 투과할 수 없도록 깔끔하게 분리되어 있다는 발상을 생성했다"고 언급한다.[34] 곽퓰란은 타타마닐에게 동의하면서 우리가 알고 있는 종교라는 용어와 종교학과 비교종교학문과 연결된 분야가 비-그리스도교 종교들은 타자화하면서 그리스도교에 특권을 부여하는 방식의 유럽의 식민주의 범주라고 설명한다. 이런 점에서 곽퓰란은 단일하고 균일한 그리스도교에 특권을 부여하는, 협소하게 정의된 종교관을 확장하는 방법 중 하나로 데이비드 치데스터David Chidester가 정의한 "문화적 관계의 종교 내적intrareligious, 간종교적interreligious 네트워크"라는 종교 개념을 제시한다.[35]

과학적, 이성적 객관성이라는 외피 아래, 비교 종교 학문이라는 범주의 탄생은 편향되었고, 권력적이며 위계적이었다. 이는 존재하는 다른 종교 전통들 사이의 진정한 물리적 비대칭을 감춘다. 따라서 우리가 다종교 소속 이슈를 실천신학의 이슈로 관여할 때 실제로 우리는 권력 격차에 대해 이야기하고 "젠더와 계급, 민족성, 정치적 권력에 대한 신학적 규제"를 다루는 셈이다.[36] 여기서 유일무이한 그리스도교 진리를 주장하는 신학적 규제는 우월한 인종인 백인에 의해, 여

---

34 *Ibid.*, 243.

35 Chidester, "Anchoring Religion in the World: A Southern African History of Comparative Religion," 155, Kwok, *Postcolonial Imagination and Feminist Theology*, 205에서 재인용.

36 Cooey, "Fiddling While Rome Burns," 47.

성보다 우월한 남성에 의해, 비-이성애보다 우월한 이성애에 의해, 평민보다 우월한 부르주아에 의해, 식민화된 사회보다 우월한 유럽 식민주의 권력에 의해 이루어진다. 이는 젠더화되고 이성애적이며 인종적으로 편향된 것이었다.

그리스도교 우월주의는 구체적 상황 속에서 이러한 진짜 권력을 통해 행사된다. 로렐 슈나이더Laurel Schneider가 묘사한 것처럼, 일자의 논리는 우리가 하나님 개념에 대해서 말할 때 그리스도교 단독의 우월주의 입장을 위한 또 다른 용어다. 슈나이더는 신성이 일자의 논리 너머에 있음을 논하기 위해 일자의 논리의 권력에 대해 파고든다. "신성이 **발생**"하고 이러한 발생은 "몸, 몸들의 어수선한 가변성의 관점에서 성육신을 추구한다."37 신학적 담론으로 이 일자의 논리가 매우 형이상학적이고 추상적이었음에도 불구하고 이 논리는 사람들의 삶 속의 물질적 조건에 대해 영향을 미치려고 했다. 그러므로 신학적, 종교적 담론이 사회적 관계의 다른 네트워크로부터 한번 분리되고 나면, 신뢰성을 잃어버린다. 그 결과 다른 이슈들을 포함하지 않고서는 종교적 평화가 이루어지지 않는다. 또한 이것이 바로 순전히 종교적 문제라는 것이 존재하지 않는 이유다. 종교는 언제나 다른 사회문화적, 정치적, 물질적 관계들과 어울리고 교차되기 때문이다. 우리가 간종교적 배움에 관여할 때, 포스트식민주의 관점에서 그리스도교 특권을 고찰하는 것은 필수적이다.38 따라서, 우리가 "아, 그건 종교적인 문제야. 우리는 그 문제에 대해 세속적, 따라서 비-종교적 경기장에서 말할 수 없어"라는 이야기를 들을 때, 우리는 이것이 실제로 매우 특정

---

37 Schneider, *Beyond Monotheism*, 1-2. 강조는 원문대로다.
38 Kujawa-Holbrook, "Postcolonial Interreligious Learning," 155.

한 그룹의 이익을 떠받치는 정치적 결정임을 안다. 왜냐하면 그러한
태도는 "복잡성과 관여하는 이러한 경제"를 믿는 이들을 "안심시키기"
때문이다.39 또는 우리가 "아, 그건 종교적이지 않아. 그것은 그저 영
적인 실천이거나 문화적 실천이야"라는 이야기를 들을 때, 우리는 그
러한 묵살이 특정한 그리스도교-중심적 관점에서 나온 것이며 유연
하지 않은 그리스도교 규범에 들어맞지 못하는 다른 종류의 신앙과
실천을 배제하는 일에 복무한다는 사실을 안다.

그렇다면 무엇이 균질적 그리스도교와 그 신학을 규범이 되도록
만드는가? 무엇이 이질적이고 혼종적 그리스도교를 비정상이고, 비
합법적이고, 심지어 이단적으로 만드는가? 일자의 논리는 그리스도
교 우월주의 기초로서 하늘에 계신 보편적이고 변함없는 하나의 전능
한 하나님의 개념으로 규정짓는다. 이러한 일자의 논리 너머에 "무엇
이 옳은지에 대해 알고 따라서 다른 사람들에게 법칙을 명령할 수 있
는 어떤 하나의 종교적 또는 정치적 그룹이 있다는… 오만한 생각"이
있다.40 이 강력한 일자의 논리는 다종교 소속에 대한 반정립을 확립
한다. 이러한 반대 입장을 정립하는 것은 일자의 논리를 유지하는 데
핵심이다. 일자이거나 일자가 아니어야만 한다. 일자One이면서 일자-
아님not-One이 되는 것은 불가능하다. 그것밖에는 없다. 다자many는 있
을 수 없다. 그 결과 타자는 부정적 자기로 '일자-아님'이 된다. 식민주
의적 응시에서 자아를 부정하게 만드는 타자의 존재는 불안과 두려움
과 더불어 엄청난 매력을 가져온다. 왜냐하면 슈나이더가 표현한 것
처럼, "존재하는 것이 동일한 것으로 존재하는 것이라면, 타자로 존재

---

39 Sharp, "Literacies of Listening," 34.
40 Mollenkott, *Sensuous Spirituality*, 63.

하는 것은 실존의 끔찍한 상실이 되고 만다."[41] 여기가 타자에 대한 두려움이 나오는 곳이다. 일자의 논리 아래에서는 다르게 되는 것은 불가능하다. 여기서 다르다는 것은 타자가 되는 것으로 이해되며, 타자가 된다는 것은 일자-아님, 자기의 부정을 의미한다. 따라서 누군가 타자라면 다르다는 것은 죽음을 뜻하며, 따라서 자기가 죽지 않기 위해 타자의 실존은 지워져야만 한다. 타자가 지워지고 정복되고 종속되는 한에서만 누군가의 존재를 인정할 수 있다는 것은 비극적이고 심지어 치명적이다. 터키쉬-세파르딕(역자주: 스페인, 북아프리카 유대인)-아메리칸Turkish-Sephardic-American 철학자 세일라 벤하비브Seyla Benhabib는 정복과 종속으로 이어진 이러한 비극적 역사를 포착한다. "서양the Occident이 가능하도록 동양the Orient이 존재하고, 서구 문명이 그 사명을 이행하도록 아프리카가 존재하며, 남성이 자기 자신을 실현하는 것을 돕기 위해 여성이 존재한다."[42]

그러나 이러한 일자의 논리라는 이중적이고 치명적인 기계에는 딜레마가 있다. 슈나이더는 하나됨은 그 자체를 참과 거짓 사이로 분리되지 않을 수 없다고 주장한다. 모순되는 실재들이 인식론적 가능성으로라도 정립되지 않는다면, 일자는 해체된다. 이것이 바로 그리스도교 우월주의의 강력해보이는 논리가 정체성과 차이의 정체성에 대해 깊은 불안을 공급하는 까닭이다. 또 이것이 바로 그리스도교 우월주의가 혼종성이나 모순성을 폭력적으로 부인하고 억압하는 이유다.[43] 그러나 좋은 소식은 이러한 부인과 억압이 불안정하다는 사실

---

41 Schneider, *Beyond Monotheism*, 88.

42 Benhabib, *Situation the Self*, 15.

43 Schneider, *Beyond Monotheism*, 89.

이다. 왜냐하면 진리와 동일성을 주장하는 사람은 타자를 필요로 한다. 일자의 논리는 난공불락의 요새가 아니다.

일자의 논리를 다중교 소속의 신학적, 종교적 틀을 위한 발판이 되는 다중성의 논리로 전환시키는 것은 그리스도교에 내재한 종교적 혼종성에 완전히 관여하는 것이다. 타타마닐의 날카로운 질문을 활용하자면, "그 자체로 순결하고 단일하고 균질적이며 따라서 '오염되지 않은' 전통이 없다는 사실을 처음부터 인식하는 신학의 가능성을 상상할 수 있는가?"[44] 그라이더Greider도 비슷한 맥락에서 이것이 충성심과 신실함을 일신론적 신앙과 실천으로 동일시하는 오류라고 주장한다. 그 대신에 "식민주의나 사회화, 선택, 다종교 가족에서 태어남"을 통해서 만들어진 "개인 안에 존재하는 종교적 다원주의"는 "성숙한 종교적 헌신이 부족하거나 위협적인 종교적 혼합주의라고 주변화되는" 식의 꼬리표가 붙지 않고 존중되어야 한다.[45]

포스트식민주의 신학적 틀인 다중성의 논리는 잠정적 합의로서의 하나됨과 일치에 반대되는 것이 아니다. "소속"이라는 용어가 집단에 속하고 특정한 이슈를 위한 다른 그룹 사이에서 일하고 연합과 연대적 사역 안에 드러내면서 하나됨과 일치를 위한 필요를 지원하는 여러 명백한 사례들 중 하나다. 하지만 슈나이더가 조언한 것처럼, 다중성의 논리는 교환불가능한 존재론적 상태, 차이와 시간성, 특수성, 침투가능성의 세계를 부인하는 정지 상태stasis에 의존하지 않는다.[46] 따라서 다르다는 것은 두려워하지 않는 것이며, 켈러는 우리가 "차이"를

---

44 Thatamanil, "Comparative Theology after 'Religion,'" 251.
45 Greider, "Religious Pluralism and Christian-Centrism," 459.
46 Schneider, *Beyond Monotheism*, 199.

이해한다면, "분리도 정체성도" 아닌 "관계 —체현의 차이를 두는 관계"a differential relation of embodiment라고 말한다.47

게다가 어떤 전통도 순결하지 않으며 모든 신학이 "어수선하고 투쟁적이고 창조적이며… 다중적"이라고 주장하는 것이 더이상 사람이 거주하고 있는 "전통들에 의해서 정확하게 알려지고 또 풍부해"지는 "신학함에 근본적으로 헌신하는 충실함fidelity"을 입증할 필요가 없음을 의미하지 않는다.48 요약하면, 다른 정체성들을 포용하기 위해서 자신의 특수한 종교적, 신학적 정체성을 포기해야 할 필요가 있는 것이 아니다. 이러한 정체성들은 고정되거나 영속적이지 않다. 우리의 신학적 입장들은 움직일 수 없거나 정적인 상태로 남아 있는 것이 아니다. 그것들은 변하고 흐릿해질 수 있으며 따라서 침투 가능하다. 이로써 비-이원론적이고 비-고정된 입장을 허용하면서 이분법이라는 개념은 해체된다. 그러나 정체성이 유동적이라기보다는 고정된 것으로 보여질 때 정체성을 침투 가능한 것으로 이해하는 것은 어렵다. 우리의 종교적 정체성과 신학적 입장이 액체가 아니라 바위처럼 제시되는 한,49 다중성의 신학을 실천하거나 종교적 혼종성을 인정하는 것은 어렵다.

여기서 실천신학이 유동적인 그리스도인 다중 정체성을 분명하게 표현하는 데 맡아야 할 역할이 있다. 유동성은 불변하는 존재가 아니라 과정a process을 함의한다. 실천신학은 "행동을 위한 활동무대"를50

---

47 Keller, "The Flesh of God," 101.
48 Thatamanil, "Comparative Theology after 'Religion,'" 241.
49 Ward, *Liquid Church*. 워드는 변화하는 사람들의 정체성들에 관련되도록 교회를 이해하는 방식을 건물이 아니라 운동으로 바꾸기 위해 "액체 교회"라는 용어를 소개한다.
50 Boyer, "The Scholarship of Engagement," 19-20.

제공하고자 노력하는 학문 분과로서 이러한 분명한 표현에 기여할 수
있다. 실천신학은 그리스도교 정체성이 언제나 관계성과 만남, 실천
을 통해 끊임없이 이루어지는 변화에 의해 구성된다고 긍정하기 때문
이다. 이어질 부분에서는 신학함의 자료인 살아낸 경험을 부각시킴으
로 이분법의 논리와 실천에 맞서는 실천신학의 도전을 다룰 것이다.


## 이론과 실천 사이의 식민주의 패권적인 이분법을 폐기하기

클라우디오 카발해스Claudio Carvalhaes는 그리스도교 예배의 실천이
내재적으로 다중적이고 다원적이었지만, 교회는 규범적 균일성을 선
택하는 규범, 형식, 규정과 신조의 이름으로 다중적, 다원적 실천을
옥죄려고 애써왔다는 점을 말한다.[51] 더욱이 카발해스의 발언이 함의
하는 바는 다중적, 다원적 실천이 교리화되기 이전에 먼저 발생했다
는 점이다. 그러한 실천의 발생을 통제하고 옥죄려는 이론화 노력은
그다음에 나타났다. 이 과정의 순서에 주목하는 것이 중요하다. 이것
이 교리 신학이나 조직 신학이 이차적 신학secondary theology으로 이해되
는 반면에 예전신학을 포함하여 바로 이러한 실천들을 다루는 신학들
이 "일차적 신학primary theology"이라고 불리는 이유다. 널리 알려진 고
대 문구인 *Lex Orandi Lex Credendi*(기도의 법칙, 신앙의 법칙)을 예로
들자면, 기도의 법칙(실천)이 신앙의 법칙(교리)에 선행한다.[52] 이차

51 Carvalhaes, "Liturgy and Postcolonialism," 4.
52 이 구절은 5세기 프로스페루스 아퀴타누스(Prosper of Aquitaine)가 고안한 용어다.
   Duck, *Worship for the Whole People of God*, 3를 보라.

적 신학에서 일차적 신학을 구별하는 것은 위계를 묵인하거나 일차적
신학에 대한 이차적 신학의 효력을 부인하는 것이 아니다.53 이는 이
론과 신학의 개념적 작업이 지닌 중요성을 경시하는 것과는 거리가
멀다. 여기서 사라 아메드Sara Ahmed의 통찰은 핵심을 파고든다. 아메드
는 마치 사람들이 식민주의와 인종주의, 성차별주의의 억압적 현실 바
깥에서(또는 거기서 자유롭게) 살아가는 것처럼 그러한 현실을 괄호침
으로 정치적 차원과 일상의 경험을 우회하는 이론을 비판한다. 여기서
그녀는 이론이 "살아낸 이론"이며 살아감과 정치를 분리하지 않는 접
근이라고 주장한다.54 아메드는 누구나 추상화abstract할 수 있지만, "추
상화한다는 것은 떼어내고 분리하고 빼내거나 전용한다는 것이다. 그
렇다면 우리는 이론을 다시 끌어붙여야 하고, 이론을 삶으로 다시 가
져가야 할지도 모른다"고 쓴다. 그녀는 여기서 이론과 개념적 작업의
중요성을 강조한다. "이론과 개념적 작업 안에 체현된 권력의 경험은
지식의 기초를 제공한다." 이때 이론은 "속살까지 더 가까이 다가갈수
록 더 많은 것을 해낼 수 있다. 왜냐하면 이론은 "상황"을 "응답을 요구
하게 된 어떤 것"으로 기술하는 데 적절한 "땀내나는 개념Sweaty con-
cepts"을 만들어내기 때문이다.55 더 나아가 아메드의 논점은 메리 맥
클린톡 펄커슨Mary McClintock Fulkerson의 『구속의 장소들』Places of
Redemption에서의 통찰을 밝혀준다. 펄커슨은 여기서 실천신학으로
이끄는 평범한 사람들을 위한 신학의 세속성worldliness을 탐색한다. 이
러한 목표를 위해서 그녀는 실천신학의 일차적 과제를 "상황을 묘사

---

53 Wainwright, "Theology of Worship," 456.
54 Frye, "Introduction," 13.
55 Ahmed, *Living a Feminist Life*, 10, 12, 13.

하는 것"으로 정립하는데, 이러한 작업은 "주목할 가치가 있으며 "반
응"을 불러일으킨다.[56]

(조직 신학과 교리 신학이라고 읽히는) 이차적 신학은 보통 모순적
신앙과 가치의 헌신을 반영하는 데 실패해왔다. 그 결과 신학함의 전
형적 패턴이 신학적 성찰의 유효한 자료인 평범한 사람들의 실천의
모호성을 가리고 있다.[57] 요약하면, 사람들의 살아낸 경험과 실천의
일차성을 일차적 신학과 이차적 신학에 모두에 통합되는, 신학화하기
의 핵심요소로 인식하는 것이 중요하다. 풀뿌리 차원의 사람들 사이
에서 이루어지는 실천들은 가장 먼저 신학을 형성하고 정보를 제공하
고, 그 다음에 우리가 믿는 방식으로 왜 우리가 믿고 있는지에 대한
분명한 표현들이 이어진다. 이러한 실천이 특별히 억압되고 있을 때,
이러한 실천의 우선성에 주목하는 것은 필수적이다. 임마누엘 라티
Emmanuel Lartey는 이런 점에서 현명한 조언을 제공한다. "포스트식민주
의화하는 목회적 지도자"는 "어떤 주제에 단 하나의 관점에 만족해"서
는 안 되며, 적극적으로 "다른 목소리, 특히 감추어지거나 무시당하거
나 거부당한 목소리들을" 찾아나서야 한다.[58]

또한 이는 이론과 실천 사이, 보편자와 특수자 사이, 의미와 기호
사이의 식민주의 패권적인 이분법을 폐기하는 구체적 방법이다. 왜냐
하면 이러한 추구가 "어떻게 이론들이 다른 장소에서 수행될 때, 이론
들의 실천적 영향에 의해 어떻게 이론 자체를 변형시키는가"를 탐색
하는 데 이바지하기 때문이다.[59] 실천적 효과가 이론을 변형하는 장

---

56 Fulkerson, *Places of Redemption*, 12, 14.
57 Tanner, "Theological Reflection and Christian Practices," 230.
58 Lartey, "Borrowed Clothes Will Never Keep You Warm," 30.
59 Sakai, *Translations and Subjectivity*, 91.

소의 사례는 신앙이 있는 사람들과 신앙이 없는 사람들이 예배를 드리거나 특별한 기념식을 위해서 자기 종교가 아닌 다른 종교적 사원을 방문하는 것이 드물지 않은 대부분의 아시아 국가들에서 발견될 수 있다. 종교적 경계들을 유동적으로 넘나드는 실천들을 경험하도록 권장받는다면, 이러한 실천들은 자기 자신의 전통을 부인하지 않고도 다종교 소속에 거주하는 방법을 찾는 데 기여하게 된다.[60]

## 신체적 유동성과 신학적 누출theological leakage을 긍정하기

다종교 소속 또는 신학들의 다중성을 긍정하는 것은 새로운 화제가 아니다. 이것은 언제나 존재해왔다. 최근 실천신학의 표명을 기준으로 보면, 실천신학은 미국에서 1960년대 이래 간종교적 결혼에 대한 질문에 반응해왔다.[61] 그러나 실천신학의 주제로서 다종교 소속과 종교적 혼종성에 대한 면밀한 고찰은 겨우 수면 위로 드러난 정도다. 이것이 바로 몇몇 실천신학자들이 다종교 소속과 양가적 신앙 이슈가 아직 탐색되지 않았다고 인식하는 이유다.[62] 실제로 이는 발생하고 있는, 실천신학의 필수 주제로서의 신성에 대한 슈나이더의 관점에 의해 강조된 것처럼, 전혀 나타나지 않았거나 일어나지 않았다. 교회와 학계에서 다종교 소속, 종교 혼합주의, 종교적 혼종성은 침묵당하거나 억압당해왔다.

---

60 Kwok, *Postcolonial Imagination and Feminist Theology*, 540-544.
61 Greider, "Religious Pluralism and Christian-Centrism," 457.
62 Cahalan and Mikoski (eds.), *Opening the Field of Practical Theology*, 273.

종교적 혼합주의 종교적 혼종성의 실천들이 침묵당하고 억압당해
온 이유는 부분적으로 그러한 실천이 지저분하고 혼돈스러운 것으로
여겨졌기 때문이다. 평범한 삶의 실재들을 긍정하기 위해서 이러한
혼란을 명명하려는 시도로 밀러-맥르모어는 인간이 혼돈을 두려워하
고 질서정연함에 애착을 갖는 경향이 있다는 유용한 통찰을 기록한
다. 지저분함messiness으로서의 혼돈은 "때dirt, 먼지dust, 잔해debris," 악
마와 파괴의 세계를 연상시킨다.[63] 영속적이고 완전한 혼돈은 우리의
웰빙에 위험이 되고 해롭지만, 혼돈이 창세기 성서의 서사에서 창조
의 시작에 있었다는 것과 언제나 창조된 존재로서 우리 삶의 일부라
는 것을 알아야 한다. 창세기와 요한계시록, 성서의 처음과 마지막은
책은 끝이 시작이며, 시작이 끝이라는 삶의 순환을 가리킨다.[64] 실제
로 60억 년 전에 혼돈스러운 화산 활동의 결과로 물에서 땅이 등장했
다.[65] 우리가 이러한 맹렬하고 혼돈스러운 방식으로 터져나오는 맹렬
한 힘들을 생각하면, 가스와 불꽃으로 뒤덮인 지옥이라는 대중적 이
미지가 연상될지도 모른다. 하지만 이것이 바로 생명이 시작된 방식
이다. "태초에 하나님이 천지를 창조하셨다. 땅이 혼돈하고 공허하며,
어둠이 깊음 위에 있고, 하나님의 영은 물 위에 움직이고 계셨다"(창세
기 1:1-2). 우리 모두는 공허한 혼돈에서 나왔다. 깊음 위는 혼돈스럽고
지저분했다. 창세기의 저자와 화자에 관한 한, 그러한 혼돈스럽고 엉망
인 상태는 악하지 않다. 또한 아메드는 생명을 주는 것life-giving으로서
지저분함을 긍정하면서 사회적 분석과 학문에서 교차성intersectionality

---

63 Miller-McLemore, *In the Midst of Chaos*, 17.

64 Beavis and Kim-Cragg, *What Does the Bible Say?*, 11.

65 http://www.cbc.ca/geologic/eg_atlantic_coast.html.

에 관여하는 것도 지저분하다고 언급한다. 포스트식민성과 더불어 "장소의 정치"는 "불안정"하며, "다수의 역사적 궤적에 의해 형성되기" 때문이다.66 이는 종종 전쟁과 기근, 기후변화, 미지의 위기들처럼 파괴적이고 예측 불가한 사건들로 나타난다. 개인의 역사는 언제나 이러한 궤적들에 의해 뒤엉킨다. 2장과 3장에서 논의했듯이, 이것이 바로 왜 한 사람의 정체성이 어수선하고 불안정한가에 대한 이유다.

종교 혼합주의와 종교적 혼종성의 실천이 침묵당하고 억압당해왔는지에 대한 다른 이유는 부분적으로 그러한 실천이 부정한impure 것처럼 보이기 때문이다. 종교 혼합주의와 종교적 혼종성이 불순함과 연계되는 것은 사제의 적합성과 성의 부정함에 대한 성서의 이해와 연결되기 때문이다. 메리 앤 비비스Mary Ann Beavis와 혜란 킴-크래그HyeRan Kim-Cragg는 정함순결성,purity의 의미를 상세히 설명하면서 성서가 실제로 신체적 누수와 연결된 부정함을 부정적으로 말하고 있지 않다는 사실에 주목했다. 그들은 이렇게 썼다.

정결법(레 17-26)은 주로 성에 적용되지 않고 사람들, 특히 사제들이 예배의 행위에, 특히 성전에서 희생제사를 드리는 상황에서 의례적으로 적합하거나 적합하지 않도록 만드는 신체적 상태에 적용된다. 의례적 불순함은 질병, 시체와의 접촉, 신체적 방출(생리를 포함하지만 생리에만 국한되는 것은 아닌), 성적 활동(남성과 여성 모두의 신체적 방출을 포함하는)을 통해 발생할 수 있었다. 이런 의미에서 의례적 부정함의 비-도덕성을 보이면서 사물들도 사람들처럼 부정하다고 여겨질 수 있었다.67

---

66 Ahmed, *Living a Feminist Life*, 119.
67 Beavis and Kim-Cragg, *What Does the Bible Say?*, 132.

의례적 정함의 성서적 기준이 반드시 여성의 성과 연결되지는 않음에도 그리스도왕국 시기 내내 여성을 사제직에서 배제하는 유대가 강하게 이루어졌다. 여기서 고결하고 덕스러운 것으로서 정함은 일신론과 연결되었다. 남성이 고귀하고 덕스러운 본성을 지니고 따라서 종교적 리더십 역할에 적합한 것으로 여겨졌다. 여기서 덕virtue과 정력virility은 그리스도교 이원론적 사고에서 밀접하게 연결되어 있었다.68 여성을 부정하며 예전적 리더십에 적합하지 않다는 꼬리표를 붙이는 것은 대개 신체성bodily-ness, 특히 피의 누출과 연결된다. 얼마 전에 극보수적 장로교회의 총회장이 여성이 생리를 한다는 이유에서 성직자가 되기에 부적절하다며 공개적으로 여성 안수에 반대했을 때, 한국의 여성주의 리더들은 분노했다.69 피의 누출로 나타나는 여성됨이라는 정체성은 계속해서 여러 교회에서 여성의 안수를 가로막고 있다. 신체적 누출과 연결된 여성의 또 다른 연상은 출산 과정에 있다. 출산은 양수가 터지고 자궁에서 물의 누출되면서 시작된다. 모유 수유도 누출의 한 형태다. 이러한 것들은 근본적이기는 하지만 여성됨을 정체화하는 필수적 신체 경험은 아니다. 그러나 이는 교회에서 리더십 역할을 포함해서 모든 종류의 장소에서 여성을 배제하는 것을 정당화하는 데 이용되고 있다. 신체적 누출은 서양 인식론과 신학, 철학에서 여성이 남성에 비해 열등하다는 주장을 확립하는 데 이용되어 왔다.70

68 Jung, "Patriarchy, Purity, and Procreativity," 74.

69 http://www.newsnjoy.or.kr/news/articleView.html?idxno=6502, 2017년 2월 20일에 접속. 당시에 대한예수교장로회 총회(합동) 총회장 임태득은 2003년 11월 12일 총회신학교 신학대학원 예배에서 "매달 기저귀를 차는 여성들이 강단에 서서 설교하는 일은 있을 수 없다"고 말했다.

70 Miller-McLemore, *Christian Theology in Practice*, 128.

순결성은 신체성, 특히 유동성이나 누출에서 분리되는 것으로 정립되었다. 체액의 누출은 생리나 수유, 성적 결합, 피부병이나 다른 질병으로 인한 것이든 간에 수 세기 동안 유대교와 그리스도교와 다른 종교의 사상가들의 가장 큰 염려를 자아낸 것이었다. 신체에서 액체가 빠져나가는 것은 부정함의 가장 본능적이고 생생한 표시라고 규정했다. 이는 젠더화되고 성화되는 동시에 아픈 이들과 인종화된 이들에 대한 편견을 지지하는 데 이용되었다. 질병이 있는 사람은(예. 피부병) 정결하지 못하고 부정하다는 꼬리표가 붙었다. 비-백인 유색인은 부정한 반면에 백인인 것은 대개 순결한 것으로 이해된다. 2장에서 피에 대한 고찰은 인종적, 성적 정함과 부정함이라는 개념과 밀접하게 연결된다.

철학자 질 들뢰즈Gilles Deluze와 펠릭스 가타리Felix Guattari는 유동성이 질병과 바람직하지 않은 것으로 이어지는 연결성을 폐기한다. 그들은 "사회가 언제나 *en fuite*도주, 누출되고 도망하고 있으며, 그러한 탈주*fuites*누수, 탈주선를 어떻게 다루느냐의 방식을 기준으로 이해된다"고 지적한다.[71] 그들이 암시하는 바는 누출이, 지저분하고 심지어 혼돈스럽게 나타날 수 있음에도, 건강한 사회의 표시일 수 있다는 점이다. 이는 체현된 존재에게 사실인데, 누출이 건강한 생명의 통합된 일부이기 때문이다. 퍼넬러피 워시본Penelope Washbourn은 생리에서 출혈이 "정화하는 것"이며 비워낼 필요가 있는 무엇인가를 내보내는 몸의 자연적인 현상이라고 주장한다. 그것이 지저분하고 불편하고 감정적, 신체적인 불쾌함을 수반할 수 있음에도 생리는 누출로서 "시작함과

---

71 Deluze and Guattari, *A Thousand Plateaus*, 88-89; Schneider, *Beyond Monotheism*, 179에서 재인용.

더불어(출생을 위한 가능성) 끝맺음(생식력의 끝)의 양가성"이라는 가치를 함께 보유하고 있다.[72] 생리가 종종 불쾌함을 수반하고 심지어 어떤 여성들에게는 극심한 고통을 초래함에도 불구하고 치유와 생식력과 연결되는 건강하고 자연스러운 과정이다. 이러한 또 다른 신체적 배출이 일반적으로 우리의 웰빙에 근본적이라고 이해하기에, 우리가 생리 또는 우리 몸에서 빠져나오는 정액과 소변을 포함한 다른 액체들이 어떤 의미이고 무슨 기능을 하는지에 대해 계속 설명할 필요는 없겠다.

몸속에서 유동성의 중요성을 강조한다는 측면에서 혈전blood clots와 연결된 암의 사례는 교훈적일 수 있다. 암을 앓았던 이들이거나 사랑하는 이가 암을 겪은 이들은 혈전의 부작용을 알고 있다. 혈전은 암 환자나 움직이지 못하는 환자들에게 흔하다. 많은 이들이 완해remission, 암이 없음 상태에 있지만 대다수는 살아있는 한 여전히 혈액희석제를 맞아야 한다. 혈액이 혈관에 꼼짝 못 하게 될 수 있기 때문이다. 이런 경우에는 혈류를 돕는 것은 질병을 초래하는 것이 아니라 치유의 표시다. 이는 정체됨이 아니라 움직임의 표시다. 우리는 누출과 유동성의 파괴적 본성에 대해 낭만화하거나 순진해서는 안 된다. 집에 누수가 있다면 우리의 보금자리는 위험에 처한다. 댐에 누수가 있다면 우리의 안전은 위험에 처한다. 우리가 피를 잃어버린다면, 우리는 이에 급하게 주목해야 한다. 요약하면 우리는 혈전이 발생할 때 사람이 죽을 수 있다는 점, 혈액 누출이 멈추지 않으면 이것도 죽음으로 이어질 수 있다는 점 두 개의 진리 모두를 인식해야 한다.

---

72 Washbourn, "Becoming Woman: Menstruation as Spiritual Challenge," 250, 256.

정결법에 대한 성서적 준거는 앞에서 논의한 것처럼 부정한 것은 죄를 의미하지 않으며 반드시 더러움을 함의하지 않는다. 성서는 신체적 유출에 대해 나쁜 것을 말하지 않는다. 왜냐하면 죽은 자를 돌보는 것, 출산하는 것, 파트너와 성관계를 갖는 것을 포함한 많은 좋은 행동이 불가피하게 누출을 초래하기 때문이다. 그러한 부정함이 발생하면, 적절한 의례와 시간의 경과로 다룰 수 있었다. 생물학적 삶의 과정에 있는 우리들은 불가피하게 여성의 경우에는 생리와 남성의 경우에는 정액의 사정, 또는 피의 배출, 또는 피부병이 있는 이들에게는 고름의 배출을 포함한 부정함을 초래하게 된다.[73]

신체적 누출의 의미를 신학적 누출의 의미로 돌리면, 다중성의 신학 안에 체현된 종교적 혼종성이 이러한 종류의 신학적 누출의 증거로 이해될 수 있다고 주장할지도 모른다. 종교 간 결혼과 관계는 누출의 사회적, 종교적 형태의 증거라고 명명할 수 있는 하나의 사례다. 그들이 사랑에 헌신하는 것과 종교적 차이를 존중하는 것이 그리스도교-중심주의라는 바위보다 강할 수 있다. 삶을 함께하는 그들의 경험은 협상으로 가득 차 있으며 혼종적, 혼합적 종교적 실천을 창조할 수 있다. 그들은 일자의 논리라는 요새를 지지하는 이들에게는 위협이 될 수도 있다. 하지만 이러한 실천들은 또한 지저분하고 구멍이 많은 성육신적 삶에 목마른 이들에게 원천수가 될 수 있다. 새로운 공간을 마련하기 위해 대화를 변경하는 것은 "하늘에 계신 전능하고 불변하는 주님이 더이상 아닌" 분으로 하나님 관점을 바꾸는 것이다. 대신에 하나님은 편안하게 하는 위로자comforter이시면서 또한 "방해하고 불안하게 만들고 심지어 진화하며… 예상치 못한 장소와 계획하지 않은

___

73 Beavis and Kim-Cragg, *What Does the Bible Say?*, 132.

장소에서 나타나시는" "불편하게 만드는 자discomforter"이시다.[74] 아마
도 일자의 논리, 분리되어 고정되고 정적인 하나님은 무너뜨리고 풀
어헤칠 필요가 있는 "막강한 예전적, 신학적 요새" 중 하나일 것이
다.[75]

심지어 난공불락처럼 보이는 요새도 누출에는 무너질 수 있다. 누
출은 심각한 피해를 초래하고 심지어 붕괴시킬 수도 있다. 아메드는
오랜 역사를 거치며 조립되고 재조립된 권력체제를 "벽돌 벽"으로 비
유한다. 이러한 벽들은 물리적 장벽과 물질적 장벽보다 더 많다. 생명
을 억압하고 소외시키는 이 벽들은 "분위기"(드러나지 않는 억압) 또는
"제스처"(습관화된 규범적 행위)일 수 있다. 이 벽들은 일상생활에서 그
것을 대면하지 않은 이들에게는 "비가시적"일 수 있다. 2장과 3장에서
논의했던 것처럼, 응시되는 것, 보지 않음의 색-맹, 패싱이라는 이슈
는 벽돌로 된 벽의 억압유형들일 수 있다. 아메드는 이러한 벽들을 무
너뜨리는 하나의 방법은 그것들이 말하게 하는 것(드러내는 일)이라
고 이야기한다. "그것들이 깨어있다면, 우리는 그 벽들이 말하기를,
우리의 이야기를 말하기를 바란다. 이야기 하나가 벽(체제)을 산산조
각낼 수 있다. 온 사방에 흩뿌려진 천 개의 작디 작은 조각들로 말이
다… 우리는 머물고 우리는 말한다. 참으로 말하기."[76]

슈나이더는 일자의 논리가 강력함에도 불구하고 전 세계 곳곳의
소수의 신학적, 신앙적 전통들에서 유래한 끈질긴 저항을 언제나 마
주해왔다고 강조한다. 종교 혼합주의와 혼동성은 언제나 누출되고 있

---

74 Miller-McLemore, *In the Midst of Chaos*, 18.

75 Carvalhaes, "Liturgy and Postcolonialism," 12.

76 Ahmed, *Living a Feminist Life*, 220–222.

다. 일자의 논리에 어긋나는 주제들, 선주민들의 철학과 존재론, 그리
스도교 예배와 신학 안에 신적 다중성의 가능성이 끈질기게 주입되어
왔다.[77] 가령 『예배 자리의 여성』Women at Worship이라는 선집이
1993년에 출판되었는데 다음과 같은 의례의 다양한 실천들을 포함하
고 있다. 여신을 부르는 토속적 의례, 남성-중심의 전통적 예전을 변
혁하는 비-교단 여성-교회, 여성들이 접근할 수 있도록 만듦으로 신
성한 것을 탈신비화하는 히스패닉 무헤리스타 예전, 저항적인 우머니
스트 의례, 여성들이 유대교 의식에서 구술 전통을 되찾음.[78] 이러한
여성들은 예전적 요새를 오염시키고 단단한 벽돌 벽처럼 보이는 것을
약화시키며 누출을 만들어냈다. 이러한 교란적, 위반적 실천들은 오
늘에도 이어지며, 평신도 목회자 마르코스 로드Marcos Lord가 트랜스젠
더 커뮤니티를 위한 설교의 공간을 주장하면서 설교하는 브라질의
MCCthe Metropolitan Community Church: 대도시 커뮤니티 교회에서 발견된다. 모
나 웨스트Mona West는 예전력에서 성일로 게이 프라이드와 트랜스젠
더 기념일과 더불어 세계 AIDS의 날을 기념하는 것과 같은 다른 예시
들을 제공한다. 클러지 칼라clergy collars와 장백의albs, 스톨stoles, 가죽
제의leather vestments, 긴 목도리boas, 미트라mitres(역주: 주교가 의식 때 쓰
는 모자), 무지개 칼라rainbow collars로 복장도착cross-dressing, 성직자들의 예전
의복을 입고 수행하는 것은 일자의 논리와 정합의 논리에 이의를 제기
하는 혼종적이고 혼합적이며 전복적인 실천이다.[79]

우리가 일자의 논리가 여전히 신학적 담론을 지배한다고 인정해

---

77 Schneider, *Beyond Monotheism*, 76.

78 Procter-Smith and Walton (eds.), *Women at Worship*.

79 West, "Metropolitan Community Church as a Messy Space," 54.

야 한다고 해도, 우리는 절대로 그리스도교 우월주의 구성이 천의무
봉이라고 가정해서는 안 된다. 침묵당하고 억압당하며 왜곡되었음에
도 우리의 성서 해석학과 신학적 전통과 예전의 실천에 면면히 흐르
고 있는 다종교적 혼종성의 이러한 유연하고 투과되는 운동을 누구도
부인할 수 없다.

성서적으로 말하면, 하나님의 다중성은 성서의 이야기들에 그려
져 있다.[80] 예를 들어, 창세기 이야기(창 1:1-2:4a)의 제사장 전승에
서 하나님으로 번역된 단어는 엘로힘Elohim인데, 문자적으로 "신들
gods"을 의미한다. 이것이 바로 하나님이 "**우리가 우리의 형상을 따라
서, 우리의 모양대로 사람을 만들자**"(창 1:26)고 선언한 이유다. 포로
기 이전 이스라엘 시대에는 유명한 십계명에서 나타난 것처럼 "복수
형plural의 신들의 존재가 규범이었다. "너희는 내 앞에서 다른 신들을
섬기지 못한다." 일신론이 완전하고 배타적 의미에서 정립된 것은 포
로기 이후(538 BCE) 쓰여진 성서의 책들에서일 뿐이다.[81] 유대교와
후기 그리스도교 성서에서 하나님의 다중성이 일신론적 하나님으로
이렇게 전환된 까닭을 여러 가지로 추정할 수 있다. 슈나이더는 포로
기 경험의 충격에 주목함으로 설득력 있는 이유를 제시한다. "500년
이상의 전쟁과 유배, 식민화의 공격"은 "특히 위기에 처한 것이 문화
적 생존일 경우에 **배타적** 일신론을 지적이면서도 설득력이 있도록 만
드는 조건일 수 있었다."[82]

삼위일체와 성육신에 대한 전복적인 그리스도교 신학적 사색도

80 Kirsch, *God against the Gods*.
81 Beavis and Kim-Cragg, *What Does the Bible Say?*, 81-84.
82 Schneider, *Beyond Monotheism*, 33-38. 강조는 원문 그대로다.

있어 왔다.[83] 삼위일체라는 고대 신관에서 하나님은 전통적으로는 위로부터 다스리시며 모든 것을 포괄하시는 하늘의 군주로 이해되었고, 예수와 완전하게 연합하시고 분리될 수 없는 분, 인간성 안으로 온전히 성육하셔서 저 낮은 구유에 나시고 모든 사람과 똑같이 사시고 죽으셨으며, 인간 존재의 동료가 되셨다고 신성의 의미를 철저하게 했다. 그러므로 이 삼위일체 신학은 하나님, 예수, 성령이 위계적 질서 없이 완전한 교제를 이루고 있다는 점에서 급진적이며, 다르지만-같은 세 "위격들"을 포용함으로 역동적이고 상호의존적 관계를 묘사하며 4세기에 발달한 페리코레시스perichoresis라는 용어에 담겨 있다. 요르그 리거Joerg Rieger와 곽퓰란은 이를 상세하게 설명한다. "태초에는 나중에 삼위일체를 생산한 하나님이 있지 않다. 태초에 다중의 특성을 지니고 있는 어떤 종류의 차이 속의 연합의 본보기가 되는 관계가 있다. 다양성이 없는 어떤 원시적 연합으로 되돌아감은 없다."[84] 주목할 가치가 있는 다중을 둘러싼 이러한 신학적 선회는 삼위일체의 교리와의 관계가 종교 다원주의와 연결되는 것을 보여준다. 나는 다른 곳에서 그리스도교 비위계적 삼위일체교리와 도교와 힌두교 신학의 연결을 탐색했다.[85] 이러한 관계적 삼위일체 하나님 덕분에 우리는 우리 자신의 전통들에 의해 차례차례 드러난 것처럼 타종교 전통들을 인정하고 거기서 배울 수 있다. 우리는 타종교 전통에 다가가는 것은 우리가 우리 자신의 전통이 부족하다고 느끼기 때문도 아니며 우리가 우월감으로 다른 전통들을 우리의 것으로 전유하기를 원하기 때문도

---

83 Kwok, "Jesus/The Native: Biblical Studies from a Postcolonial Perspectives," 75-80.

84 Rieger and Kwok, *Occupy Religion*, 66.

85 Kim-Cragg, "A Plural Mystery for a Plural World," 134-140.

아니다. 그보다는 우리가 경의를 표하며 지혜의 다른 근원들에서 길어 올리면서도 우리 자신의 깊은 우물에서 길어 올리기를 추구한다. 이렇게 타자를 겸손하게 인정하는 것은 그 자체로 상호의존적 실천신학이 필요로 하는 구체적 실천이다.

　다정통Polydoxy은 종교적 혼종성과 삼위일체적 관계성을 다루는 상호의존성의 포스트식민주의 여성주의 실천신학을 분명하게 표현하는 데 유용한 다른 신학적 개념이다. 켈러와 슈나이더는 다정통을 다중성과 관계의 신학으로 규정한다.[86] 이는 종교 전통들의 다수성을 인식하면서 진리로 향하는 여러 길을 가리킨다. 곽퓰란은 신앙 간 대화의 미래를 논의하면서 하나님에 대한 우리의 모든 비유가 지닌 한계를 인식하고 하나님을 어떤 절대적이거나 전체주의적, 고정된 의미에서 부르기를 거부하면서 "다정통이 우리가 일자의 논리, 특히 일신론을 폐기하고 탈신비화할 것을 요구한다"고 주장한다.[87] 종교적으로 다양한 전통들에 뿌리 내리면서 다정통은 그 의미를 어떤 지정학적 경계와 국가적 경계 너머의 장소와 공간인 우주로 확장한다. 이러한 다정통의 하나님은 신적 비상호성, 신적 고통불가능성, 신적 전능성처럼 하나님의 전통적 속성과 맞지 않지만, 하나님이 사람들의 일상 생활 속에서 움직이시고 거주하신다는 관점에 합류한다. 이러한 관점에서 우리가 하나님과 조우하는 것은 때로 세상 속에서 정의와 평화를 위한 웅장한 강과 같이 흐르는 일종의 누출이다.

---

86 Keller and Schneider (eds.), *Polydoxy: Theology of Multiplicity and Relation*.
87 Kwok, *Globalization, Gender, and Peacebuilding*, 73.

## 그리스도교 실천신학을 위한 종교적 혼종성의 함의들

우리가 지금 이질적, 혼종적 그리스도교를 정상적이고 합법적이고, 심지어 바람직한 것으로 긍정하고 나면, 그리스도교 실천신학자들에게 어떤 함의가 있는가? 이러한 긍정의 한 가지 함의는 "예전적 갱신 운동의 상당 부분을 위한 고전이고 주된 자료가 더이상 단일한 형태로 초기 그리스도교 교회나 그리스도교 예전이라고 불리던, 한때 상상된 이러한 일신론적인 것으로 되돌려질 수 있는 예전의 균일한 형태가 있었고 또 있다는 그 근본 약속을 유지할 수 없다는 것이다."88

대신에 실천신학은 신학함의 역설적 이중성에 대해 알아두어야 한다. 여성주의 예전 신학자는 일종의 "이중 시각," "여성이 그들 전통의 의례적 실천들의 진리를 보게 하고 또한 그 전통이 될 수도 있었던 것을 보게하는" 시각을 제시한다.89 예를 들어 성찬을 포함한 어떤 그리스도교 실천도 이러한 이중성을 지니고 가부장적이고 여성혐오적이고 식민주의적 경향을 가진 동시에 전복적이고 반-문화적이며 저항적 힘을 보유하고 있다.90 수행이론에서 이중성은 실제와 상상 사이의 놀이, 실재와 모방 사이의 놀이를 의미한다.91 교회론에서 이는 교회가 이미와 아직 아니라는 이중 현실에 거주하고 있음을 뜻한다. 교회론적 지식과 예전적 실천의 이러한 모호하고 불안정한 이중성 입장은 사회적 얽힘을 위한 특권화된 공간과 변두리의 저항적 공간 모

---

88 Carvalhaes, "Liturgy and Postcolonialism," 6. 그는 *The Shape of Liturgy* by Gregory Dix를 예로 제공한다.
89 Procter-Smith, "Introduction," 2.
90 Kim-Cragg, "Postcolonial Practices on Eucharist," 82
91 Craigo-Snell, *The Empty Church*, 20.

두를 창조해왔다. 즉 이는 삶의 "미지의 형태, 사유의 다른 형태, 거룩한 것의 다른 가능성들, 그 성스러운 제스처, 다른 프락시스들, 선주민 자원들, 저항 과정들, 사람의 자기긍정"에 매료된 "다공성의 장소들"이다.[92]

따라서 실천신학의 과제로서 그리스도인의 삶을 위한 종교적 혼종성에 주목하는 것은 사람들을 하나를 다른 하나보다 더 선호하는 일 없이 둘 모두를 품으면서 창조적 긴장, 심지어 모순적 신앙 속에 살도록 부추긴다. 또한 이러한 이중성은 더해짐moreness, 어수선함messiness, 혼합mixtures 과정 속에서 거주하기를 배우는 것을 포함한다. 따라서 "육체와 영혼"인 우리는 "때때로 물에 담가질 필요가 있다."[93] 우리가 만약 정말로 삶의 유동성을 성스러운 것으로, 실천신학의 자료를 인정한다면, 우리의 손을 마르고 깨끗한 상태로 유지하는 것은 불가능하다. 혼종적 유연함은 사람들, 특히 상처받기 쉬운 이들, 움직이고 있는 이들, 가난하고 식민화되고 소수자들로 주변화된 이들의 일상생활 속에 뿌리내린다. 실천신학이 그 생기와 신뢰를 잃을 때가 실천신학이 이러한 사람들의 경험에서 분리되어 그 경험을 말하지 않을 때다. 앞서 언급했듯이, 실천신학이 일차적 신학임을 주장하는 것은 진실을 담고 있다. 하지만 실천신학이 공동체의 삶에 대해 이차적이라고 주장하는 것도 또한 참이다.[94] 어떤 신학 이전에, 어떤 예전 이전에, 공동체들 안에 삶과 어수선함, 유연하고 혼종적 삶이 있다. 사미르 셀마노빅Samir Selmanovic의 삶은 간종교적 관계에 의해 형성되었는데, 그

---

92 Carvalhaes, "Liturgy and Postcolonialism," 13.

93 "My Love Colours Outside the Lines," by Gordon Light (1995) of the Common cup company.

94 Carvalhaes, "Praying Each Other's Prayers," 147.

는 이러한 지혜를 유창하게 담아낸다. "인간 삶의 성례는 우리 종교들을 대체하는 성례다. 우리는 믿기 전에 살고, 종교적이기 전에 인간이다. 함께 하는 우리의 삶은 우리 모두가 만나는 성전이다."[95]

목적으로서 "종말"의 의미를 숙고할 만한 가치가 있을 것이다. 보통 세상의 "끝the end"이라고 해석되는 "종말"은 그리스어 단어 *apokalypsis*에서 유래하는데, 이는 "밝히다, 폭로하다, 드러내다"를 뜻한다. 이는 숨겨진 어떤 것이 폭로되는 것이다. 성서적으로 말하자면, 삶의 순환 안에 시작은 종말과 종결과 손에 손을 잡고 함께 간다. 앞서 지적했듯이, 창세기가 시작이라고 해도, 계시록이 끝에 위치했다고 해도, 성서는 직선의 의미로 이 순서를 그대로 취할 필요가 없다. 종말은 새로운 현실을 시작할 것이다. 켈러가 말한 것처럼 "'끝'은 역설적으로 시작 부분을 드러내/끝낼dis/close 수 있다."[96] 앞에서 주장했던 것처럼, 그리스도교 안에서 우리의 종교적 혼종성에 대한 우리의 논의는 새로운 것이 아니다. 하지만 이러한 새로움이 숨겨진 무엇인가를 드러내는 것이라면, 그리고 일자의 논리가 끝나는 시작을 의미한다면, 나는 우리의 대화가 종말적 제막으로서 새로움을 취해야 한다고 제안한다.

---

95 Selmanovic, *It's Really All About God*, 58, Kujawa-Holbrook, *God Beyond Borders*, 124에서 재인용.
96 Keller, *Apocalypse Now and Then*, 2.

# 소속과 국경
# 너머

이 장에서는 이주migration라는 상황과 집/고향home이라는 개념에 주목하면서 소속과 경계라는 주제를 살펴보고자 한다. 캐나다의 상황은 이주 공간이라는 특징을 지닐 것이다.[1] 상황의 특수성에 주목하는 것은 실천신학의 주된 관심이다. 우리는 캐나다 이민의 역사를 고찰하기 위해서 사회 정책 방법을 사용하고 그 연구결과를 선진국들의 역사와 연결 지어볼 것이다.

지역성과 특수성에 지속적으로 주목하는 일은 실천신학의 "관계성의 망을 더욱 분명하게 만들고" "상황에 더욱 민감한 증언을 제공한다."[2] 상황에 민감한 증언을 통해 21세기 이주가 바로 포스트식민적 상황 속에 자리한다는 사실이 드러난다. 오늘날 전지구적 이주를 제대로 파악하기 위해서는 포스트식민적 유산에 대한 지식이 반드시 필요하다. 역사적 방식만으로는 식민주의 유산을 이해할 수 없으며 공간적 분석이 반드시 필요하다. 이주 현실의 현시대적 현상이 전지구적 차원의 시간과 더불어 공간의 역학에 영향을 받고 있기 때문에 이

1 Razack (ed.), *Race, Space, and the Law*.
2 Cahalan and Nieman, "Mapping the Field of Practical Theology," 80-81.

방법론이 적절하다.3 이번 장에서는 성서의 도움을 받아 예수의 가족 이야기를 그들이 난민으로 겪은 경험에 초점을 맞추어 면밀히 살펴보려 한다.4 마지막으로, 이주는 난제이자 가능성으로서 또한 인간이 만들어 놓은 경계 너머에 존재하는 상호 의존적인 관계를 위해 함께 살고자 분투하는 서로 다른 공동체들을 초대하는 약속으로서 제시된다.

## "집"이라는 거북한 개념을 조사하기

집은 무엇인가? 포스트식민주의 세계의 집은 안락하고 익숙한 공간과 거리가 멀다. 오즈의 마법사에 등장하는 "집처럼 좋은 곳은 없어"There is no place like home라는 도로시의 마법과 같은 대사는 오늘날의 이주 상황에 맞지 않는 순진한 환상일 뿐이다.

반대로 토니 모리슨Toni Morrison의 소설 『집』Home은 집에 관한 전 지구적이고 포스트식민주의적인 오늘날의 경험을 제대로 묘사한다.5 이 소설의 주인공인 프랭크 머니Frank Money는 한국전쟁의 참전 용사다. 전쟁이 끝난 후 그는 모국인 미국으로 귀환하지만 집을 찾기 위해 우여곡절을 겪는다. 그가 익히 알던 집은 더이상 존재하지 않기 때문이다. 집을 찾는 일은 자신의 정체성을 탐색하는 여정이 된다. 그러면서 굽이치는 경로들에 여러 번 진입하게 되는데 그중 한 지점인 나선형의 내리막길에서 누군가의 죽음을 목격한다. 프랭크 머니에게 이

---

3 Soja, *Seeking Spatial Justice*.

4 Kim-Cragg and Choi, *The Encounters*.

5 Morrison, *Home*.

순간은 엄청난 모순으로 다가온다. 한국전쟁에서 수많은 죽음을 목격
한 후로 그는 더이상 죽음을 목격하는 일이 없기를 바랐던 그였기 때
문이다. 집을 찾아가는 여정 내내 전쟁은 그를 유령처럼 따라다녔다.
집으로 향하는 길이 궁극적으로 종료되는 것은 집-없음homelessness에
관한 깨달음을 얻는 순간이다. 우리 모두는 프랭크 머니와 얼마간 닮
아있다. 한반도를 둘러싼 국제 정세의 긴장 상태에 관한 소식을 접할
때 우리는 일상에 어떠한 영향도 주지 않는 먼 곳의 부조리한 사태 정
도로 일축해버리고 싶은 충동을 느낀다. 혹은 여전히 지속되고 있는
시리아, 이스라엘과 팔레스타인, 콩고, 남수단 그리고 다른 여러 나라
들의 갈등에 관한 소식을, 또 이러한 갈등으로 인해 곤경을 겪고 있는
난민들에 관한 소식을 들을 때, 소망과 안식과 도울 길이 없다는 무기
력함에 사로잡힐지도 모른다. 우리의 삶이 이러한 이야기들과 직접적
으로 얽혀있지 않다고 해도 완전히 동떨어진 이야기일 수 없기 때문
이다. 지구에 거류하는 모든 사람에게는 이러한 사건들이 아주 먼 곳
에서 일어나는 일이라는 감각과 더불어 전지구적인 자각과 즉시성이
존재한다. 우리에게는 이러한 진실에 민감하게 반응하는 지혜가 필요
하다. 또한 이러한 사태들을 "저 멀리"의 것으로 보려는 쉽고 거짓
된 안전의 감각에 저항해야 한다. 사실 포스트식민주의 담론들은 "저
멀리"라는 관념을 분열시키고 전지구적 "타자들"의 경험을 "우리"가
살아내는 경험의 재료로 삼고자 하는 시도로 읽을 수 있다.6

2003년도에 작고하기 전, 에드워드 사이드는 마지막 저서로『에드
워드 사이드 자서전』Out of Place을 집필했다. 이 회고록은 많은 이들
에게 사랑을 받았는데, 이 책에는 이주라는 사이드 평생의 여정, 집을

---

6 Sharp, "Literacies of Listening,"34.

떠나 집을 찾는 경험, 가장 익숙한 장소에서 경험하는 집-없음 등이 잘 녹아있기 때문이다. 이는 유사한 경험을 갖고 있는 우리 같은 이주자들에게 큰 울림을 준다. 이 회고록에서 사이드는 그의 "여러 정체성들 사이에 존재하는 불안정한 감각"unsettled sense of many identities에 관해 고백한다.7 정체성의 불안하게 만드는 복잡성unsettling complexity of identity은 물리적인 혹은 지역적인 이주를 경험한 사람들에게서 분명히 발견되는 특징이다. 하지만 이는 국가의 경계와 관련된 일을 하는 사람들이 경험하는 것이기도 하다. 또한 이는 학제 간 작업에 관여하는 이들과 그들의 학문이 학계의 쓸모없는 이분법적 권력 싸움에 의해 확정되지 못하는 경험과 다르지 않다.8

이주는 새로운 집을 찾는 여정이다. 새로운 보금자리를 찾기 위한 탐색은 오늘날의 세계를 형성하는 가장 강력한 힘이다. 우리는 전지구적 "이주의 시대"에 살고 있다.9 이 실천신학적 주제에 관해 교실 안에서도 연구를 통해서도 적극적으로 관여할 필요가 있다. 이주 자체는 새로울 것이 없다. 사실상 이주는 고대로부터 이어져 온, 인간 현상이다. 그것은 삶의 필요에 관한 것이다. 생존하고 생활하기 위해 어떤 인간 공동체든지, 또 대부분의 살아있는 피조물은 어느 정도는 먼 곳으로 혹은 어딘가로 이동해야만 했다. 우리에게 집을 제공하는 바로 그 행성인 지구 또한 지속적으로 움직인다. 만일 지구가 이동하기를 멈춘다면 우리가 아는 것처럼 이 행성에는 더이상 생명체가 존재할 수 없을 것이다. 이주가 생명 현상의 필요로서 언제나 존재해온

---

7 Said, *Out of Place*, 6.

8 Miller-McLemore, "The Theory-Practice Binary and the Politics of Practical Knowledge," 190–218.

9 Castles and Miller, *Age of Migration*.

동안 그것이 항상 쉽거나 안전하지는 않았다. 특히 최근의 역사에서 그렇다. 캐나다인 역사학자 제니퍼 웰시Jennifer Welsh는 다음과 같이 주장했다. "제2차 세계대전은 갈등에서 비롯된 이주의 예로서 가장 명백하며 지리적으로 널리 사람들을 흩어놓았다. 복수의 국가들에서 온 망명 신청자들은 한 개 이상의 국경을 넘어온 이들이었다."10 20세기와 21세기에 일어난 이주의 규모는 너무나 거대하고 전지구적인 것이었던 만큼 우리 모두에게 영향을 미치고 있다. 그 범위와 크기는 전례가 없던 것이었으며 무서운 속도로 증가하고 있다. 2015년의 자료에 따르면 난민의 수는 총 6500만 명에 이른다고 한다. 이는 인류 역사상 최대치에 육박한 것이다.11 이것이 바로 "대량 도주mass flight"의 배경이다.12 유엔의 한 보고서에 따르면 2011년에서 2015년 사이 강제로 추방된 사람의 수가 세계적으로 50퍼센트 증가했다고 한다. 달리 말하면 매 분마다 24명의 사람들이 추방되었다는 뜻인데, 이는 성인의 평균적인 분당 호흡수의 약 두 배에 달하는 수치다.13 최근 수십년간 벌어진 이 현상의 규모는 너무나 크고 빠르고 전지구적인 것이어서 거의 파국적이라고 묘사될 수 있다.14 이러한 파국적이고 대규모로 진행되는 국제적인 도주 현상을 염두에 두고 이제 이주에 관한 사회정책을 살펴보기 위해 캐나다에 집중해보자.15 캐나다의 쟁점과 현실

10 Welsh, *The Return of History*, 121.

11 http://reliefweb.int/report/world/unhcr-global-trends-forced-displacement-2015, 2016년 12월 30일 접속.

12 Welsh, *The Return of History*, 109.

13 http://reliefweb.int/report/world/unhcr-global-trends-forced-displacement-2015, 2017년 1월 18일 접속.

14 Welsh, *The Return of History*, 109.

15 Couture, "Social Policy," 153-162.

은 미국과 유럽 국가들을 비롯한 다른 여러 선진국에 울림을 줄 수 있을 것이다.

## 캐나다: 사례 연구

캐나다의 국가적 정체성, 기원, 고유한 세계관을 형성하고 결정해 온 것은 이주였다. 캐나다는 다양한 이민의 역사를 가진 나라이며, 세계에서 가장 다문화적인 국가라는 것과 이민자와 난민을 가장 환대하는 나라라는 명성을 누리고 있다. 사실상 캐나다는 1971년에 다문화주의를 정부의 공식적인 정책으로 수립하며 이민과 시민권에 대하여 처음으로 포용적인 법령을 만든 나라이기도 하다. 하지만 안타깝게도 캐나다가 이룩한 성취에 대한 긍정적인 평가가 이야기의 전부는 아니다.

유대계 캐나다인 역사학자인 어빙 아벨라Irving Abella는 캐나다의 긍정적인 명성에 대해 이의를 제기한다. 어빙은 말한다. "캐나다가 난민과 반체제 인사들을 환영하고 세계 각지에서 억눌리고 재산을 몰수당한 이들을 언제나 앞장서서 받아들였으며, 이민자가 끝없이 밀려오는 중에도 환대하고 수용하는 태도를 보인 긴 역사를 가졌다는 것은 우리의 거대한 국가적 신화 중 하나다.… 한편 캐나다의 역사에 관한 최신 문헌에 따르면 캐나다의 기록은 우리가 자랑스러워할 만한 것이 아니다. 선주민들에 대한 처우와 더불어 흑인과 중국인, 일본인, 인도인들을 받아들임에 있어 최악이었던 역사 그리고 1930년대와 1940년대에 유대인들에 관한 역사는 이러한 신화를 잠재울 것이다."[16] 아

---

16 Abella, "Foreword," vii.

벨라가 다음과 같이 나열한 그룹들에 관한 연구는 캐나다 정부, 특히 20세기 초기의 캐나다 정부가 비-백인이자 비-그리스도교인들에게 얼마나 환대와는 거리가 먼 입장이었는지를 보여준다. 이들 그룹에 대해 간략하게 살펴보도록 하자.

## 중국인 이주자: 캐나다에 거주한 최초의 외국인 임시 노동자

2017년에 캐나다는 연방 국가로서 150주년을 맞았다. 1867년에 노바 스코샤Nova Scotia주, 뉴 브런즈윅New Brunswick주, 서던 퀘벡Southern Quebec주, 서던 온타리오Southern Ontario주 등 네 개 주는 "백인의 나라White Nation"[17]를 만들려는 시도로 새로운 국가를 형성하자는 협약을 맺었다. 1869년에 정부는 최초의 이민법Immigrant Act를 통과시켰다. 캐나다의 가장 서쪽에 자리한 브리티시 콜롬비아British Columbia주는 4년 후인 1871년에 연방에 가입했다. 브리티시 콜롬비아주의 가입은 국영 철도의 건설을 통해 동과 서를 연결하고자 하는 욕망에 불을 붙였다. 해안에서 해안으로 이르는 철도 건설 사업은 노동 인력을 필요로 했고, 이에 정부는 5만 명 이상의 중국인을 캐나다로 유입했다.

중국인 노동자들은 브리티시 콜롬비아에서 썬더 베이Thunder Bay를 잇는 철도를 건설했는데 이는 대략 동과 서를 잇는 중간 지점에 이른다. 철도를 건설하는 과정에서 몇몇 중국인 노동자들은 죽임을 당했

---

17 사회학자이자 평등학(Equity studies) 학자인 누퍼 고지아(Nupur Gogia)와 보니 슬레이드(Bonnie Slade)는 1869년~1967년을 "백인의 나라를 구성하기"의 시기라고 분류했다. 이들의 책, *About Canada*, 19을 보라.

고 많은 사람이 부상을 입었다. 캐나다를 만드는 일에 크게 기여한 이들의 노고와 희생에도 불구하고 캐나다 연방은 이들이 캐나다로 가족을 데리고 와서 함께 사는 것을 어렵게 하는 정책을 펼쳤다. 1885년에 철길을 놓는 작업이 일단락되었을 때 다수의 노동자들은 본국으로 추방당했다. 자신의 가족을 캐나다로 불러와 잔류하고자 했던 이들은 소위 "중국인 인두세Chinese head tax"라는 것을 지불해야만 했다. 이 터무니없는 세금은 가계 구성원 각각의 2년 치 임금에 해당하는 금액이었다. 이 세금은 새로운 중국인 이민자 각각에게 적용되었고 중국인들이 캐나다로 이주하는 데 장벽이 되었다. 마치 이것만으로는 부족했다는 듯이 중국인들의 이민을 저지하기 위한 다른 차별적 정책들도 적용되었다. 이러한 사회적 정책들에 따르면 중국인 이민자들은 왕실 소유지Crown Land나 투표권을 획득할 수 없었다. 브리티시 컬럼비아주에서 이들은 배심원이나 전문직 종사자로 일할 수 없었다. 정부의 이러한 정책들은 중국인 이민법Chinese Immigrant Act 혹은 중국인 배제법Chinese Exclusion Act이라고 알려진 법안에 포함되었는데 이는 캐나다 안에서 최초로 공식화된 인종에 기반한 이민 규제법이었다.[18] 20세기 초반, 중국인 이민자들을 향한 인종주의는 캐나다 전역에 만연했다. 일례로 토론토 신문의 한 기사에서는 "캐나다에 밀입국하는 중국인을 찾아내기 위한 행동"이라는 제목으로 다음과 같은 내용을 다루었다.

평균적인 앵글로 색슨 백인들은 서로 다른 중국 인종Chinese race을 어떤 수준에서도 확실하게 식별해낼 수 있는 능력을 갖추지 못하고 있다. 눈과 이목구비, 머리나 피부의 색, 동양인 특유의 횡설수설하는 말 등의

---

18 *Ibid.*, 21.

특징들을 통해 자기 앞에 서 있는 사람이 중국사람이라는 것을 알 뿐이
다. 진실을 중요하게 여기지 않는다는 점과 자신이 한 선서의 가치를 가
볍게 생각한다는 중국사람들에 관한 악명은 곤란을 가중시킬 뿐이다.
중국인 범죄자들을 확인하는 일에 그리고 이들 가장 규정하기 힘든 범법
자들을 사법처리함에 있어 사진이나 신체의 표식body marks은 큰 도움이
될 것이다.[19]

이러한 오리엔탈리즘적이고 인종주의적인 관점은 20세기 후반,
정부 차원에서 변화하기 시작했다. 다음은 공식적인 정부가 중국인
노동자들의 업무와 공헌에 대해 보다 정확하게 문서화했는가에 대한
일례다.

캐나다 태평양 철도Canadian Pacific Railways와 캐나다 국영 철도Canadian
National Railways는 유능한 전문가들을 필요로 했다. 이들은 철도의 경로
와 등급을 계획할 측량사들과 엔지니어들을, 캐나다의 상황에 잘 맞는
기관차와 객차를 선정할 전문가들을 그리고 복잡한 기계 조작을 감독할
관리자들을 필요로 했다. 그리고 지시에 따라 이러한 일들을 수행할 이
들도 있어야 했다. 허리가 끊어질 듯한 수작업을 위해 캐나다로 동원된
수천 명의 아일랜드인 노동자와 중국인 노동자들이 바로 그들이었다.[20]

캐나다 정부가 중국인들에 대한 반-이민 정책이 인종주의적이었
다는 사실을 결국 인정하고 중국인 커뮤니티에 공식 사과를 하기까지

19 1913년 1월 24일자 *Toronto Daily News* 첫 면, Gogia and Slade, *About Canada*, 23-
24에서 재인용.
20 "Growing Together: A Backgrounder on Immigration and Citizenship," 2.

120년의 세월이 걸렸다. 2006년 6월 22일, 정부는 이러한 차별적 법률 아래서 고통받은 이들에게 사죄하고 보상했다.[21]

캐나다가 비-백인이자 비-그리스도교 그룹에 대하여 발휘한 부끄럽고 차별적인 사회 정책들은 이 밖에도 수없이 많다. 제한된 지면의 한계를 감안해 추가적으로 두 그룹 정도만 더 언급하고자 한다. 코마가타 마루Komagata Maru 이야기는 1914년 5월 23일, 영국 여권을 가진 376명의 인도, 힌두, 무슬림, 시카 배경의 영국령 인도 시민citizens of British India들이 밴쿠버 입국을 거부당했던 사건이다.[22] 입국 거부의 이유는 그저 인종주의에 근거한 것이었다.[23] 결국 이들은 인도로 되돌아가야 했다. 돌아가는 여정에서 많은 이들이 생존하지 못했다. 두 번째 사례는 1941년의 일로 진주만이 공습이 있었던 제2차 세계대전에서 유래한다. 연방 정부는 2만 명의 재패니즈 캐내디언들Japanese-Canadians을 각자의 집에서 축출하고 강제수용소internment camps로 이송했다. 일본 전쟁과의 연관성을 찾을 수 없었다는 사실은 차치하고 이들 중 대부분이 캐나다에서 태어났으며 일본 땅을 밟은 적이 없었음에도, 이들은 적국적 거류 외국인enemy aliens 취급을 당했다. 심지어 어떤 이들은 일본으로 강제 송환되었으며 캐나다에 있는 그들의 집으로 되돌아올 수 없도록 막았다.[24] 이러한 이야기들은 캐나다에만 있는 특이한 사례가 아니다. 일본인 포로수용소는 미국에도 있었다. 예컨대, 리사 로우Lisa Lowe는 미국으로 이민한 아시아계 이민자들의 사례에서 이러

---

21 Gogia and Slade, *About Canada*, 24.
22 Kazimi, *Undesirables*. 그는 영화를 만드는 사람으로 코마가타 마루의 이 사건을 담은 〈계속되는 여정〉(Continuous Journey, 2004)이라는 제목의 다큐멘터리를 개봉했다.
23 Jones and Perry, eds., *People's Citizenship Guide*, 28.
24 Ward, *White Canada Forever*.

한 인종주의적이고 차별적인 정책이 미국의 국민성nationhood과 시민
권citizenship 그리고 노동labor과 법률을 형성하는 데 어떻게 기여했는지
를 공공연히 드러내고 있다고 보았다.[25]

## 아프리칸 아메리칸 이주자: 캐나다 대평원 지역에 온 최초 의 흑인

서부에서 동부로 향하는 철로가 1885년에 완성되었지만 중부에
서는 캐나다 연방에 가입하는 움직임은 그보다 더 오래 걸렸다. 알버
타Alberta주와 서스캐처원Saskatchewan주는 브리티시 콜롬비아주와 이
웃하는 주로 결국 1905년에 캐나다 연방에 합류했다. 1910년에 오클
라호마주에서 흑인 열두 가족들이 서스캐처원주 메이드스톤Maidstone
근처의 엘돈Eldon에 정착하려고 북쪽으로 이동해왔다. 조 메이예스Joe
Mayes와 매티 메이예스Mattie Mayes의 인도를 따라온 그들은 이 새로운
주에 매력을 느꼈다. 서스캐처원주는 절실하게 새로운 이민자들이 필
요했다. 따라서 그들은 "마지막Last, 최고의Best, 서부West"와 같은 대평
원the prairies을 극찬하는 홍보 문헌을 제작하고 배포했다. 미국에서 온
메이예스와 다른 흑인들에게 이주는 미국의 인종주의 정부 법에서 탈
출하는 방편이었고 자유를 향한 길에 한 걸음 더 다가서는 것이었다.
몇 년 안에 그들은 실로침례교회Shiloh Baptist Church라고 명명한 교회를
지었고 조는 최초의 사역자가 되었다.[26] 엘돈은 첫 번째 흑인 정착지

---

25 Lowe, *Immigrant Acts*.
26 Shepard, *Deemed Unsuitable*, 105.

였고 실로는 서스캐처원주의 최초의 흑인교회였다. 1905년에서 1912년 사이에 대략 천 명에서 1500명의 흑인이 서스캐처원주와 알버타주로 이민했다.

그러나 대평원으로 이주하려고 기다리는 아프리칸 아메리칸들이 더 많았음에도 아프리칸 아메리칸 이민은 1912년 이후 감소했다. 이러한 감소의 이유가 무엇이었을까? 춥고 긴 겨울이라는 혹독한 기후가 요인의 하나였을 것이다. 하지만 가장 중요한 이유는 인종주의였을 것이다. 한 보고서는 이렇게 기록한다. "백인 캐나다인들은 미국 백인들보다는 덜 대립적이었고 더 법을 잘 준수했지만, 그들도 흑인들과 공존한다는 생각에는 동일하게 혐오감을 표현했다."[27] 이것이 바로 실로 사람들이 교회 옆에 그들만의 공동묘지를 만든 이유였다. 백인 이웃들은 흑인이 백인들의 공동묘지에 안장되는 것을 허용하지 않았을 것이다. 수년 간 흑인들은 접근가능한 비-인종분리주의non-segregated 학교를 얻기 위해 고투했다. 다른 이민자 가족들처럼, 흑인들도 자녀들을 위한 더 나은 교육을 요구하면서 더 나은 미래를 확보하기를 원했다. 결국에는 흑인들의 바람과 매우 반대로 흑인들은 인종분리주의 학교를 받아들여야만 했다. 그러나 모든 백인이 새로 온 이들을 환대하지 않았던 것은 아니었음도 언급되어야 한다. 학군 이슈를 조사했던 주 하원의원the provincial Member of the Legislative Assembly 라일 J. P. Lyle이 바로 그러한 경우였다. 라일은 인종주의에 주목했고 아프리카 아메리칸들의 글에 공감했다. "내가 보기에는 흑인들의 구역이 충

---

27 http://www.quillandquire.com/review/deemed-unsuitable-the-search-for-%20equality-in-canada-s-prairie-provinces-by-blacks-from-oklahoma. 2017년 2월 1일 접속. 원문은 이탤릭체임을 주의하라.

분히 넓지 않다. 그들이 따로 떨어져 있는 것이 더 나을 수 있음에도 불구하고 그들의 진정을 바탕으로 나는 우리가 이 나라의 어떤 영국 국민과 다르게 흑인들을 대우하는 불의를 저지르고 있다는 사실을 믿는 쪽으로 인도되었다."[28] 라일과 같은 백인들이 더 있었다. 가령 메이블 록하트Mable Lockhart 선생은 1931년 알버타주 엠버 밸리Amber Valley 의 실버 폭스Silver Fox 학교에 부임했다. 록하트가 부임하자마자 학교가 인종적으로 섞여 있음에도 흑인 학생들에게 적대적 태도를 지닌 사람들이 많다는 사실을 알아차렸다. 록하트는 이 인종주의를 다루어야겠다는 강력한 충동을 느꼈다. 록하트는 "백인 우월주의라는 이 개념과 싸우기 위해서 피부색에 관련된 한 내가 그들을 동등한 대상으로 여기는 모든 어린이들에게 피부색이 아니라 행동이 진정한 가치를 평가하는 모든 중요한 요인이라는 인상을 주기 위해서 특별한 노력을 기울였다.… 노력이든 성취이든 간에… 백인 어린이에게 칭찬이 주어질 때마다 그와 똑같은 칭찬이 흑인 어린이에게도 주어졌다."[29] 백인 정부 관료와 교육자들의 이러한 확신에도 불구하고 엘돈 회의는 인종적으로 혼합된 학군을 만들기를 허용하지 않았다. 아프리칸 아메리칸들은 항의했고 몇몇 백인 정착자들이 흑인들을 지지했지만 교육부가 인종분리주의를 부과할 권한을 지니고 있었다. 문제의 핵심은 구조적 인종주의structural racism였으며, 이는 사회정책으로 체계적으로 승인되었다.

이 사회적으로 승인된 억압적 정책을 적절하게 다루기 위해서 파멜라 코처Pamela Couture는 개인적 문제들을 "더 포괄적인 사회-생태적

28 Shepard, *Deemed Unsuitable*, 110.
29 *Ibid.*, 106-7. 원문은 이탤릭체임을 주의하라.

의미 안에 있는 권력이 사람들의 지역적 삶을 형성하는 방식으로" 공동체적이고 사회적 문제와 연결된 것으로 간주하는 "전략적strategic 실천신학"을 주장한다.30 엘돈 학교 구역의 사례는 그러한 접근이 적용될 수 있었던 주요한 사례다. 특정한 실천과 정책들은 억압적 실천이 사람들에게 개인적으로 영향을 미치는 동안, 그것들이 항상 법적으로 정당화되는 사회 체계와 불가분하게 연결되어 있다는 사실을 분명하게 보여준다. 가령 많은 흑인이 국경 경비요원들에 의해 기나긴 인터뷰와 의료 검사들을 받아들여야 했다. 경비요원들이 제시하는 충분한 자격을 갖추지 못했다는 이유로 많은 사람들의 입국이 거부되었다. 만약 정부 공무원이 흑인들을 거부할 사유를 찾을 수 없었다면, 50달러의 입장료(오늘날의 환율로는 5000불에 해당한다)를 부과했다.31 요컨대, 실천신학이 정말로 사람들의 삶의 웰빙을 강화하기를 추구한다면, 실천신학은 구조적이고 체계적이며 사람들의 개인적 삶에 영향을 미치고 있는 억압적 쟁점들을 다루어야만 한다.

알버타주의 상황도 크게 다르지 않았다. 알버타주에서는 특히 에드먼턴Edmonton시 주변에서 아프리칸 아메리칸 이민의 흐름에 대한 많은 관심이 있었고 다양한 그룹이 청원을 조직했으며 그 결과 1911년 8월 12일에 윌프레드 로리에Wilfred Laurier 연방 보수당 정부는 다음과 같은 법안을 의회에 제출하고 승인했다. "흑인종the Negro race에 속한 이민자들은, 그 인종이 캐나다의 기후와 요구조건에 부적합하다고 여겨지며,… 캐나다에 입국하는 것을 금한다."32 로리에 정부의 법안은

---

30 Couture, "Social Policy," 157. "전략적 실천신학"이라는 이 용어는 돈 브라우닝이 목회사역과 연결된 실천신학의 부분을 지칭할 때 고안된 것이었다. Browning, *A Fundamental Practical Theology*을 보라.

31 Gogia and Slade, *About Canada*, 21.

즉시 기각되었고 전혀 법률로 시행되지 않았다. 그럼에도 불구하고 이 문서는 아프리칸 아메리칸이 미국에서 북쪽인 캐나다로 이주하는 것을 막으려고 시행되었던 여러 다양한 정부 정책안들과 함께 흑인 이민의 흐름을 저지하는 데 일조했다.

## 전지구적 이주의 상황에서 포스트식민주의 조건들을 위치시키기

위에서 고찰한 캐나다 역사의 측면들은 캐나다라는 국가nation가 시작할 때부터 백인 유러피안 캐내디언, 특히 지방 정부와 연방 정부에 권력을 지닌 이들이 비-백인들이 캐나다에 들어오거나 정착하지 못하게 하려고 매우 열심히 일했다는 사실을 공고히 보여준다. 하지만 이는 과거의 일이 아니다. 오늘날 캐나다에서 인종화된 사람들을 배제하고 주변화하려는 노력은 계속된다. 아이러니하게도 그 노력은 헛된 것으로 보인다. 이는 특히 오늘날 캐나다의 대도시들을 살펴볼 때 명백하다. 캐나다에서 가장 큰 도시들에는 비-백인들이 백인보다 더 많이 있거나 조만간 있게 될 것이다. 2031년까지 가시적 소수인종 visible minorities 중 대다수(71퍼센트)는 토론토나 밴쿠버, 몬트리올에 살고 있을 것으로 추정된다.33 캐나다의 변화하고 있는 얼굴은 부분적으로 1971년 다문화주의 법multiculturalism act 덕분이다. 무엇이 이 법

---

32 Government of Canada, Order-in-Council no. 1324, 12 August 1911, Shepard, *Deemed Unsuitable*, 86에서 재인용. 원문은 이탤릭체임을 주의하라.

33 http://www.statcan.gc.ca/pub/91%E2%80%93551-x/91%E2%80%93551-x2010001-eng.pdf.

을 가능하게 만들었는가? 무엇이 캐나다의 전환점이었는가? 이민자 없이 캐나다 자체로는 번성하기는커녕 생존할 수 없으며, 생존하지 못할 것임이 너무나도 명백하다. 나는 오늘날 모든 나라에 똑같이 적용된다고 주장할 것이다. 사이드는 20년보다도 더 이전에 제일세계의 대도시 중심은 생존을 위해서 세계의 나머지가 필요하다고 주장했다.[34] 이 장의 서두에서 언급했던 것처럼 이주는 인간 운명의 일부이며 삶의 불가피한 점이다. 캐나다도 예외가 아니다. 하지만 1971년 캐나다의 다문화주의 법조차도 포스트식민주의 현실, 우리가 아는 세계를 형성한 현실과 밀접하게 연결되어 있다.

아프리카와 아시아, 라틴 아메리카의 식민화된 나라 대부분이 유럽의 식민주의 권력(영국, 프랑스, 네덜란드, 독일)으로부터 정치적 독립을 확보하기 시작했을 때,[35] 1947년에 인도가 대영제국으로부터 독립을 쟁취한 것은 해방의 연쇄의 첫 번째 사건이었다. 이러한 세 대륙의 식민화된 나라 대부분은 1960년대에 정치적 독립을 얻기 시작했지만,[36] 1980년대에 그들의 투쟁은 아시아와 라틴 아메리카에서 군사 독재에 저항하고, 남아프리카공화국의 아파르트헤이트에 대항하는 투쟁의 형태가 되었다. 이러한 십 년의 기간에 여러 비판적 신학들, 즉 해방신학, 여성주의신학, 우머니스트신학, 생태신학이 주변화된 이들과 연대하면서 인간의 고통과 억압 모두에 반응하는 하나의 방식으로 발전했다. 이러한 접근들은 공공신학public theology으로서 신학의 작업을 위한 유효한 신학적 대화 파트너인 사회적 쟁점들에 관

---

34 Said, *Culture and Imperialism,* 262-336.
35 라틴 아메리카의 몇몇 나라들은 스페인으로부터 1947년보다 더 빨리 독립을 획득했다는 사실을 주의하라.
36 Ashcroft, Griffiths, and Tiffin, *The Empire Writes Back,* 2.

여했다.37

　이러한 장소에서 독립정부를 건립하기를 추구하는 식민화된 나라들 대부분은 20세기 후반과 21세기 전반에 내부 갈등과 정치적 무능이라는 장애물을 마주했다. 공식 식민주의 정권이 끝났어도 식민주의 유산들과 투쟁은 끝나지 않았다. 그들의 과거는 현재를 계속해서 쫓아다니고 있다. 과거의 식민주의 폭력의 충격을 고려하지 않고서는 이해될 수 없음에도 불구하고 이것이 우리가 "포스트식민주의 조건postcolonial condition"을 과거의 현실이 아니라 현재의 현실이라고 부르는 것이다. 접두사 "포스트post"는 "이후after"로 읽히는 포스트라는 개념을 문제화시킨다. 현실에서 "제국주의는 식민지 없이 계속된다."38 포스트식민주의 조건은 다른 지정학적 투쟁과 복잡한 지형을 설명하면서 진보의 직선적 개념에 도전하고 고의적으로 시간성과 장소성을 혼란스럽게 만든다.39 이러한 투쟁은 대개 사람들을 집을 떠나도록 이끈다. 제니 대거스Jenny Daggers는 영국의 관점으로 포스트식민주의 시대가 "이전에 식민지들에서 영국의 대도시로 역이주가 이루어지기에 현대 영국의 풍부한 소수민족과 종교적 다양성을 창조하는 시기"라고 주장했다.40 그 결과는 이러한 식민화된 나라들로부터 또 그 나라들 내부에서 유럽의 국가들과 캐나다를 포함하여 유럽의 정착자들의 나라들로 이주의 거대한 유입과 더불어 나타나는 공간과 시간의 변화다.

　한때 영국의 식민지였고 또 선주민들에게는 식민주의자였던 캐나

---

37 Couture, "Social Policy," 154-155.

38 McClintock, "The Angel of Progress," 295.

39 Kim-Cragg, *Story and Song*.

40 Daggers, "Postcolonizing 'Mission-Shaped' Church," 186.

다의 이러한 혼종적 역사는 이러한 지리-정치적 관계의 복잡한 얽힘 속에 위치하고 있다. 과거 식민화된 이러한 나라들의 폭력과 빈곤, 부패, 경제적 정치적 무능력의 문제들은 식민주의 유산, 잔인하고 억압적인 식민주의 역사의 일부로 보아야 한다. 캐나다가 정부가 그들을 명명하는 것과 같이 이민과 난민을 둘러싼 문제들도 국경 감시와 국경 통제를 포함한 복잡한 포스트식민주의 조건과 함께 존재하는 식민주의 유산의 일부다. 우리는 캐나다와 다른 나라들에서 식민주의 프로젝트로서의 민족-국가nation-state의 구분에 대하여 더 넓고 더 섬세한 대화를 해야 한다. 윌리엄 카바노프William Cavanaugh는 교회 공동체의 개념을 이주자에 대해 강요된 국경에 근거한 민족국가가 도전받는 "대안적 사회 공간들"로 소개한다. 그는 우리가 그리스도인의 정체성을 순례자 정체성으로, "제국의 응시에 의존하지 않는 이동성의 하나의 모델"로 재발견할 수 있다면 이러한 논쟁은 효과적일 수 있다.[41] 이러한 아이디어는 국경 제국주의border imperialism를 무효로 할 것을 촉구하는 캐나다 활동가인 하샤 왈리아Harsha Walia 같은 사람들에 의해서 비-신학계 안에서도 공유된다. 그녀는 국경들과 국경 보안이 제국주의적이라고 주장한다. 그것들이 서구가 이전의 식민지들에 대한 정치적, 경제적, 문화적, 사회적 지배의 불평등한 관계를 유지함으로써 서양의 지배를 연장하고 도입하는 것을 강화하기 때문이다.[42]

불평등한 반면에 서양은 난민들이 식민주의 대도시로 이주하는 현재의 유입이 보여주는 것처럼 이러한 관계성에 영향을 받고 때로 도전을 받는다. 무사 두베Musa Dube는 우리 모두가 포스트식민주의 조

---

41 Cavanaugh, *Migrations of the Holy*, 42, 79.
42 Walia, *Undoing Border Imperialism*, 24.

건의 모순과 약속에 종속되어 있다고 옳게 지적한다. 이 포스트식민
주의 조건은 "식민주의 과정에서 시작해서 정치적 독립을 위한 투쟁,
독립의 획득을 거쳐 현대의 신식민주의 현실로 이어지는 제국주의의
근대 역사"에서 만들어졌다.[43] 이러한 조건에 적절하게 대응하기 위
해서 우리는 현재를 과거와 연결시키는 능력과 우리의 특정한 현실을
더 넓은 전지구적 현실들의 관점에서 비추어 보는 능력이 필요하다.
두베는 이러한 능력을 "연관된 모든 것과 모든 사람의 존엄을 인정하
고 긍정하는 관계의 상호의존 되어있음을 강조하는 해방하는 상호의
존성에 대한 전지구적 윤리적 헌신"의 요청으로 정체화한다.[44] 그러
나 "해방하는 상호의존성"과 더불어 살아간다는 이러한 목표는 꿈꾸
기는 쉽지만 현실에서 이루기는 어렵다. 이주의 도전은 남아 있다. 타
자와의 만남이 불가피하지만, 이러한 만남이 전혀 평등하지 않기 때
문이다. 이러한 문제를 살펴보는 것은 우리가 이주를 실천신학의 주
제로 논의할 때 필요하다.

## 타자들의 재현의 문제

자발적이든, 비자발적이든 간에 이주는 타자와의 만남을 수반한
다. 이주는 장소의 거주자로서 이미 살아가는 이들과 같은 장소로 옮
겨오는 이들 사이의 접경지대contact zone를 창조한다. 여러 상황에서 이
러한 접경지대는 전투지대가 되어 분쟁이 나고 몇몇 극단적 경우에는

---

43 Dube, *A Postcolonial Feminist Interpretation of the Bible*, 15.
44 *Ibid.*, 18, 186.

인종 청소와 문화적 대량학살의 형태의 폭력으로 이어진다. 그 결과로, 이주가 식민주의 이주가 아니라면, 거주민의 변위와 이주자의 입장에서 문화적 동화를 모두 수반한다. 하지만 식민주의 이주의 경우라면 이러한 조건은 뒤바뀐다.

미국에서 살아가는 중국계 이주자인 곽퓰란Kwok Pui-lan은 이렇게 잘 정리한다. "접경지대는 다른 지정학적, 역사적 배경을 지닌 사람들을 서로 서로가 접촉하도록 불러들이는 식민주의 만남의 장소이며, 보통 불평등과 갈등하는 관계로 형성된다. 비대칭적 권력과 함께 일어나는 두 문화 사이의 상호작용은 종종 자발적이지 않고 일차원적이지만 갈등과 균열과 저항으로 가득하다."45 알제리 포스트식민주의 학자인 프란츠 파농Frantz Fanon은 이러한 탈식민화decolonization 상호작용을 "실제로 그들의 특이성은 식민주의 상황에 의해 숨겨지고 양육된 종류의 구체화 덕분인, 선천적으로 적대적인 두 개의 힘들 사이의 만남"이라고 불렀다.46 여기서 권력의 비대칭은 중차대하다.

재현의 개념도 핵심이 된다. 재현하는 이들과 재현되는 이들은 대개 누가 권력을 가졌는가에 따라서 접경지대에서 구분된다. 재현의 문제를 악화시키는 것은 권력자들이 만든 재현이 재현되고 있는 실제 사람보다 더욱 정확하다고 여겨진다는 사실을 깨닫는 것이다. 여기에 강력한 재현 서사가 작동하고 있다. 미국으로 이주한 영국 포스트식민주의 학자 로버트 영Robert Young은 이 쟁점에 대해 유용한 유비를 제공한다. "우리는 성탄절의 이미지로 포근하게 눈이 덮인 풍경의 사진을 인식한다. 세계의 여러 곳에서 성탄절이 실제로 전혀 그렇게 보이

---

45 Kwok, *Postcolonial Imagination and Feminist Theology*, 82, 43.
46 Fanon, *The Wretched of the Earth*, 2.

지 않는데도 불구하고 말이다." 영은 심지어 영국에서도 성탄절은 "대
개 온화한 날이고 눈도 거의 없지만… 우리가 신화적인 순백의 성탄
절이 완전히 허위라는 사실을 알게 되었을 때도 우리는 이러한 재현
의 모드를 유지한다."[47] 전형적 그리스도교 나라에서 많은 그리스도
인이 하는 것처럼 평온하고 조용한 방식으로 성탄절을 기리는 현실보
다도 더욱 비-그리스도교 국가들의 거리에서 성탄절 전시에서 산타
클로스 캐롤을 시끄럽게 연주하고 성탄절 나무 아래 아름답게 포장된
선물들이 놓고 성탄절을 재현하는 것처럼 보인다고 해도 그리 놀랄
일이 아니다.

에드워드 사이드는 어떻게 유럽인들이 유럽인들의 세계 지배를
정당화하고 서양과 동양을 포함한 나머지 세계 사이에 권력 불균형을
강화하기 위해서 식민주의 의제로서 동양을 타자의 체계적 재현으로
구성했는지를 보여준다.[48] 이에 대한 하나의 사례를 1900년대에 캐
나다에 살던 중국 사람들이 어느 신문에 "악명 높고" "가장 교묘하게
빠져나가는 범법자"인 "범죄자criminals"로 묘사된 방식에서 발견할 수
도 있을 것이다. 악당, 위험한 이방인으로서의 이주자라는 개념 자체
가 그들을 외국인aliens으로 대우한다. 이주자에 대한 이러한 악한 이
미지들은 과다-재현된다. 이주자들은 매혹의 자료이며 혐오감의 자
료가 된다. 그들은 "거리에 만연한" 이방인들이라는 인물이 되며, 그
들은 "기존의 거리에 존재하는 것 자체로 위험"을 제기한다.[49] 실제로,
이주자를 야비한 존재로 이렇게 과다-재현하는 것은 그들이 우리 사

---

47 Young, *Postcolonialism*, 82.
48 Said, *Orientalism*, 202-203.
49 Ahmed, *Strange Encounters*, 3.

회에 위협적인 존재나 우리 경제의 부담으로 묘사되는 서사들을 가능하게 만든다. 또는 그들은 우리의 직업을 훔친다. 또는 그들이 테러리즘을 키운다. 그러한 수사법이 만연하다.

비판적 페다고지 학자인 헨리 지루Henry Giroux는 재현의 문제를 지정학적, 존재론적 의미뿐만 아니라 문화적, 지적 의미로 돌려버린다. 국경을 넘는 경험이 대개 불안정한 반면, 이 경험은 전복적이고 저항적인 무엇인가로 변할 수 있다. 지루는 이주의 과정이 "지배적 역사와 코드, 관계의 유산이 불안정화되고 따라서 도전받고 다시 쓰이도록 개방되는 페다고지의 투쟁의 장소가 되었다"고 주장한다.50 지루의 통찰은 타자들의 재현이라는 쟁점이 제기되었을 때 실천신학자들이 우리 자신의 공모와 안주를 폭로하면서 내부적 비판을 갖추도록 권장한다. 하나의 학과로서 실천신학에서는 진심으로 탈식민화하는 태도와 실천을 체현함으로써 실천신학의 식민주의화하는 특권을 인식해야 한다.51

지루와 유사하게 강남순은 변위, 국경넘기, 이주 경험의 신학을 분명하게 표현한다. 강남순에게 디아스포라의 입장은 "지정학적, 역사적 장소"가 재료이고 디아스포라의 의식을 구성하는 데 현저하게 기여하는 고통스러운 현실임에도 불구하고 그에 국한되지 않는다. 차라리 디아스포라적 의식은 "인식론적이거나 신학-정치적theopolitical, 은유적인 입장 또는 위치"를 포함한다.52 강남순은 여성주의 신학을 한다는 것은 디아스포라 입장을 취하는 것이라고 추론한다. 왜냐하면

50 Giroux, *Living Dangerously*, 40, 50.
51 Sharp, "Globalization, Colonialism, and Postcolonialism," 425.
52 Kang, *Diasporic Feminist Theology*, 3.

이 디아스포라 입장은 "신학 담론의 전통적으로 [가부장적] 규범적인 한계"에 이의를 제기하기 때문이다. 그녀는 계속해서 주장하기를 "이성애가 성적 규범성으로 여겨지는 사회에서, 기본값으로 설정된 성은 성적으로 소수자인 사람들을 디아스포라 입장에 처하게 한다."[53] 강남순은 "이론화하기 위해서 사람은 집을 떠난다"고[54] 분명하게 선언한 제임스 클리포드James Clifford에 동의한다. 따라서 이론화하기theorizing로서의 신학화하기theologizing는 사유하기와 실천하기의 익숙한 방식을 몰아내면서 낯선 것의 공간들로 모험하기 때문에 디아스포라적이다. 성서 해석학은 특히 성서의 이주 경험을 읽고 해석할 때 디아스포라적 이론화하기를 또한 수반한다.


## 예수의 가족을 난민으로 해석학적으로 읽기

예수의 가족 이야기에 대한 특정한 해석을 나누기 전에 참조점으로 학제적 공동작업의 까다로움을 주의해야 한다는 당부를 남기고 싶다. 아래에 언급될 이 해석학은 한국인 히브리성서 학자와 함께 작업하던 책 프로젝트에서 나온 것이다. 우리는 모두 이주라는 렌즈를 통해 성서를 다시 읽는다는 게 일종의 고투라는 사실을 깨달았다.[55] 실천신학자에게 자기 분야 너머의 지식의 장에 관여하는 것은 익숙한 일이 아니었다. 학제적 공동작업은 실천신학의 핵심적 특징이다.[56]

---

53 *Ibid.*, 17.

54 Clifford, "Notes on Theory and Travel," 177.

55 Kim-Cragg and Choi, *The Encounters.*

56 Cahalan and Mikoski (eds.), *Opening the Field of Practical Theology*, 4.

그러나 이러한 공동작업은 분명히 집을 떠나서 우리 모두가 알지 못
하는 사유의 영역과 경계를 여행하는 익숙하지 않은 경험이었다. 학
제 간 공동작업은 어느 정도의 협상과 취약성이 필요한 일이었다. 조
이스 앤 머서Joyce Ann Mercer는 학제적 작업을 난제conundrum, 불가피하
지만 불가능한 딜레마라고 명명했다. 머서는 학제적 작업을 충분히
성취하기는커녕 그 안에 학제적 작업에 관여하는 일의 어려움이 충분
히 많다고 언급했다. 이 작업을 역설적이고 불가해하다고 부르는 것
은 부정적인 것이 아니다. 그와 반대로 머서는 학제적 작업이 구성적
창조성을 발생시키고 신학함의 다른 방식들을 제공하는 자신의 방법
을 불안정하게 만든다고 주장한다.57

　　나에게 (나의 공동저자보다 더) 학제적 작업의 또 다른 어려움은 처
음부터 한국어로 책을 쓴다는 것이었다. 이것 역시 익숙한 공간에서
익숙하지 않게 되는 디아스포라적 입장 속에 있는 이주 경험의 또 다
른 면모였다. 내가 오랫동안 한국 학술적 글쓰기의 영역에서 변위되
어dislocated 있었으므로 다시 모국어로 돌아가서 이 작업을 진행한다는
것이 어려웠다. 이는 한동안 쓰지 않았던 뻣뻣한 근육을 다시 쓰는 것
같았다. 실천신학자들은 우리 몸이 기억하는 저장소로서 신체적 앎이
중요하다는 점을 알려주기 위해서 "근육에 배인 끈질긴 습관"persistent
muscular habits이라는 용어를 제시했다.58 우리가 특정한 의례를 실천하
고 특정한 관습을 준수할 때 우리는 근육에 배인 습관을 발달시킨다.
메리 맥클린톡 펄커슨은 부르디외의 하비투스habitus라는 개념을 설명
하면서 하비투스가 신체적 지혜로서 기여한다는 점을 강조했다. "변

57 Mercer, "Interdisciplinarity as a Practical Theological Conundrum," 163–189.
58 Witvliet, "Teaching Worship as a Christian Practice," 127.

함없는 행동을 함의하는 습관habit이라는 단어를 대신해서 하비투스 habitus라는 용어를 선택함으로써, 부르디외는 애매하면서도 효과적이고 누적적인 지식을 묘사한다.… 따라서 중요한 능력은 단지 추상적 종류의 지식이 아니라 상황a situation을 소통하거나 반응하는 능력이다."59 내 변위된 정체성과 경험으로 내 모국어 능력이 완전히 빼앗긴 것처럼 느껴졌다. 마치 예전에 가지고 있는 지성적/언어적/문화적 능력을 잃어버리는 단기 치매를 겪고 있는 것 같았다. 하지만 이주의 상황에 반응하기 위해서 그 능력이 완전히 잊힌 것이 아니라는 사실을 알아채고 안심했다. 느리기는 했지만 분명하게 내 몸이 기억한다는 점을 알아챘다. 그렇다고 그 능력이 완벽한 것이 아니라는 사실도 깨달았다. 무엇인가는 정말로 상실했다. 다시 한번, 이것이 균열되었지만 여러 곳에 위치한multiply-located 이주자로서의 내 정체성의 일부임을 인정해야 했다.

그 책을 위해 학제적 글쓰기와 연구를 진행하면서 언급할 만한 참조점을 한 가지 더 제시하면, 성서를 읽는 해석학적 접근으로서 이주를 활용해서 어떻게 젠더가 작동했는가 하는 점이다. 공동저자인 히브리성서 학자 동료와 나는 모두 당당한 여성주의자였음에도 불구하고 애초의 의도는 책의 주된 초점을 성서의 여성을 포용하려는 것이 아니었다. 하지만 성서에서 이주 경험을 했던 사람이 대부분 여성들이었기 때문에 우리는 여성들에게 초점을 맞출 수밖에 없었다. 이러한 성서 여성들은 집을 떠나 땅과 인종, 문화, 종교의 국경을 넘었던 사람들이다. 이는 이주, 특히 강요된 이주가 사회적으로 취약하고 경제적으로 주변화된 이들에게 영향을 미치는 조건이라는 사실을 확증

---

59 Fulkerson, *Places of Redemption*, 43-46.

했다. 그 결과 성서 시대의 여성들은 오늘날의 여성들과 마찬가지고 이주자가 되고 말았다. 캐트린 태너Kathryn Tanner는 전형적인 가족과 젠더 역할을 종교적으로 탈-전통화하고 변화시키는 데 기여하고 있는 젠더화된 전지구적 이주라는 이슈를 제기했다.[60] 태너의 관찰은 필리핀 선주민이며 현재 오스트레일리아에 살고 있는 젬마 투루드 크루즈Gemma Tulud Cruz의 연구에 의해 지지되고 있다. 크루즈는 홍콩에 거주하는 필리핀 여성들을 지구화로 인한 초국가적 이주의 사례로 보고 그들이 집에서 부재하게 된 상황이 어떻게 필리핀에서 가족와 젠더 역할을 탈-전통화하고 있는지를 고찰한다. 동시에 이들을 수용하는 국가들에서도 필리핀 여성들의 등장은 그들 가족들의 이러한 역할들을 변화시키고 있다. 크루즈의 연구는 신학적 성찰의 장소로서 이주의 필요를 입증하며 여성들의 관점과 여성주의 관점에서 이주의 간문화적 신학intercultural theology of migration을 분명히 표현한다.[61]

이 도입부와 함께 마태복음 2장으로 넘어가자. 마태복음은 예수의 가족을 난민으로 묘사하는 유일한 복음서다. 그리스도인에게 예수 탄생 이야기는 중심축이다. 그리스도교 역년은 대림절, 예수의 오심, 성탄절이라는 정점, 예수 탄생의 축하로 시작한다. 디드리 코넬Deirdre Cornell에게 예수는 "확실히 출애굽기와 유배의 여정에서 고통스럽고 친밀하게 이야기된 사람에게 속하기 위해서 ―하늘에서 이주해서 난민 가족에게서 태어난 하나님"이다.[62] 이러한 예수 탄생의 축하는 예수 안에 나타나신 하나님을 축하하면서 동방박사들이 아기 예수를 방

---

60 Tanner, "Globalization, Women's Transnational Migration, and Religious De-traditioning," 544-560.

61 Cruz, *An Intercultural Theology of Migration*.

62 Cornell, *Jesus was a Migrant*, 12.

문한 것을 기념하는 주현절Epiphany 절기로 이어진다. 그레고리우스력 the Gregorian calendar을 따르는 서방 교회에서는 주현절을 1월 6일, 성탄절 후 12번째 날에 기린다. 율리우스력the Julian calendar을 따르는 동방 교회에서는 성탄절은 1월 7일이며, 주현절은 1월 19일에 해당한다. 4장에서 논의했던 것처럼, 어떤 학자들은 이러한 차이를 그리스도교 예배 실천과 성서 해석에 체현된 종교적, 신학적 다양성의 증거로 본다. "예루살렘에서 유래한 1월 6일의 축제는 성탄을 이중으로 축하하는 결과를 낳았다. 성탄절에는 말씀의 성육신(요한) 또는 목자에 중점을 둔 탄생 장면(누가)을, 주현절에는 동방박사의 방문(마태)을 강조한다."[63]

동방박사와의 만남은 예수와 그의 가족의 삶의 경로를 바꾸었다. 마태복음에 따르면 동방박사들은 단지 별을 따라서 유대인의 왕이 될 새로 태어난 아기를 찾기 위해서 여행한 동쪽에서 온 사람들로 묘사된다. 이러한 동방박사는 "타자들others"이고 외국인이며 유대 사람들과 다르며, 아마도 다른 민족성을 지니고 다른 언어로 말하고 다른 문화적, 종교적 소속을 가졌을 것이다. 우리는 이들에 대해 별로 알지 못하지만 이들이 별에 대한 관심을 지닌 박학다식한 사람들이었다는 것을 추정할 수 있다. 더 나아가 시대의 징조를 읽고 미래를 예측하는 능력과 관련된 동방박사들의 지혜에 주의해야 한다. 우리는 동방박사들이 모두 같은 장소 출신인지의 여부를 알지 못한다. 또한 예수께 드린 세 개의 선물 때문에 동방박사가 세 명이었다고 생각하지만 그들이 모두 몇 명이었는지도 분명하지 않다. 하지만 이러한 알 수 없는 모든 것들과 함께 그들이 예수와 예수의 가족과 다르며 기이한 지식

---

63 Ruth, Steenwyk, and Witvliet, *Walking Where Jesus Walked.*

과 비싼 선물을 가지고 다른 땅에서 온 비-유대인인 타자the Other였다
는 사실을 명백하다. 이 이야기에서 그들의 현존은 열방을 향한 하나
님의 의로운 목적이라는 비전을 예언하는 구절들인 이사야서 2장
1-4절과 시편 72편 10-11절을 상기시킨다.64 게다가 동방박사들 자
체가 심지어 오늘날에도 그들의 이야기를 읽고 다시 이야기하는 예수
의 추종자들에게 선물이 되고 있는 만큼이나 예수와 예수의 가족에게
도 선물이 되었다. 누군가는 막 새로 태어난 아기로 예수는 인지하지
못했을지도 모르지만, 예수가 경험한 최초의 문화 사이의 만남은 동
방박사들과의 만남이었다고 말할 수 있겠다. 예수 탄생의 시작, 그리
스도교 이야기의 창세기는 현대인들의 이주의 경험과 잘 통하는 문화
사이의 만남과 긴밀하게 연결되어 있다.65

식민주의 조건을 이 혼합적 상황에 대입해보자. 식민주의 지배와
식민화된 이들의 저항의 복잡한 관계를 다루지 않고서 예수 탄생을
이해할 수 없다. 과감하게 말하자면, 그리스도교 성서 전체가 로마 제
국과 "로마의 충성스러운 꼭두각시 왕이자 협력자요, 행위자"인 헤롯
으로 대변되는 유대교 종교적 권세와의 복잡한 관계를 맺고 있다.66
메시아의 도래를 기다리는 평범한 유대인들의 희망과 믿음은 이 메시
아의 도래를 염려하는 헤롯의 두려움과 마주치게 되었다. 희망과 두
려움은 동전의 양면과 같으며, 그 위험하면서도 대담한 이야기가 마
태복음 2장에 담겨 있다. 이것이 바로 동방박사의 이러한 방문이 중요
한 이유이며, 헤롯이 동방박사들에게 염탐해달라고 부탁할 수밖에 없

64 Carter, "The Gospel of Matthew," 69-104.
65 Kim-Cragg and Choi, *The Encounters,* 105.
66 Carter, "The Gospel of Matthew," 80.

었던 이유다. "가서 그 아기를 샅샅이 찾아보시오. 찾거든, 나에게 알려주시오"(마 2:8). 동방박사의 이 염탐 활동은 아기 예수의 죽음으로 끝날 수도 있었지만, 그들의 꿈에서 헤롯에게로 돌아가지 말라는 경고를 받았을 때, 이는 재빨리 뒤집혔고 이내 경탄할 만한 일로 바뀌었다. 여기서 우리는 헤롯에 반대하는 동방박사들의 용감한 행동에 감탄할 수 있다.[67] 동방박사들이 진짜 왕을 구하고 존경을 표하는 동안에 가짜 왕을 속일 수 있었다(마 2:11). 그들의 방문을 가리키는 데 사용된 동사는 "대개 왕에 대한 정치적 충성과 복종을 표기한다."[68] 소위 이방인이었으며 비-유대인이 바로 최초로 예수를 진정한 왕이요, 메시아로 선언한 이들었다. 동방박사들은 하나님의 영광을, 하나님의 생명을 구원하시는 힘과 자비를 드러냈다. 실제로 예수의 삶은 타자의 자비에 달려 있었다. 짧게 말하면, 예수는 사랑을 주는 이일 뿐만 아니라 사랑을 받는 이기도 하다. 선한 사마리아인의 비유는 이러한 상호의존성을 가르쳐줄 수 있다.[69] 이 비유에서 반쯤 죽은 이는 이주 현실에서 마주하는 타자의 도움을 받는 취약한 사람이 됨으로써 상호의존적 관계의 모델이 된다. 이러한 뒤바뀐 관점은 "사람들을 창조하고 빚어가는 성령의 사역을 보다 충만한 표현인 지구적 교회를 향하여 자신의 특정한 교회공동체 너머에 있는" 이들에게 동일시하지 못한 채로 그저 자기 자신과 같은 사람들로 교회 구성원을 유지하는

---

67 Kim-Cragg and Choi, *The Encounters*, 111.

68 Carter, "The Gospel of Matthew," 81.

69 Kim-Cragg, "To Love and Serve Others," 23-32. 여기서 내 의도는 선한 사마리아인의 비유를 선한 사마리아에 관한 것이 아니라 반쯤 죽은 이와 그들 자신을 동일시했을 유대인들에 대한 것임을 주장함으로 이 비유를 해석하려는 것이다. 이 비유는 타자, 청자들이 경멸(이 경우에는 유대인)하던 사람에게서 사랑을 받는 일에 대한 예수의 가르침으로 이해될 수 있다.

일에 몰두하는 그리스도인들에게 새로운 방향을 제시한다.[70]

대림절과 성탄절의 예전적, 신학적 의미가 우리 신앙 형성에 근본
적이고 우리의 "예전적 고국liturgical homeland"으로 기능하는 동안에,[71]
그 의미들은 또한 우리가 안전지대our comfort zone에서 벗어나도록 할
수 있다. 보통 대림절과 성탄절을 합한 기간보다 더 오랫동안 기념하
는 주현절 절기에, 동방박사 이야기와 난민으로서 예수의 가족 이야
기는 우리가 그들의 중요하고 고되며 기나긴 이주 여정을 상상하고,
식민주의 권력과 살인적인 군사적 폭력에 맞서는 전복적이고 용감한
저항 행위를 상상하도록 도와준다. 우리가 우리의 가르침, 그리스도
교 지혜, 신앙 형성, 예전, 교회의 삶과 세계의 삶에 참여함을 이어가
면서, 동방박사를 식민주의 상황으로 이주해 온 타자로서 의미 다른
공감을 가지고 지혜를 축하하는 주현절 절기가 충만해져야 한다.

예수의 가족 이야기로 돌아가서, 예수의 아버지 요셉도 동방박사
의 방문 직후에 꿈을 꾸었고 헤롯 왕에게서 예수를 구하기 위해서 그
의 집을 떠나 이집트로 도망하라는 경고를 받는다. 예수를 잡아 죽이
려는 헤롯의 계획이 실패한 일은 베들레헴 마을의 두 살 이하의 젖먹
이들을 살해하는 참상으로 이어진다. 워런 카터가 주장한 것처럼 "하
나님이 제국의 권력을 좌절시키신 것은 부분적일 뿐이었다. 예수를
헤롯에게서 구하는 동안에, 헤롯은 베들레헴 주변의 사내 아기들을
살해했으며, 헤롯의 아들 아킬레우스Archelaus가 [여전히] 지배하고"
있었기 때문이다.[72] 제국의 권력은 완전히 패배하지 않았으며 난민으

70 Peterson, *Who is the Church?* 134.
71 Doran and Troeger, *Trouble at the Table,* 23.
72 Carter, "The Gospel of Matthew," 81.

로서 예수의 가족의 여정도 시작되었다. 마태복음은 베들레헴에서 이집트로, 이집트에서 이스라엘 땅으로 되돌아갔으나, 마침내 베들레헴의 고향으로는 갈 수 없는 상황에서, 유대 지역의 베들레헴에서 갈릴리 지역의 나사렛이라고 불리는 마을로 이어지는 기나긴 이주를 이야기한다. 이것은 집을 떠나서 또 다른 집에a home away from home 도달한 이주의 이야기다.

예수가 이집트에서 초기 형성기를 지내는 동안에 다른 관습과 언어, 문화를 지닌 사람들과 만났을 것이라고 상상할 수도 있겠다. 예수의 공적, 공식적 사역은 이러한 만남들에 의해 깊이 형성되었음을 상상하기는 그리 어렵지 않다. 예수와 다른 동방박사들과 같은 용감한 사람들이 예수를 구하고 계속해서 돌볼 때, 예수는 그의 이주 경험으로 인해 여러 상황들에 노출되었을 것이다. 이러한 경험을 고려하면, 왜 예수가 외부인과 예수 자신과 다른 사람들에 대해서 관심을 기울였는지를 추정하고 합리적으로 해석하는 것은 정당하다. 예수는 강제로 집을 떠나야 했고 노숙인으로 떠돌아다녀야 했으며 태어난 곳으로 되돌아갈 수 없었던, 난민으로서의 삶을 경험했다. 엘리엇John H. Elliott은 베드로전서를 해석하면서 "나그네aliens"와 "거류민exiles"(1:1, 2:11)에 해당하는 단어를 "쫓겨나고 옮겨진 사람(displaced and dis-located person), 호기심을 불러일으키거나 의심스러운⋯ 이방인"으로 번역할 수 있다고 말한다. 엘리엇은 그들이 "이방인의 땅에서 이방인으로" 있으면서 동시에 그들이 "하나님과 함께 집에"at home with God 있다고 주장한다.[73] 예수는 모세와 같이 이방인의 땅에 이방인이었지만, 예수가 쫓겨나고 옮겨진 이들과 함께 있으면서 예수는 또한 하나

---

73 Elliott, *A Home for the Homeless*, 23-25.

님과 함께 했다. 그렇다. 예수는 "떠돌아다니는 이방인이자 지극히 성스러운 이방인"이며 교차로에 계신 분the One at the crossroads이다.[74]

메이라 리베라Mayra Rivera은 미국에 살고 있는 푸에르토 리코 선주민으로 교차로에 계신 하나님을 말한다.[75] 리베라는 세계에서 가장 오래된 식민지이기도 한 나라에서 성장한, 자신의 개인적 경험을 나눈다. 리베라의 식민화된 경험과 국경을 넘는 경험은 그녀가 신학하는 방법을 특징짓고 영향을 미쳐왔다. 리베라에게 하나님은 초월적이시지만, 접촉불가능하지 않으시며 인간의 투쟁과 창조세계의 애도에 거리를 두거나 동떨어져 계시지 않다.

강남순은 이주와 변위라는 현실을 진지하게 받아들이고 그녀의 디아스포라 여성주의 신학을 발전시켰다. 강남순의 신학은 "함께 살아감의 신학의 담론과 실천을" 포용하고 "Mitsein함께 있음의 신학을 구성"하기를 추구한다.[76] 강남순의 신학은 디아스포라로서의 변위 경험에서 성장했다. 그녀는 이 책에서 제시하는 상호의존성의 개념과 같은 선상에 있는 함께 있음, 다같이 살아감의 실천을 확립한다. 작고한 데이비드 응David Ng의 코이노니아에 대한 지혜도 이 책임과 연대에 기반한 상호의존의 개념을 형성하는 데 기여했다. 광둥어로 코이노니아koinonia는 'tuen-kai'로, 책임을 뜻하는 'tuen'과 연대를 뜻하는 'kai'라는 두 단어로 구성되었으며, 두 단어가 합쳐지면서 공동체에 소속됨을 일컫는다. 그러나 소속됨은 집단의 동일한 마음으로 결정되지 않는다. 코이노니아로서 소속됨은 그 대가에도 불구하고 타자를 위한

74 Snyder, "Introduction: Moving Body," 10.
75 Rivera, "God as the Crossroads," 202-203.
76 Kang, *Diasporic Feminist Theology*, 37.

책임과 타자와 함께 하는 연대를 뜻한다.[77] 코이노니아는 현상을 유지하는 "소유권에 해당하는 어떤 감각"도 폐기하면서 탈영토화하고 불필요한 경계를 지우는 "사이의 의식"interstitial consciousness이다.[78]


## 맺음말

실천신학은 "세계 안에서 신앙과 행동의 의미에 대한" 비판적 성찰을 제공한다.[79] 실천신학의 주요한 역할에는 "인종화되고, 정상화되고 그렇지 않다면 문화화된enculturated 신체와 욕망의 콤플렉스가 성서적, 교리적 요소의 존재만큼이나 분석의 일부가 되게 하는 그러한 방식으로 상황의 구조와 그 형태, 요구에 대해 온전히 주의를" 기울이는 작업이 포함된다.[80]

"상황의 구조"로서 이주는 신앙의 삶을 이주의 여정으로 변혁시킬 도구를 실천신학에 제공한다. 하나님은 우리가 타자와의 만남이라는 이 어렵지만 흥미진진한 여정에 동참하도록 초청하신다. 우리는 새로운 정체성을 찾도록 인도하는 개방성의 입장을 유지하도록 초대받았다. 이 이주 여정에서 하나님은 "인간의 회심을 가능하게 만드는 다시 채우는 힘의 근원이며 사람을 "서로 서로one another"로 변하게 하는 만남들의 근원이신 "여관주인"이며 "집주인"이시다.[81]

77 Ng, "A Path of Concentric Circles: Toward an Autobiographical Theology of Community," 102.

78 Kang, *Diasporic Feminist Theology*, 37.

79 Poling and Miller, *Foundations for a Practical Theology of Ministry*, 7.

80 Fulkerson, *Places of Redemption*, 21.

실천신학이 이주를 진지하게 받아들이면 어떤 모습이 될까? 내 설교학 수업을 들었던 학생 중 한 사람은 엘돈Eldon이라는 그녀의 지역 상황에 깊이 뿌리내린 이주의 이러한 동시대적 현실을 해석하기 위해서 성서 사용의 핵심적 사례를 제공한다. 그녀는 최초의 아프로-아메리칸 이주자들이 100년 전에 정착한 서스캐처원 주 엘돈 근처의 이주 이야기를 밝히면서 성서에 등장한 최초의 아프리카 이주민 노예인 하갈의 이야기를 해석했다.[82] 하갈 이야기는 잘 알려지지는 않았는데, 좀더 직설적으로 말하자면, 그리스도인들에게 매우 사랑받는 이야기가 아니다. 그 학생이 사순절 여정 속에서 흑인 역사의 달을 통해 하갈의 투쟁과 기쁨을 설교를 통해 고양시킨 것은 회중에게 신앙과 행동의 의미를 제공했다.[83] 포스트식민주의 여성주의 실천신학은 최대한 계속해서 현재를 쫓고 있는 캐나다 안의 특정한 이주 그룹의 슬픈 역사와 같은 숨겨진 역사들을 배우는 일에 헌신하기를 다짐한다. 그러한 이주의 이야기하기는 비난하거나 손가락질하기를 추구하는 것이 아니라 현 세대와 다음 세대가 변혁과 정의로운 관계로 나아가는 방향으로 향하게 하는 것을 목표로 한다.

사회 정책 방법론을 이용하는 포스트식민주의 여성주의 실천신학은 타자의 재현에 대한 비판적 이슈를 제기한다. 더 나아가 국경 넘기의 성서 해석학을 갖춘 포스트식민주의 여성주의 실천신학은 인간으

---

81 Kim-Cragg and Tran, "Turning to the Other," 36.

82 신학자 델로어스 윌리엄스(Delores Williams)는 하갈이 미국에서 살아가는 아프리칸 아메리칸이 현실과 공명하는 대리모 인물이라고 생각을 불러일으키는 해석을 한다. 그녀의 책 *Sisters in the Wilderness*를 보라. 또한 Kim-Cragg and Choi, *The Encounters*, 1장도 보라.

83 https://www.canada.ca/en/canadian-heritage/campaigns/black-history-month/about.html 2017년 2월 7일 접속.

로서 또 그리스도인으로서 우리의 정체성의 상호의존적 성격을 긍정한다. 우리가 마태복음의 동방박사 이야기에서 살펴본 것처럼 타자와의 만남은 그리스도교의 심장박동이다. 이주에 대해 주목하면서 실천신학은 그리스도인들이 그분의 삶을 통해 이주와 노숙의 시대를 목격한 거룩한 이방인이셨던 예수 그리스도를 더 낫게 따르는 이가 되도록 양육하는 데 기여할 것이다. 우리가 과감하게 이주한 난민이신 하나님을 포함하는 타자를 만나고 수용하려 하지 않는다면, 그리스도인으로서 우리의 정체성은 제대로 형성되지 않는다.

# 인간-중심주의
# 너머

앞선 장의 논의 위에서 이 마지막 장에서는 실천신학자들이 오늘의 필요에 반응하는 그리스도인의 응답을 구성할 때 인간성이라는 범주 너머를 생각할 것을 제안한다. 여기서 제안하는 접근방식은 환경에 대한 인간의 상호작용을 강조한 유리 브론펜브레너Urie Bronfenbrenner의 생태적 모델에 영향을 받았다.[1] 비-인간 공동체를 고려하는 것은 가장 날카롭게 이 책 전체를 꿰어주는 핵심 주제인, 우리의 "상호의존성"을 보여준다. 생태학에서 비롯한 현대적 교훈들은 예수의 가르침에서 공명하고 있음을 발견한다. 내 생각에 한 가지 사례는 "꼴찌들이 첫째가 되고 첫째들이 꼴찌가 될 것이다"(마태 20:16). 예수님이 말하는 꼴찌는 지상에서 가장 상처받기 쉬운 존재를 지칭한다. 우리는 다른 생명 형태들을 우리 자신보다 더 상처받기 쉽다고 간주할 수도 있겠지만, 우리가 지구라는 행성의 생명 체계의 한계를 밀어붙일 때, 인류가 스스로를 가장 중요하다고 생각함(우월함, 강함)에도 불구하고 결국 가장 상처 받기 쉬운 존재가 인간들임을 깨닫게 된다.

인간들, 특히 최강대국들의 몇몇 권력자들은 비-인간 공동체들에

---

1 Bronfenbrenner, *The Ecology of Human Development*.

게 엄청난 폭력을 저질러왔다. 서서히 퍼지며 종단적인 형태의 구조
적 폭력은 마치 다른 생명 형태들이 일회용품같이 사용해버리고 매매
될 수 있는 것처럼 행사되고 있다. 롭 닉슨Rob Nixon에 따르면 이러한
구조적 폭력은 완만한 폭력slow violence의 형태다. 왜냐하면 구조적 폭
력 그 자체는 아주 조금씩 천천히 나타나기 때문이다. 무엇이 저질러
졌는지의 결과 전체를 이해하기 위해서는 수십 년, 심지어 어떤 경우
에는 수 세기가 걸린다.2 인간이 공기와 물, 토양을 과다이용하고 오
염시킨 행위의 엄청나게 파괴적인 함의가 몇 대에 걸쳐서는 명백하지
않을지도 모른다. 이것이 바로 선주민들에게, 특히 우리의 모든 행위
가 일곱 세대 다음의 사람들에게 미칠 영향을 고려할 필요가 있다고
가르친 분들에게 배워야 하는 이유다.3 또한 이는 프란치스코 교종이
우리가 환경적 정의에 관여하라고 촉구하는 이유다. "우리 뒤에 올 이
들, 지금 자라나고 있는 어린이들에게 어떤 종류의 세계를 남겨주고
싶습니까?… 미래 세대들에게 거주할 만한 행성을 남겨주는 것은 다
른 무엇보다도 더 우리에게 달려 있는 일입니다. 이 쟁점은 극적으로
우리에게 영향을 미치는 문제입니다. 왜냐하면 이는 우리가 지구에서
체류하는 것의 궁극적 의미와 관계가 있기 때문입니다."4 프란치스코
교종은 삶의 목적에 대해 근본적 물음을 던지고 있으며 우리가 미래
로 뻗어나가는 가계도처럼 우리의 행동으로 어떻게 지도를 그려나갈
지를how to map 분별하기를 요구한다. 이러한 지도 그리기는 언제나 정

2 Nixon, *Slow Violence and the Environmentalism of the Poor.*

3 Moore, *Ministering with the Earth*, 53.

4 Pope Francis, *Laudato si'*, point 160, http://w2.vatican.va/content/francesco
/en/encyclicals/documents/papa-francesco_20150524_enciclica-laudato-si
.html, 2017년 3월 27일 접속.

치적이며 명쾌하지 않다. 하지만 21세기를 위한 우리의 지도가 인간 중심적 규범, 즉 비-인간 종들을 고려하지 않는 규범에 제한되어서는 안 된다는 점은 명백하다.

인간 존재는 더이상 생태적 고갈과 파괴의 문제를 다룰 능력이 없다.[5] 많은 인간과 비-인간의 생명이 위험에 처해 있으며, 몇몇은 멸종 직전의 상태다. 지구 행성에서 삶의 방향을 바꾸기 위해서 실천신학자들이 다른 학자들, 행동가들과 함께 나서는 것은 피할 수 없다. 그러한 긴급성은 환경적 상태가 예전보다 더 끔찍하기 때문만이 아니다. 1998년 실천신학자 무어Moore가 언급했던 것처럼 환경적 이슈가 대개 "사소화되거나 몇몇 생태광ecological enthusiasts의 일로 남겨지기" 때문이기도 하다.[6] 그때 이후로 종교 교육과 목회신학에는 몇몇 공헌이 있었지만[7] 본질적인 작업은 여전히 필요하다.

환경 이슈들이 한쪽 구석으로 밀려날 때, 모든 생명이 멸종 직전으로 밀려난다. 우리는 현상태status quo를 수용할 만한 것처럼 여기면서 계속해서 살아갈 수 없다. 우리는 대량 죽음 또는 대량 폭력의 끔찍한 현실에 직면하면서 엄습하는 무감각을 인식할 필요가 있다. 우리는 사실상 생존 모드를 유지할 상황이 아니다.[8] 성령이 오셔서 우리를 일깨우도록 성령을 부를 필요가 있다. 거룩한 영이 다른 생명과의 연결 또는 다른 생명에 대한 책임을 없애는 인간이 만들어 놓은 분류를 제

---

5 Nixon, *Slow Violence and the Environmentalism of the Poor*, 30.

6 Moore, *Ministering with the Earth*, 2.

7 Chamberlain, "Ecology and Religious Education," 134-150; Mercer, "A Practical Theological Approach to Ecofeminism," 93-106; Martin, "The Human-Nature Relationship," 167-176.

8 Moore, *Ministering with the Earth*, 54.

거하도록 움직이신다.

오늘날의 생태 위기의 긴급성을 고려하면서 이번 장은 생태적 문제와 환경적 문제가 통합되어 있는 세 가지 연관된 쟁점들에 초점을 맞출 것이다. 첫째로, 이 장에서는 광범위한 문헌 검토에 관여하면서 그리스도교 신학에 만연해온 인간-중심적 세계관을 검토한다.9 세계에서 인간성의 장소와 씨름해온 다른 사람들을 검토하는 작업은 환경적 불의가 어떻게 젠더, 인종, 계급, 빈곤 이슈와 맞물려 있는지를 보여준다. 이러한 생태-비판적 교차성은 실천신학의 또 다른 이론적 틀이며, 전지구적 자본주의와 생태적 인종주의, 민족적-종교적 갈등, 초국가적 지정학의 기제를 드러내는 일에 도움이 된다. 이러한 검토는 실천신학의 학제적 관여의 일부이며 전략적, 변혁적 행동으로 이어질 수 있는 관점들을 제공한다. 둘째로, 이 장에서는 성서적, 신학적 가르침과 비전, 특히 청지기됨stewardship과 안식일을 활용하여 인간과 비-인간 종들 사이의 상호의존성을 촉진하는 구체적 자료들과 실천들을 끌어낼 것이다. 마지막으로 이 장에서는 생태학과 환경의 작업에 제공할 수 있는 실천신학의 기여를 찾아볼 것이다. 은유적으로 말하자면, 이러한 시도는 인간과 비-인간이 상호적으로 양육하고 돌보고 보호하면서, 온전한 생물-다양성bio-diversity 안에서 공동거주하고 상호의존하면서 살아가는 창조세계의 우림[rain]forest 하나님의 비Rain[reign] of God가 내리도록 촉진하는 작업을 준비하는 것이다.

---

9 Osmer, *Practical Theology*, 4.

## 무엇이 어떻게 되고 있는가? — 매일의 현실에 주의를 기울이기

나는 세계에서 가장 추운 나라들 중 가장 추운 도시 중 하나인 캐나다의 새스커툰Saskatoon시에서 살았다. 이 장을 쓰면서 새스커툰이, 일기 측량이 시작된 이후에 가장 따뜻한 2월을 맞이하면서 기록을 깼다는 일기예보를 들었다.[10] 이러한 기록 갱신은 더이상 놀라운 일이 아니다. 그런 일이 내가 살던 곳에서 너무나 빈번하게 일어났기 때문이다. 기온의 기록갱신에 대한 뉴스는 더이상 "뉴스새로운소식"조차 아니다. 언제 어디서나 이런 일이 일어나기 때문이다. 초대형 폭풍과 극심한 가뭄, 극심한 홍수, 극심한 산불을 을 포함하는 흔치 않은 날씨 패턴은 세계 전역에서 예상하지 못하지만 동시에 발생하는 방식으로 경험되고 있다. 사람들은 날씨에 대해,[11] 이러한 희한한 날씨 패턴에 대해 이야기한다. 이러한 패턴은 예상 불가하지만, 설명할 만한 이유가 없는 것은 아니다. 예를 들어서 모든 대륙에서 진행되는 삼림파괴deforestation의 현실은 놀라울 정도다. 삼림파괴의 한 가지 결과가 홍수다. 가령 네팔에서는 삼림이 파괴되어 왔는데 그 결과로 네팔의 이웃나라인 방글라데시에서는 지금 그 어느 때보다도 심각한 홍수를 경험하고 있다.[12] 하지만 숲은 다른 결과들을, 더 나아가 삼림파괴와 홍수로 이끄는 지구온난화를 일으키는 온실가스를 또한 줄여준다. 나무의 생사가 어떻게 사람의 생존과 동물과 식물의 생존에 영향을 주는지, 미치

---

10 http://globalnews.ca/news/3254217/saskatoon-weather-outlook-record-break-ing-heat-then-a-messy-long-weekend/, 2017년 2월 21일에 접속.

11 Keller, "Talk about the Weather," 30-49.

12 Hessel, "Introduction," 4.

는 충격의 관점에서 이러한 악순환에 대해 이야기할 수 있다. 우리는 문제를 일으키고 그 충격은 세계의 다른 지역의 다른 그룹의 사람들에 따라 달라지지만 우리도 그로 인해 고통을 겪는다. 의심할 여지 없이 가장 주변화된 사람들이 이 환경적 착취를 가장 끔찍한 방식으로 겪으며 고통을 당한다. 예를 들어 많은 선주민 공동체가 거주지가 더 이상 생활할 수가 없을 정도가 되어서 억지로 집을 떠나야 하는 상황이다. 하지만 그러한 전위와 파괴를 일으킨 것은 대개 세계에서 가장 부유한 지역의 지역 정부와 초국적 회사들의 소수의 힘 있는 사람들이다.13 그러나 우리도 이 책임에서 자유롭지 않다. 직접적으로든 간접적으로든, 우리 모두가 그러한 전위와 파괴를 일으켰다. 따라서 우리 모두가 책임을 짊어져야 한다.

지난 수십 년간 발생해온 환경 위기와 질적 하락이 가속화되는 속도는 새로운 것이지만, 인간 종이 중심이며 마땅히 세계의 주인이라는 개념인 인간-중심주의는 그보다 오래된 것이다. 디터 헤셀Dieter Hessel은 이러한 이데올로기에 뿌리박고 사회적 불의와 짝지어진 환경적 학대가 인간의 죄만큼이나 오래 되었다고 말한다. 그는 이러한 죄가 근대의 **우상숭배**idolatry라는 가장 파괴적 경우가 된 지점에 이르도록 더욱 탐욕스러워졌다고 주장한다.14 이 우상숭배는 인간-중심주의, 개인주의, 이원주의라는 이름으로 그 자체를 드러낸다. 이러한 세 개의 이름들은 계몽주의 사유의 전형적인 특징이며, 학계에서 환경 파괴를 포함하여 물질적 현실에 대한 실천과 관심을 희생시키고 이론과 추상적 사유를 특권화하는 데 기여해왔다. 이는 단지 학계만의 문

---

13 Moore, *Ministering with the Earth*, 12.
14 Hessel, "Introduction," 14. 강조는 추가되었다.

제가 아니라 성직자와 평신도, 교육받은 사람과 교육받지 못한 사람, 신학적 전문가와 평범한 신자 사이의 위계적 이분법이 있는 그리스도 인의 삶의 문제이기도 하다. 존 캅John Cobb은 북미종교학회the American Academy of Religion의 연례회의에서 종교적, 신학적, 성서적, 교육적 논 의들이 마치 환경 위기가 없는 것처럼, 때로는 자연 세계가 없는 것처 럼 진행된다고 말한다.15 헤더 이튼Heather Eaton은 캅에게 전적으로 동 의한다. "생태 위기가 핵심적인 종교의 문제라고 말하는 학자들이 거 의 없다는 증거는… 그저 책과 컨퍼런스, 선언문, 의례를 살펴보면 된 다.… 십 퍼센트라도 된다면 후한 셈이다!"16 이렇게 종교적, 신학적 연구에서 환경 이슈에 대한 미약한 반응은 공적/세속적인 공동체와 사적/공동적 종교 공동체 사이의 분리로 드러난 이분법의 또 다른 징 후다. 캅은 "근대적 사고방식의 생활이 학문 분야에서 분리되고 나자, 이 학문분야의 작업들은 대체로 생활과 관련이 없게 되었다.… 대중 은 학문이 관여한 것들을 전혀 제공받지 못했다. '비전문가의lay' 사유 는 무시 받기 일쑤였다.… 이 상황은 그 자체로 반-지성적이다."17 캅 은 생태적 사유와 여성주의 사유가 기여하는 운동의 희망적인 신호와 함께 이러한 비판적 논의를 따라갔다. 캅은 이러한 종류의 사유가 전 문성에 상관하지 않지 않고 생명을 보존하는 일에 헌신된 모든 사람 의 참여를 고무함으로 거짓되고 해로운 이분법들을 극복한다고 주장 한다. 이러한 생태적이고 여성주의적인 실천은 "모든 것에 새로운 빛 을 비추며 모든 학문의 경계를 가로지른다."18 이튼은 세계교회협의

---

15 Cobb, "Postmodern Christianity and Eco-Justice," 22, 38.

16 Eaton, *Introducing Ecofeminist Theologies,* 70.

17 Cobb, "Postmodern Christianity and Eco-Justice," 29.

18 *Ibid.*, 39.

회 행사에서 발언하면서 생태여성주의 신학이 어떻게 "자주 사용되는 권력과 특권의 범주의 경계-북부 혹은 남부, 엘리트 혹은 주변화된 이, 유색인 또는 백인, 서양 또는 나머지"를 흐리는지에 대한 또 다른 희망의 사례를 제공했다.[19]

그리스도교 신학 전통은 지구를 파괴하는 이데올로기들과 공모해 왔다. 그리스도교는 "생태적 온전성을 위해 봉사하라는 강력한 성서 적 명령에도 불구하고 자연을 평가절하하고 환경적 책임을 무시하는 근대 문화와 협력해(또 그로부터 이득을 취해)왔다."[20] "생태적, 여성주 의적 관심사를 적절하게 다루기 위해서 신학이 어디까지 재형성되어 야 하는가?" 그리스도교 신학자들은 자기비판적 질문을 제기할 필요 가 있다. 왜냐하면, 이튼이 언급한 것처럼, "생태적 위기를 그리스도 인의 관심사 목록에 더해진 부록으로 보는 것과 인간-땅-하나님의 근본적 관계를 재검토하는 것과 엄청난 차이가 있기" 때문이다.[21] 나 는 인간-중심주의가 생태 위기에 기여하고 인간-땅-하나님의 관계 를 망치는 근본적 문제라고 제안한다.

## 인간-중심주의에 대한 비판적 분석

인간-중심주의의 뿌리는 깊고 오래되었다.[22] 아리스토텔레스의

---

19 Eaton, *Introducing Ecofeminist Theologies*, 84. 각 대륙을 대표해서 생태적 정의를 위해 일하기 위해 모인 이 열 명의 여성들은 칠레에 사는 백인 미국인, 미국에 사는 한국인, 제네바에 사는 인도 여성, 홍콩 출신으로 미국에서 사는 여성으로 지정학적 경계를 흐린다.

20 Hessel, "Introduction," 14.

21 Eaton, *Introducing Ecofeminist Theologies*, 72.

정치학Politics에서는 남성의 자연에 대한 지배가 주인/노예, 남성/여성, 인간/동물이라는 삼중의 이분법으로 나타나고 있다. 이러한 이원주의 사유에서는 후자의 그룹인 노예, 여성, 동물은 위계적 질서에 따라 전자의 그룹에 종속되어 있다.23 아리스토텔레스의 저작은 위계제도(계급주의), 가부장제도(성차별주의), 인간이 주도하는 자연세계의 지배(인간-중심주의)를 유지하고 강화했다. 오늘날까지 서구 사회에 영향을 미치고 있는 아리스토텔레스 철학에서 이러한 이분법들에 기반해서 지식의 위계도 만들어졌다. 결과적으로 특권을 부여받는 지식의 종류는 남성 엘리트가 권력을 차지하는 독점을 유지하는 데 기여했다. 아리스토텔레스는 지배계층의 다른 구성원들과 함께 이러한 위계가 사회를 위해 좋은 것이라고 믿었다. 그러나 이튼은 그러한 믿음이 진리를 가장했지만 신념일 뿐, 진리가 아니었음을 강조한다.24 순전히 가짜 이데올로기가 진짜로 둔갑한 속임수였음이 드러나고 나면, 이러한 믿음을 폐기하고 떨쳐 버릴 수 있다. 하지만 진리로 가장하는 믿음을 밝혀내는 것이 때로는 쉽지 않다. "이분법은 집요하다."25

왜 이러한 지적, 철학적 믿음을 지우는 것이 이토록 어려운가? 왜냐하면 인간이 사회적-상징적social-symbolic 피조물이기 때문이다. 사람은 의식에 특정한 사고방식을 깊이 심어놓는 복잡한 언어 체계를 발전시켜왔다. 샐리 맥페이그Sallie McFague는 신학적 언어에 존재하는 은유와 상징의 강력한 역할을 연구해왔는데, 하나님을 말하기 위해

22 *Ibid.*, 90. 그녀는 인간-중심주의가 주요한 예인 위계적 이원주의를 폐기하는 것에 대해 말한다.
23 Plumwood, *Feminism and the Mastery of Nature*, 46.
24 Eaton, *Introducing Ecofeminist Theologies*, 38-39.
25 Slack, "Resisting Eco Cultural Studies," 485.

왕이나 주님이라는 은유를 사용하는 사례를 든다. 맥페이그는 은유가 인간 관계에서 도출되면서 이러한 이미지들이 "하나님에 대한 '기술 description'이 전혀 사실이 아니지만, 그 은유들의 힘이 깊고 오래 되어서, 그 영향력이 아주 일찍부터 우리 존재에 새겨졌다. 그러므로 그 은유들을 버리기 어렵다"고 말한다.26 은유, 상징체계로서의 이러한 위계의 이론들이 기원전 4세기에 아리스토텔레스 시대 동안에 규범으로 수용되었지만, 어느 정도는 오늘날에도 아직도 그 영향력을 미치는 이유다. 이 끈질긴 과거는 현재를 쫓아다니고 있다. 왜냐하면 현재의 앎이 아주 오래된 인간-중심적이고 위계적인 패턴과 신념에 의해 얼룩져 있기 때문이다.

그렇다고 우리는 그저 아리스토텔레스나 그리스 철학을 비난할 수는 없다. 왜냐하면 그러한 위계가 고대 성서 텍스트, 즉 종교관에서도 나타나기 때문이다. "사람이 무엇이관대… 주께서 저를 천사보다 조금 못하게 하시고 영화와 존귀로 관을 씌우셨나이다 주의 손으로 만드신 것을 다스리게 하시고 만물을 그 발 아래 두셨으니"(시 8:4-6, 개역한글). 이 텍스트가 히브리서에서는 "저를"이 예수를 지칭함에도 불구하고 거듭 반복된다. "저를 잠깐 동안 천사보다 못하게 하시며 영광과 존귀로 관 씌우시며"(2:7, 개역한글). 문제는 성서 안에 그러한 텍스트가 존재한다는 것 자체가 아니다. 그러한 텍스트가 아주 섬세한 메시지를 전달할 수 있는 상황을 고려하지 않고 문자적으로 이해하고 무조건적으로 설교에서 사용할 때 위험이 발생한다. 따라서 이 문제는 해석과 상관이 있다.

"생육하고 번성하여 땅에 충만하여라. 땅을 정복하여라. 바다의

---

26 McFague, "An Earthly Theological Agenda," 91.

고기와 공중의 새와 땅 위에서 살아 움직이는 모든 생물을 다스려라."
창세기 1장 28절은 생태 위기를 고려하는 한, 거의 틀림없이 가장 문제 있는 성서 구절이자 해석을 제기해야 하는 텍스트다. 이 구절은 자연에 대한 인간의 지배라는 인간-중심주의적 관점을 강화하는 것으로 해석되어 왔으며, 서구 식민지 그리스도교의 역사에서 노예제도, 여성에 대한 억압, 선주민에 대한 정복을 정당화하는 데 자주 사용되어 왔다. 창세기 안에서 창조 이야기가 지닌 생생함과 힘은 그 이야기가 세계에 대한 우리의 태도를 형성하는 방식에 핵심적으로 중요하다는 점을 의미한다. 이러한 이야기는 우리 자신을 하나님께 향하게 한다. 창조 이야기들은 신학적으로 중심적이다. 왜냐하면 그 이야기가 하나님의 의도와 우리(인간과 비-인간)가 하나님과 맺은 언약적 관계를 담고 있기 때문이다. [27] 이것이 바로 주의 깊은 해석과 재해석이 필요한 이유다. 많은 이가 그러한 재해석을 시도하고 있다. 가령 프란체스코 교종은 창조 이야기에서 인간 존재의 겸손을 바탕에 둔 해석을 제공했다. "우리는 우리 자신이 땅의 먼지에 불과하다는 사실을 잊었습니다.… 환경과 우리의 관계는 우리가 타자들과 하나님과 맺는 관계에서 결코 분리되어 있지 않습니다."[28]

중세 시대에는 자연을 평가절하했던 그리스 철학의 영향력이 덜했다. 이 시기의 그리스도교 지도자들이 어떻게 숲의 보호에 주의를 기울였는가 하는 훌륭한 사례들이 몇 가지 있다.[29] 땅이 여성으로 이

---

27 Moore, *Ministering with the Earth*, 39.
28 Pope Francis, *Laudato si'*.
29 잘츠부르크 대주교 에버하르트(Eberhard)는 1237년에 숲이 다시 자랄 수 있도록 깨끗하게 비워진 땅을 사용하는 것을 금했다. Rasmussen, "Returning to Our Senses," 40에서 재인용.

해되던 반면에, 빙엔의 힐데가르트와 토마스 아퀴나스를 포함한 그리스도교 사상가들과 신학자들은 지구가 살아있으며 생명력 있는 유기적 전체로 중요하다고 믿었다.[30] 그러나 이러한 종교적 관점은 근대성이라는 문턱에 선 과학자들에 의해 신빙성 있는 것으로 여겨지지 않았다. 갈릴레오가 지구가 우주의 중심이 아니라 태양이라고 주장했을 때 그리스도교 세계관의 신빙성이 시험대에 올려졌다. 과학이 종교보다 더욱 신뢰할 만한 지식의 원천이라는 생각은 또한 지구가 단지 수동적 대상이라는 관점을 포함했다. 그리스도교가 갈릴레오의 발견을 부인하는 상태에 있을 때, 과학은 세계를 유기적 전체에서 기계적 존재로 보는 관점을 변화시키면서 주도권을 잡았다. 이튼에 따르면 이러한 변화는 "'자연의 죽음'의 시작이었다."[31]

근대 철학자의 일례로 프랜시스 베이컨Francis Bacon은 자연을 대장간에서 쓰는 쇠로 된 받침대인 "모루anvil"로, 인간들이 원하는 대로 망치질을 할 수 있는 무생물의 무감각한 표면이라고 생각했다. 베이컨은 또한 유럽의 근대 시대에 약한 인간종(가령 선주민과 여성)에 대한 억압을 정당화했다.[32] 베이컨의 저작에 대한 비판적 검토는 필수적이다. 왜냐하면 그것은, 서구 유럽 그리스도교를 형성해온, 지구에 대한 기계적 관점이라는 이름으로 이루어진 자연과 여성에 대한 지배와 근대 식민화의 과정 사이에 존재하는 밀접한 관계성을 명백하게 드러내기 때문이다.[33]

---

30 McFague, "An Earthly Theological Agenda," 96.

31 Eaton, *Introducing Ecofeminist Theologies*, 56-57.

32 Rasmussen, "Returning to Our Senses," 53.

33 나는 다른 곳에서 이 논점을 주장했다. Kim-Cragg, "A Christian Feminist Theological Reflection on Economy of Life," 170-176.

베이컨에게 이성—인간이 획득하려고 추구하는 고귀하고 자율적 덕목—은 정말로 오직 자유인 특권층 남성에게만 속할 수 있었다. 베이컨에 따르면 자연의 비밀을 푸는 것과 자연에 대한 지배력을 얻는 것은 남성에게 달려 있었다. 더욱이 베이컨은 이러한 활동이 이성을 지닌 남성과 지식을 지닌 남성의 형태로 실현되도록 인간을 창조하신 하나님에 의해 승인되었다고 여겼다. 베이컨은 이렇게 썼다.

> 남성이 세계에서 없어진다면 그 외 나머지는 목표나 목적 없이 모두 길을 잃게 되고 말 것이므로, 우리가 목적인final cause을 본다면, 남성은 세계의 중심으로 여겨질 것이다.… 인간종이 신적 유산에 의해 인간에게 속한 자연을 지배할 권리를 회복하게 하라.34
> 부를 얻고 지식을 늘리거나 심지어 그저 우리 눈과 상상을 즐겁게 하기 위해, 필요하다면 우리는 전지구를 뒤집어 엎고, 지구의 깊은 곳을 관통하고, 깊이의 바닥으로 내려가고, 이 세상의 가장 먼 지역까지 여행할 수 있다.35

생태여성주의자 캐롤린 머천트Carolyn Merchant는 베이컨을 읽으면서 충격적인 관찰을 한다. 베이컨은 남성이 자연을 대하는 행위를 남성에 의해 강간당하는 여성의 이미지를 불러일으키는 방식으로 묘사하고 있다.36 영국 여성주의 신학자 메리 그레이Mary Grey도 이와 유사하게 베이컨의 언어를 분석하면서 마녀사냥에 대한 그리스도교의 논의가 메아리치고 있음을 발견한다.37

---

34 Ponting, *A Green History of the World*, 48.
35 Merchant, *The Death of Nature*, 249.
36 *Ibid.*, 169-170.

당신[유럽의 상류층 자유인 남성]은 좇고, 말하자면 방랑하는 자연을 추적하기만 하면 되고, 그 후에 같은 장소로 다시 그녀를 이끌고 몰아가기를 원할 때 그럴 수 있으므로⋯ 진리의 종교재판이 그의 전체 목표일 때 남성은 이러한 구멍들에 들어가고 관통하는 것에 가책을 느낄 필요가 없다.38

실제로 "마녀의 망치"로 번역된 *Malleus Maleficarum*은 가장 여성혐오적인misogynist 텍스트 중 하나이자 주술witchcraft에 대해서 가장 적나라하게 표현한 유명하고 중요한 논문이다. 이 논문들은 마녀 사냥의 종교재판 동안에 의도적으로 "마녀인 여성들을 식별하고 고발하고 살해하는 일을 돕기 위해" 쓰였다.39 마녀재판은 유럽을 휩쓸고 15세기에서 19세기까지 스페인과 포르투갈 식민화 시기에 중앙 아메리카와 라틴 아메리카로 확장되었으며, 이는 그리스도인 정신에서 완전히 사라진 것이 아니라 여전히 여성살해femicide와 젠더에 근거한 폭력에 대한 암시와 함께 하는 현대인들의 기억을 뒤쫓고 있다. 여성을 대상으로 하는 남성의 사냥과 연루되는 종교재판은 끔찍하다. 남성에 의해 사냥당하는 여성은 대개 "진리"를 찾는다는 명분으로 심문당하고 고문당했다. 남성들은 "한 사람의 여성"을 쫓기 위해 나간다. 여성을 대상으로 하는 이 사냥은 남성들에게는 게임이다. 그리고 이 게임은 마치 여성들도 향유할 수 있는 것처럼 묘사된다. "남성은 사냥꾼이고 여성은 게임이다. 사냥의 매끈하고 빛나는 피조물. 그 피부의 아름다움을 위해 누가 그들을 사냥하는가. 그들은 그 사냥 때문에 우리를 사

37 Grey, *Sacred Longings*, 14-15.
38 Bacon, "De Dignitate et Augmentis Scientiarum," 296.
39 Eaton, *Introducing Ecofeminist Theologies, 66*. 이 텍스트는 1486년에 쓰였다.

랑하고 우리는 그들을 추적한다."⁴⁰

여성혐오적 사유는 과거의 것이 아니다. 여성혐오는 젠더에 기반한 폭력이 오늘날 세계 전역에 부상한 이래 21세기에도 멀쩡히 살아 있다. 마땅히 사냥되고 짓밟혀야 하는 여성들을 자연과 연계하는 이토록 오래된 이미지는 우리 세대에게 "새롭게 활용하도록 발굴하고 정련하고 재배치할 수 있는 개념적 무기"를 제공한다.⁴¹ 성적 은유가 대개 식민화된 사람과 식민화된 땅으로 묘사된다는 사실을 발견하는 일은 놀라운 것이 아니다. 식민주의자 아메리고 베스푸치Amerigo Vespucci가 자기 이름을 따서 붙인 그 땅은 "발견했다"고 언급된다. 그러나 "아메리가Ameriga"는 "아메리고Amerigo"의 여성화된 버전이다. 여성에 속하는 땅은 물론 정복되기 위해 존재하는 셈이다. 크리스토퍼 콜럼버스Christopher Columbus는 세계가 단지 둥글지 않고 여성의 가슴처럼 생겼다는 공상을 한다.⁴² 계몽주의 신학자 슐라이어마허가 지닌, 지구를 여성으로 보는 관점도 폭로적이다. "나는 영원한 세계의 젖가슴 위에 눕는다. 이 순간 나는 세계의 영혼이다. 왜냐하면 내가 세계의 모든 힘과 영원한 생명을 나 자신의 것처럼 느끼고 있기 때문이다. 이 순간 세계는 내 몸이다. 왜냐하면 내가 세계의 근육과 팔다리를 나 자신의 것처럼 관통하고, 세계의 가장 깊숙한 신경이 내 감각과 예감에 따라 나 자신의 것처럼 움직이기 때문이다."⁴³ 이것은 한 여성을 완전히 지배하고 있는 한 남성의 환타지가 아닌가? 만약 그렇다면, 인간 존재의 주인으로서 이 남성은 여성과 함께 또한 지구와 자연도 완전히 지배

40 Seager, *Earth Follies*, 219.
41 Plumwood, *Feminism and the Mastery of Nature*, 43.
42 Kwok, *Postcolonial Imagination and Feminist Theology*, 14, 70.
43 Schleiermacher, *On Religion*, 113.

하는 것이다. 여러 포스트식민주의, 선주민 여성주의 학자들은 식민
주의 확장이 남성의 성화된 욕망의 관점에서 상상되었다는 설득력 있
는 주장을 펼친다. 이는 종종 탐험가가 그들의 식민주의적 정복의 과
정에서 만난 여성들을 실제로 강간하는 행위로 옮겨졌다.44

그러한 여성혐오적 방식의 사유는 19세기 식민주의 시대의 정점의
시기에 더욱 발전되었다. 구멍(위 베이컨 글에서 드러났듯이)을 관통하
고 자연의 비밀을 발견하는 언어는 석유와 광산의 채굴하는 경제 속에
서 현실화되었다. 세계에서 가장 큰 석유회사가 모두 19세기 후반과
20세기 초반, 대영제국에서는 태양이 지지 않는다는 근대 식민화의 전
성기 시절에 설립되었다는 사실은 우연이 아니다. 이 석유회사에는 에
소Esso(1870), 엑손Exxon(1882), 쉘Shell(1890), 모빌Mobil(1882)이 포
함된다.45

리우데자네이루Rio de Janeiro에서 열린 1992년 지구 정상회의The
1992 Earth Summit에서는 교회가 지구적 생태 파괴와 그것이 다른 형태의
억압과 연결되었다는 문제를 인식하지 못했다는 점이 강조되면서 생
태적 이슈가 충분히 제기되었다.46 마침내 이십 년 후 부산에서 열린
세계교회협의회WCC에서는 "모두를 위한 생명과 평화 정의의 경제:
행동을 촉구하는 부르심"Economy of Life, Peace, and Justice for All: A
Call to Action이라는 문서를 통해 빈곤과 부, 생태계ecology의 상호연결
성을 열심히 다루기 시작했다. 이 문서는 여성과 어린이, 비-인간 피
조물을 포함해서 지구의 가장 취약한 사람들이 어떻게 신자유주의적

44 McClintock, *Imperial Leather*, 22; Smith, "Sexual Violence and American Indian Genocide," 31-52.
45 Grey, *Sacred Longings*, 15.
46 Moore, *Ministering with the Earth*, 17.

전지구적 자본주의의 현행 세계 질서에 의해 영향을 받아왔는가 하는 물질적 현실을 분명히 드러냈다. WCC는 "기후, 생태적, 재정적, 빚 위기의 다양한 측면들이 상호적으로 의존하고 있으며 서로를 강화한 다. 그것들은 더이상 분리되어 다루어질 수 없다. 기후 변화라는 전례 없는 도전이 천연자원을 무분별하게 착취하는 것과 고스란히 관련되 어 있다"고 확증한다.47 이튼은 직설적으로 "제국주의적 지구화나 세 계은행the World Bank의 주요한 책임자들은 지혜/소피아가 창세기에 제 시되었든, 그리스도교 종말론적 교리가 왜곡되었든 신경 쓰지 않는 다. 하지만 만약 그리스도인들이 지혜와 종말론에 대한 새로운 이해 에 의해 영감을 받고 새로운 힘을 얻어서 세계은행의 노력에 저항하 고 생태적 파괴를 막는다면 그들은 신경을 쓸 것이다"라고 주장한 다.48 미리엄 마틴Miriam Martin은 생태 이슈에 관해 신실하게 더불어 살 아가는 삶을 위한 실천신학의 영향력은 폭넓다고 주장한다. 왜냐하면 이러한 이슈들은 "정치, 종교, 경제의 구조를 넘나드는 권력의 틀을 교란시키기" 때문이다.49 환경 위기 때문에 평범한 사람들과 주변화 된 사람들의 일상적 투쟁에서 실천신학이 무관하고 없어지게 된다면, 실천신학은 전지구적 경제 질서, 생태적 가치하락, 군사주의와 다른 억압들의 기반을 가감없이 드러내는 데 실패하는 것이다. 그렇게 되 면, 존 리더John Reader가 경고한 것처럼, 실천신학은 "살아있으나 죽은 자"the living dead를 닮은 신자들만 낳을 것이다.50

---

47 *Economy of Life, Peace, and Justice for All: A Call to Action* (WCC, 2012), #10.

48 Eaton, *Introducing Ecofeminist Theologies*, 92.

49 Martin, "The Human-Nature Relationship," 174.

50 Reader, *Reconstructing Practical Theology*, 1. 여기서 "살아있으나 죽은 자"는 우리 눈앞에서 그들이 지나가 버리고 있음에도 수년 동안 잘 작동해왔으며 우리의 생각과

우리는 이제까지 인간-중심주의의 뿌리를 더 깊이 추적해왔다. 개
인주의와 이원주의와 관련된 인간-중심주의의 문제를 제시했다. 또한
인간-중심주의를 근대 유럽 식민주의 가부장제, 여성혐오와 연결했
다. 왜냐하면 식민주의 정복 시기에 남성의 손으로 여성과 자연을 대하
는 것 사이에 연결성 있다는 충분한 증거가 있기 때문이다. 그러나 추
적하고 연결하는 이러한 시도에서 인간 역사의 위계적 이원주의가 균
질적이거나 균일하다는 가정을 해서는 안 된다. 이튼의 조언을 이러한
점에서 매우 중요하다. "개념과 사건, 물질성 사이의 역동과 변증법의
가치를 파악하는 것은 중요하다. 이러한 이원주의에 대한 단일한 관점
은 역사에 대해 극단적으로 제한되고 부정확한 관점을 제시한다.…
여러 모순적 실천과 개념이 공공적, 정치적, 이데올로기적 장소를 두
고 경쟁하며 공존한다."51 인간-중심주의의 역사는 고르지 않고 울퉁
불퉁하고 도전과 저항을 받아왔다. 이는 우리에게 삶의 대안적 방식
을 향한 희망을 불붙이기 위한 대의를 제공한다.

## 청지기됨stewardship에 대한 성서적 가르침을 활용하기

개혁주의 신학자 더글라스 존 홀은 그리스도인들이 성서적 종교
를 지구의 적으로 간주하는 생태주의자들의 비판에 열려 있도록 초대
한다. 그리스도인들이 창세기 1장 28절의 전통적 해석에 여전히 갇혀
있는 한, 그러한 비판은 불가피하다는 뜻이다.52 하지만 문제는 창세

---

분석을 계속해서 따라다니는, 익숙한 해석의 틀만을 가리키는 신학을 지칭한다.
51 Eaton, *Introducing Ecofeminist Theologies*, 60-61.

기를 넘어선다. 문화·문학이론가 미크 발Mieke Bal은 이와 연관된 주장을 펼친다. "모든 책 중에서 성서는 가장 위험한 책, 죽일 수 있는 권력이 부여된 책이다."[53] 성서의 문자적 해석에 덧붙여 권위의 문제가 있다. 개혁교회 그리스도교의 오랜 전통은 성서를 그 자체로 신앙과 생활에 관련된 권위로 간주하는 것이다. 하지만 텍스트의 문자적 해석과 결합되어 이러한 권위는 성서에 우리의 판단과 행동을 강제할 권력을 부여한다. 실제로 그러한 경우에, 권위를 지닌 것은 성서가 아니라 해석하는 권위를 지닌 것으로 행동하는 그리스도교 지도자의 특권화된 그룹이며, 그들은 다른 해석들은 이단적이라고 악마화하면서 텍스트가 무엇을 의미하는지 말하는 권력을 주장한다.[54] 따라서 성서적지혜를 찾는 행위는 우리를 권력의 가시밭길로 인도한다. 그럼에도불구하고 우리가 가야 하는 길이다. 왜냐하면 "성서에 관여하는 것이그리스도교 공동체에게는 선택할 문제가 아니기 때문이다."[55]

또 다른 개혁교회 신학자 디터 헤셀Dieter T. Hessel은 "사회 부정의와생태적 위험 모두에 민감한 생태-정의의 눈the eco-justice eyes으로 성서를 해석하는 것과 신학적 작업을 하는 것은 아직 교회의 습관이 되지못했다"고 말한다.[56] 그는 더 나아가 "종교는 현실을 묶는 데 관여한다는 정의대로, 창조세계에 대한 긍정적으로 존중하도록 길러내고 환경보존과 사회 정의 사이의 연결을 강화해야 하고" 이는 신실하게 살아

---

52 Hall, *Imaging God*, 195.

53 Bal, *On Story-Telling*, 14.

54 Kwok, *Discovering the Bible in the Non-biblical World*, 17.

55 Kim-Cragg and Schweitzer, *The Authority and Interpretation of Scripture in The United Church of Canada*.

56 Hessel, "Introduction," 13.

감을 위해 습관을 배양함으로써 발생해야 한다고 말한다.[57]

인간-중심주의적 이원주의의 근대 이데올로기의 가장 파국적인 측면 중 하나는 인간의 불평등한 관계성의 주인-노예 논쟁이다. 첫 번째 노예는 여성이었다고 주장되었다. 생태여성주의자를 포함한 많은 여성주의자들이 가부장제가 가장 오래된 형태의 억압이며 모든 지배의 근원적 원인이라는 데 동의한다.[58] 이는 논쟁의 여지가 있을 수 있지만, 연구는 가장 초기의 인간 도시들의 발달이 (농업의 등장과 함께 6천 년 전에)[59] 자연에 대한 전례 없는 지배와 노동의 위계적인 성적 분리로 동시에 발생했음을 보여주고 있다.[60]

주인/노예 변증법 속에 드러난 여성과 남성 사이의 역사적 비대칭은 성서적 해석에 대한 유대교와 그리스도교 전통에서 발견된다. 폴 샌트마이어Paul Santmire는 환경 위기에 대한 개신교의 반응이 교회 바깥 대중에게 영향을 미치지 못한 이유가, 교회를 설득하거나 회심하게 하지 못한 것은 고사하고, 이러한 반응들의 기초인 지배의 신학이기 때문이라는 대담한 주장을 펼친다. 이러한 신학의 문제는 통치권 dominion이 성서에서 지배domination로 해석된다는 것이다.[61] 다른 해석을 제공하자면, 유대교 학자 에릭 카츠Eric Katz는 창세기 1장 28절의 구절에서 "subdue정복하다"는 의미를 고찰해야 한다고 제안한다. 탈

57 *Ibid.*, 9.

58 Shiva, *Staying Alive;* Plant (ed.), *Healing the Wounds;* Diamond and Orenstein (eds.), *Rewarding the World.*

59 Eaton, *Introducing Ecofeminist Theologies*, 50.

60 Miles, *Patriarchy and Accumulation on a World Scale*, 49.

61 Santmire, "Healing the Protest Mind," 61-62. 그는 바르트가 교회교의학(*Church Dogmatics*), 특히 종말론을 다루는 부분을 완결하지 못했음을 알아보았다. 바르트가 종말론 부분을 끝냈다면, 그는 존중하는 파트너로서 자연이 포함된 세계가 도래할 것을 그려보았을지도 모른다.

무드를 인용하면서 카츠는 "그것을 정복하라"는 구절이 인간을 번식할 의무와 연결된 남성의 활동을 가리킨다고 말한다. 카츠가 천연자원을 사용하는 인간의 힘을 인정하는 반면, 그는 이 구절에 대한 유대교의 이해가 자연에 대한 인간의 지배로 해석하는 것을 지지하는 것이 아니라 인간의 청지기됨의 역할을 옹호하는 것이라고 주장한다. 여기서 청지기됨은 창세기 2장 15절 "하나님이 사람을 데려다가 에덴동산에 두시고 그곳을 맡아서 돌보게 하셨다"에 근거한 "보존conservation"에 초점이 맞추어져 있다.[62] 창세기의 신학은 신중심적이다. 주체는 하나님이시고 모든 것은 하나님께 속해 있다. 인간 존재로서 "우리는 아무것도 창조하지 않고, 아무것도 파괴하지 않는다." 하나님께로부터 오는 "지구의 넉넉한 은혜를 향유하며" 이를 감사드린다. 이러한 신학은 "일의 부재와 하나님에 대한 감사"라는 안식일의 원칙과 기원을 만든다.[63]

청지기됨과 안식일에 대한 이러한 유대교의 신중심적 이해는 하나님, 인간, 창조세계 사이에 있는 삼초점trifocal 관계성으로 보인다. 이를 무어는 이렇게 표현한다. "인간 존재는 하나님의 구속 사역 안에서 지구로부터 받고 지구와 함께 참여하라고 부르심을 받았다."[64] 성서와 동물을 다루는 마이클 길모어Michael Gilmour의 책 전체는 성서가 "삼부작triptych"으로서 동물-인간-하나님 사이의 셋이 한 벌인triadic 관계성을 전달한다고 제안한다.[65] 성서의 많은 본문이 동물들은 신과 인간 사이의 만남을 위한 연계수단nexus으로 기능한다. 인간은 단지

62 Katz, "Judaism and the Ecological Crisis," 57.
63 *Ibid.*, 59.
64 Moore, *Ministering with the Earth*, 19.
65 Gilmour, *Eden's Other Residents*, 38, 119, 131, 145.

인간의 생존을 위해서뿐만 아니라 하나님과의 관계를 위해서도 동물과 창조세계에 의존한다. 이와 유사하게 무어는 하나님이 성례전에서 창조세계의 선물—물, 빵, 와인(다시 말해서, 비인간적 대상)—을 통해서 인간에게 경험된다고 주장한다. 즉, 하나님의 은혜는 상징적으로 창조세계를 통해서 매개된다.66 이렇게 셋의 한 벌triadic이라는 이해로 일하며 인간-중심주의적 관점 너머로 움직이고 나면 우리는 심지어 실천신학을 삼위일체적 방식으로 구성할 수 있다. 독일 실천신학자 크리스티안 그레틀레인Christian Grethlein은 그의 실천신학을 삼중의 틀로 조직한다. 실천신학은 하나님에 **대해**about God, 하나님과 **함께**with God, 하나님**께로부터**from God의 인간/비-인간 커뮤니케이션 작업을 하는 것이다.67

하나님에 대해, 하나님과 함께, 하나님으로부터 하는 커뮤니케이션을 말하면서 가톨릭 신학자이자 종교교육가인 가브리엘 모란Gabriel Moran은 성찬의 실천으로서의 안식일을 주장한다. 그는 안식일이 두 가지 전통을 담고 있다고 쓴다. "아무것도 하지 않은 것을 강조하는 하나의 전통과 정의를 위한 행동에 추진력을 제공하는 다른 하나의 전통이다. 고요한 휴식이 정말로 있다면, 특권을 부여받은 몇몇 남성이 아니라 모두가 휴식의 몫을 가져야 한다면, 바로 이러한 점에서 하나는 다른 하나와 연결된다. 여성들은 집안일에서 벗어난 휴식이 필요하고 소들도 쟁기질로부터 벗어난 휴식이 필요하고 지구도 휴경한 채로 있는 것이 필요하다.… 성찬 예배가 가짜가 아니라면, 성찬은 인간과 비-인간 모두가 성찬에 부르심을 받는다는 것을 회중에게 상기

---

66 Moore, *Ministering with the Earth*, 45.

67 Grethlein, *An Introduction to Practical Theology*.

시키는 것이어야 한다."[68]

청지기됨의 성서적 통찰과 안식일의 신학적 관점을 활용하는 것이 필요하지만, 이튼은 이러한 엄청난 규모의 생태적 위기가 그토록 빠른 속도로 일어나고 있으며 이전에 존재하지 않았다는 것에 각별한 주의를 기울인다. 그리스도교의 성서적, 신학적 지혜와 다른 종교의 지혜는 적절하게 반응할 모든 것을 갖추지 못했다.[69] 왜냐하면 생태 위기를 다룰 모든 자원을 그리스도교 성서나 가르침에서 찾을 것을 기대할 수는 없기 때문이다. 우리의 성서적 자원의 이러한 한계는 그리스도교 신학자들과 교육가들을 어쩔 수 없이 다른 학문 분야에서 배우기 위해 접근하도록 만든다. 여기에서 학제적interdisciplinary 방법론의 중요성이 다시 한번 확인된다. 우리는 계속해서 이에 대해 살펴볼 것이다.

## 생태여성주의와 실천신학으로/에서to and from 상호 기여

생태여성주의ecofeminism[70]라는 용어가 학계에서 널리 수용되기 오래 전에 풀뿌리 차원에서 여성들은 활발하게 환경 이슈를 제기해오고 있었다. 매일 매일 물과 음식을 위해 투쟁하는, 또 전쟁과 재해에 영향을 받은 평범한 사람들이 상호관계를 이야기하고 교차적intersectional 방식으로 대책을 제시했다. 하수관과 안전하게 마실 물이 없는 것과 대부

---

68 Moran, *Religious Education as a Second Language*, 153.

69 Eaton, *Introducing Ecofeminist Theologies*, 68.

70 프랑소아즈 드본느(Francoise d'Eaubonne)가 1974년에 이 용어를 고안했다. Eaton, *Introducing Ecofeminist Theologies,* 3에서 재인용.

분의 인구가 거주하는 도시에서 쓰레기가 쌓여가는 것은 어떤 이들에
게는 매우 직접적으로 경험되는 것이다. 세계건강기구The World Health
Organization는 최근에 놀랄 만한 보고서를 제출했다. 여기에서는 다섯
살 아래 어린이들의 전지구적 죽음 전체의 사분의 일이 더러운 물과
공기, 간접 흡연, 적절한 위생의 결여를 포함한 건강하지 않거나 오염
된 환경 때문이라고 언급되어 있다. 오염된 환경의 대가는 매년 어린
이 1,700만 명의 죽음이다. WHO 책임, 일반 의사인 마가렛 챈Margaret
Chan은 "오염된 환경은 특히 어린이들에게 치명적인 것이다"라고 주
장했다.[71] 이렇게 생사가 달린 위험한 상황에서 평범한 이들, 특히 평
범한 여성들은 대개 그들이 돌보는 이들의 생존과 함께 자기 자신의
생존에 대한 책임이라는 무거운 짐을 진다. 여성들이 바로 생태여성
주의를 낳은 이들이다. 이런 점에서 생태여성주의는 추상적 학문 담
론이 아니라 열악한 현실에 대한 직접적인 반응으로서, 생존을 위한
욕구와 세계를 변화시킬 깊은 욕망으로서, 다양하지만 평범한 상황에
서 나온 "통찰이자 실천"an insight and a practice이다.[72] 어디에 쓰레기가
버려지는가? 누가 가장 낭비하는가? 누가 오염된 공기를 마시고 마실
만한 물이 없어서 고통을 겪는가? 이러한 질문을 던지면서 브라질 생
태여성주의 신학자 이본 게바라Ivone Gebara는 우리는 미시적 수준을 넘
어서는 생태적 건강 이슈로 겪는 이러한 고통을 보도록 우리를 초대
한다. 이러한 질문에 적절하게 반응하기 위해서 우리는 전지구적 크
기에서 거시적 생명 차원에서 세계를 보아야 한다. 그녀는 인간-중심

---

71 http://www.who.int/mediacentre/news/releases/2017/pollution-child-
   death/%20en/, 2017년 4월 4일 접속.
72 Eaton, *Introducing Ecofeminist Theologies*, 7.

주의 경계 너머에서 지구적으로, 그러나 지역적으로 생태 이슈에 대해 생각하도록 우리의 의식을 계속해서 일깨운다. 전쟁이(그녀는 베트남 전쟁을 언급하고 있다) 수백 명의 사람을 죽일 때, 우리는 그 동일한 전쟁이 수십여 개의 마을을 돌아가게 하는 논이나 강을 파괴한다는 사실을 보는 데 실패한다. 왜냐하면 미디어와 대중, 관중으로서의 우리 자신이 논과 강의 파괴를 보지 못하기 때문이다. 우리의 관점은 인간-중심주의적 편견에 의해 오염되어 있다.[73]

생태여성주의와 신학을 연결하는 생태여성주의 신학은 여성혐오와 지구의 지배의 근본 원인을 조사하는 데 커다란 기여를 했다.[74] 이 점에서 생태여성주의 신학은 일상 생활에서, 매일매일의 실천에서 태어났다. 이곳이 실천신학이 생태여성주의 신학과 비슷한 마음을 발견하는 곳이다. 조이스 앤 머서Joyce Ann Mercer는 매일의 구체적 상황이 신학적 성찰을 위한 소중한 자원이라고 주장한다. 그녀는 실천신학이 생태여성주의가 신학적 성찰을 하는 데 있어서 중요한 파트너가 될 수 있다고 제안한다.[75]

많은 경우에 환경 학대의 영향과 효과는 수년 동안 피해를 입히는 실천이 행해지고 난 이후에 명백하게 드러난다. 대대로 우리가 한 것의 장기적으로 미치는 위험의 영향을 인식하는 것은, 그 영향이 그 순간에는 가시적이거나 명백한 것이 아니라고 해도 중요하다. 신학은 또한 그 순간에 가시적이지도 않고 명백한 것도 아닌 현실을 탐색한

---

73 Gebara, *Longing for Running Water*, 27.

74 많은 신학자가 있지만 로즈메리 래드포드 류터(Rosemary Radford Ruether)는 *New Woman/New Earth*에서 발견된 생태여성주의 신학을 정립한 개척자 중 하나다. 이십 년 후에 그녀는 생태여성주의 신학을 포괄하는 저작으로 『가이아와 하나님*Gaia and God*』을 출간했다.

75 Mercer, "A Practical Theological Approach to Ecofeminism," 93-106.

다. 우리는 신비인 하나님을 설명하기를 추구한다. 우리는 하나님을
우리가 이해하는 것으로 제한할 수 없음을 안다. 칼빈Calvin은 *Ficitum
non capax ifinit*(유한은 무한을 담아낼hold 수 없다)고 주장했다. 하지만
본회퍼Bonheoffer는 루터Luther를 지지하면서 *Ficitum capax infinit*(유
한은 무한을 품는다bears), 초월적인 것이 궁극적으로 내재적이라고 되
돌려준다.76 우리는 완전히 신비이신 하나님을 파악할 수 없지만, 우
리는 하나님의 현존을 실재하는 것으로 또 우리 자신의 숨쉬기만큼
가까운 것으로 경험하고 표현한다. 살아낸 경험과 매일의 실천에 관
심을 두는 실천신학은, 자연의 덜 명백하고 덜 가시적인 위험과 인간
존재와의 관계를, 그것이 종종 비가시적이고 덜 명백하기도 한 신적
현존을 밝혀주기에, 인식하게 하는 역할을 한다.

　이것이 바로 실천신학을 위한 자원으로 상상력의 역할이 중요한
이유다. 가장 취약한 사람들과 비-인간 세계에 행해지는 완만한 폭력
은 그들이 겪는 고통의 보이지 않고 들리지 않는 현실을 다룬다. 우리
는 현실에 단단하게 뿌리를 내리고서 우리가 볼 수 있는 것 너머를 보
고 들을 수 있는 것 너머를 들을 수 있도록 상상하기를 배워야 한다.
가톨릭 종교교육가 헤롤드 호렐Herold Horell은 상상력의 역할을 분명히
표현하도록 도와준다. 그는 상상력이 새로운 것을 창조하는 데 있어
서 핵심적인 동시에 우리가 매일의 배움에 어떻게 관여하는가 하는
데에도 핵심적인 부분이라고 설명한다. 상상력이 규칙적인 일상의 틀
과 예상치 못한 놀라움 모두를 포함하기에 상상력은 우리 일상생활을
유지하는 데 뿌리내리고 동시에 그러한 일상의 틀을 교란시킬 수 있
게 한다. 상상력은 우리가 겉보기로 보는 것 너머로 사물을 분명하게

---

76 Bonhoeffer, "Aufträge der Bruderräte," 42.

보도록 도와준다. 2장에서 논의했던 것처럼 우리는 "소리를 볼"(관음, 觀音) 필요가 있다. 호렐은 상상력이 "의식적 인식의 표면 아래를" "더욱 깊게" 보도록 돕는다고 쓴다. 호렐이 쓴 결론 단락은 상상력의 역할에 대해 핵심을 찌른다. "우리는 절대로 상상력을 사로 잡을occupy 수 없지만, 상상력은 우리가 원래 가능하다고 생각했던 것 너머로 우리를 확장하면서 우리를 사로잡을 수 있다."77

상상력의 힘에 사로잡히고 나면, 유대교 신학자 마틴 부버Martin Buber가 느꼈던 것처럼, 인간은 견고한 나무껍질 아래에 숨겨진 나무의 "혈관"을 느낄 수 있고, 흙 아래에 덮여 있는 "뿌리가 빨아들이는" 소리를 들을 수 있다.78 부버의 상상력은 캐나다 선주민 공동체에서 동류를 발견하는 것처럼 보인다. 1913년 초등학교 캐나다 역사 교과서에 인용된 다음의 발췌문에서는 동시에 미신이라고 묵살되었던 것으로 보이는 말에서 일어나는 이러한 공명을 역설적으로 잡아내고 있다.

> 모든 인디언들은 자연에 대해 기이한 생각을 가지고 있으며 매우 미신적이다. 그들은 새들과 짐승들과 파충류들이 남자들[원문 그대로]과 같다고 생각한다. 그래서 인디언은 상처 입은 곰을 위한 사과의 연설을 길게 하는 것을 알고 있다. 그들은 호수들과 강들, 폭포에도 살아있는 존재들의 정령이 거주한다고 생각하며 선물을 써서 이러한 정령들의 호의를 얻고자 노력했다.79

루터교 신학자 래리 라스무센Larry Rasmussen은 아리스토텔레스와

---

77 Horell, "The Imagination of REA: APPRRE," 351-352.
78 Buber, *I and Thou*, 57.
79 Hall, *Imaging God*, 197.

플라톤의 이원주의에 영향을 받은 근대적 그리스도교 신학이 환경 이슈를 다루는 데 치명적이라고 말한다. 그러나 루터의 사상에서 개혁 전통의 그리스도교 신학을 위한 희망이 있다고 주장한다. 루터는 "하나님은 전적으로 곡물 알갱이 안에 계시고 그 곡물 알갱이는 하나님 안에서 **거룩하다.**"[80]

루터가 지닌 지상을 향한 범재신론적panentheistic 신학에서는 우리가 완전히 하나님을 제안할 수 없기 때문에 유일무이한 피조세계가 부분적이라고 이해되긴 하지만, 피조세계가 우리가 신성을 충분히 아는 유일무이한 장소임을 긍정한다. 그러나 어떤 생태여성주의 신학자들은 이에 완전히 만족하지 않는다. 그들은 범신론pantheism과 범재신론이라는 범주가 현실을 반영하지 못하는 개념적 구분을 위해서 작동할 뿐이라고 본다. "생태여성주의는 그러한 신학적 개념이 너무 추상적이고 인간 경험의 다-층성many-layeredness에 근거하지 않음을 드러낸다.… 이것이 바로 왜 생태여성주의자들이 점점 더 지구과학과 진화적 우주론을 살펴보는지에 대한 하나의 이유다.[81] 지나치게 개념적이고 추상적인 경향을 지닌 그리스도교 신학을 향한 이러한 도전을 인식하면서 우리는 그리스도교 신학이 가져올 수 있는 선물을 그래도 긍정한다.

실천신학의 인식론은 그 이상의 사유, 이론, 신학을 알리고 상호작용하고 향상시키는 이러한 경험에 세심한 주의를 기울이고 또 거꾸로 그 이상의 경험을 위해 사유와 이론과 신학에 주목할 것을 요청한다. 이러한 요청을 실행하는 것은 실천신학의 온전한 특징이다. 여기가

---

80 Rasmussen, "Returning to Our Senses," 42.

81 Eaton, *Introducing Ecofeminist Theologies*, 89.

실천신학과 생태여성주의 신학이 파트너가 될 수 있는 곳이다. 그리고 몇몇은 성공적으로 그러한 파트너십을 시도했다.[82] 이튼은 특히 다종교적 목소리를 고양하는 생태여성주의 신학이 여성들의 투쟁과 자연 세계의 신음 사이의 매일의 관계성에 주목한다고 주장한다. "공기와 물, 토양의 독소, 사람이 사는 곳에 있는 쓰레기 폐기장, 지구화로 인한 경제적 착취, 저항과 기념의 이야기들. 이는 이론과 실천, 북부와 남부, 부유함과 빈곤, 세상의 많은 여성들의 실제로 생사를 건 투쟁들 사이의 구체적 연결점을 제공한다."[83]

　"벼는 익을수록 고개를 숙인다"는 한국 속담이 있다. 이는 더 많이 알수록 모든 것을 알 수 없다는 사실을 더 많이 아는 것을 의미한다. 이 속담은 겸손함과 성숙함이 연결됨을 가리킨다. 성숙한 지식을 지닌 사람들은 그들이 충분히 이해하지 못하는 일에 대해 겸손하게 다른 이들의 도움을 구한다. 이는 또한 세상의 모든 문제를 해결하기 위해 모든 것을 알아야 할 필요가 없음을 긍정한다! 이러한 자각은 생태 위기, 너무도 크고 너무도 복잡해서 우리 자신의 힘으로는 씨름할 엄두도 내지 못할 것 같은 문제에 관여하는 과정에서 반드시 필요하다. 선구적인 생태여성주의 신학자 로즈마리 래드포드 류터는 의식으로서의 상호-연결되어 있음inter-connectedness as consciousness을 말한다. "인간 의식이 완전히 '자연'의 나머지 세계에서 완전히 분리된 것이 아니다. 차라리 의식은 에너지의 이러한 춤이 그 자체로 점점 더 통일하는 방식들로 의식이 자각 속에서 그 자체를 다시 성찰할 때까지 조직화하는 곳이다. 의식은 우리가 모든 다른 존재들와의 친족됨kinship을 인

82 Filippi, "Place, Feminism, and Healing," 232–242; Clinebell, *Ecotherapy*.
83 Eaton, *Introducing Ecofeminist Theologies*, 85.

식하는 곳이며 그러한 장소가 되어야 한다."[84]

## 생명을 위한 상호의존성의 포스트식민주의 여성주의 실천신학

생태여성주의 신학의 관점에서 보면, 인간의 죄는 "민족성과 식민주의, 계급, 젠더, 땅의 지배의 맞물리는 억압들" 안에 자리잡고 있다.[85] 샐리 맥페이그는 우리를 반드시 참회하고 속량될 필요가 있는 "무관심하고, 이기적이고, 근시안적이고, 외국인 혐오적이고 인간 중심적이며 탐욕스러운 인간 존재"라고 대담하게 명명함으로 죄와 악에 대한 그리스도교적 이해를 급진화할 것을 요구한다. 이러한 점에서 신학적 과제는 "별이 빛나는 하늘과 땅을 잇기" 위해서 "신학자들의 시선을 하늘에서 돌려 땅으로 향하게 하는" "현세적earthly"인 것이다.[86]

두베가 주장한 것처럼, 이렇게 맞물린 죄가 다루어지고 나면, 해방시키는 상호의존성을 향한 문들이 활짝 열린다.[87] 존재론적으로 말하자면, 살아있는 존재는 아무도 독립적으로 그 생명을 유지할 수 없다. 게바라는 "이것이 차이나 자율성, 개체성 또는 자유를 인식하는 것보다 더욱 근본적이다. 존재하거나 존재할 수 있는 모든 것의 토대적 현실이다"라고 했다.[88] 문자적으로 "우리가 있기에 내가 있다. 공동체가

---

84 Ruether, *Gaia and God,* 250.

85 Eaton, *Introducing Ecofeminist Theologies,* 79.

86 McFague, "An Earthly Theological Agenda," 87, 89.

87 Dube, *Postcolonial Feminist Interpretation of the Bible,* 199-201.

존재하기에 내가 존재한다"를[89] 의미하는 우분투Ubuntu는 사람됨의 아프리카 개념이며 공동체를 통하여 상호의존적으로 형성되는 자기의 정체성에 대해 유사하게 말한다.[90] 이러한 통찰들은 사람됨이 관계되어 있음the relatedness of personhood에 대한 근본적이고 토대적 기초다. 그러나 이러한 사람됨은 인간중심적 세계관에 국한되지 않는다. 게바라는 관계되어 있음이 현세적이고 우주적 조건이라고 주장하는데,[91] 이는 인간의 조건보다 우선하며 인간의 활동무대인 사회를 넘어선다.

1장에서 논의했던 인人의 어원으로 되돌아가면, 또 다른 한자어가 훨씬 더 깊은 이해를 밝혀줄 수 있다. 문자 그대로 "상호적 삶" 또는 "함께 살아감"과 통하는 "상생相生"도 함께 살아가는 생명의 근본적인 상호의존적 방식을 가리킨다. 두 번째 글자인 생명을 뜻하는 생生은 형이상학적이지도 않고 기계적이지도 않다. 생은 생명의 탐색과 목적을 포함하는 생명의 생물학적이고 실존적 차원을 가리킨다. 하지만 이는 또한 물질적인 신체적 조건과 연결된 생명의 본능적이고 물질적인 상황을 포함한다. 이러한 점에서 "생"이라는 단어는 살아감을 뜻하는 또 다른 단어인 "삶"과 동일하다. "삶"이라는 단어는 한자에서 빌려온 단어가 아니라 토착 한국어 개념으로 보통 한국 사람들이 수 세기 동안 사용해왔다. "삶"은 현세적이고, 일상적이고, 땀내 나고 끈질기게 살아감을 지칭한다. "삶"은 "물질적"인 "일상" 생활을 강조한다. 이 개념은 "살아내는" 지식과 지혜에 초점을 맞춘 실천신학과 공명한다.

88 Gebara, *Longing for Running Water*, 83.
89 Drucilla and van Marle, "Exploring Ubuntu," 2.
90 Battle, *Ubuntu*, 1.
91 Gebara, *Longing for Running Water*, 84-85.

실천신학에서는 상호의존성을 알고 가르치는 것으로는 충분하지 않다. 상호의존성은 반드시 살아내어야 한다. 이는 우리 일상생활의 통합된 부분이자 일생 동안 계속되는 여정을 위한 영적 수련으로서 실천하도록 이끄는 방식으로 가르쳐져야 한다.

세계교회협의회의 "함께 생명을 향하여"Together towards Life에서 언급한 것처럼 상호의존적 삶은 "전 삶이라는 하나님의 망에서 상호 연결되어 있는 오이쿠메네oikoumene 전체"다. 더 나아가 "그러므로 우리는 좁은 인간 중심적 접근 너머로 나아가서 모든 창조된 생명과 함께 화해하는 관계성을 표현하는 선교의 형태를 포용하도록 부름을 받았다. 우리가 가난한 사람의 울음을 듣고 태초부터 땅은 인간성의 불의함을 두고 하나님을 향해 울부짖어 왔다(창 4:10)는 것을 아는 것처럼 우리는 땅의 울부짖음을 듣는다."92 우리는 다시 침묵 속에 있는 소리를 볼(관음) 필요가 있다.

우리는 우리 몸이 알고 기억할 때까지 끊임없이 계속해서 생명의 이러한 상호의존적 방식을 실천한다. 앞서 언급했던 것처럼, 이는 "근육에 배인 끈질긴 습관"을 일구는 작업(실천)으로, 더 깊은 차원에서 예배에 또 교회와 사회의 삶의 다른 측면들에 참여하기 위해 그러한 획득된 습관을 인식하고 습관들의 비판적으로 평가하며 습관을 바꾸도록 개방하는 일을 포함한다.93

---

92 *Together towards Life: Mission and Evangelism in Changing Landscapes.* 이 선언문은 2013년 대한민국 부산에서 열린 제10회 세계교회협의회 총회 #4, #19에서 발표되었다.

93 Witvliet, "Teaching Worship as a Christian Practice," 127.

## 순환적 논평으로서의 대단원

이 장에서는 살아 있는 모든 것의 웰빙(건강함, 온전함)을 위한 상호의존의 중요성에 대해 다뤘다. 실천신학의 주제는 인간에 국한되지 않고 존재하는 모든 비인간 또한 포함한다는 것을 언어화하려는 시도이기도 했다. 실천신학의 목표 중 하나는 타자를 아끼고 존중하는 우리의 능력을 증대하는 것이다. 이는 삶은 공동의 것(하나님께 속함)이고 모든 피조물과 상호 연결되어 있는 것이라는 이해와 더불어 실현될 수 있다.

메리 엘리자베스 무어는 그의 저서 『지구와 함께 사역하기』*Ministering with the Earth*에서 가장 작은 박테리아에서 가장 큰 흰긴수염고래에 이르는 모든 살아있는 존재들이 얼마나 상호의존적인지에 대해 자세하게 기술한다.[94] "탄소 순환"이라는 과학적 언어를 사용하든, "생명의 순환"이라는 영적인 언어를 사용하든, 우리는 "그러한 관계의 상호순환성" 안에서 "생명의 영"을 만난다. 선주민 가수인 버피 생-마리Buffy Sainte-Marie는 인간들과 비인간들이 함께 나선형으로 돌고, 빠르게 돌고, 노래하고, 성장하는 내용의 노래, "우리는 돌고 도네"We are circling에서 이러한 이미지를 정교하게 포착해낸다.[95] 이와 비슷한 결로, 가나 출신의 메르시 암바 오두요예Mercy Amba Oduyoye도 그의 시를 통해 순환을 노래한다.

순환Circle은 영원으로 확장되네

---

94 Moore, *Ministering with the Earth*, 8.
95 https://www.youtube.com/watch?v=oO8BMg1DW1U, 2017년 3월 6일 접속.

손을 맞잡고자 한다면 누구에게나 가 닿으며
서로에게 기대어 크기를 달리하네
그것은 연대성의 현시
외부와 교류하려 밖을 향하고
스스로를 비판하려고 안을 향하네
원circle은 영원으로 확장되네
그것은 책임성의 현시
타자를 성장하게 할 때 자라나는 것
원은 중심을 가졌을 테지만
중심에 찍힌 점 하나는 순환을 만들 수 없고
나무 한 그루로는 숲을 이룰 수 없네
하나의 원은, 협력의 현시, 상호 관계, 그리고 돌봄이니.[96]

---

96 Oduyoye, "The Story of a Circle," *Ecumenical Review* 53/1 (2001), 97, Kwok Pui-lan (ed.), *Hope Abundant,* 17에서 재인용.

# 참 고 문 헌

Abella, Irving. "Foreword." In B. Roberts, *Whence They Came: Deportations from Canada 1900–1935.* Ottawa: University of Ottawa Press, 1988.

Ahmed, Sarah. *The Cultural Politics of Emotions*, 2nd ed. London: Routledge, 2014.

————. *Living a Feminist Life.* Durham, NC: Duke University Press, 2017.

————. *Strange Encounters: Embodied Others in Post-Coloniality.* London: Routledge, 2000.

Aldrich, Robert. *Colonialism and Homosexuality.* New York: Routledge, 2002.

Althaus-Reid, Marcella. *The Queer God.* London: Routledge, 2003.

Anderson, Herbert. "Loving." In *The Wiley-Blackwell Companion to Practical Theology*, edited by Bonnie Miller-McLemore, 61–69. Chichester, UK: Blackwell, 2012.

Andrews, Dale P. "African American Practical Theology." In *Opening the Field of Practical Theology: An Introduction*, edited by Cahalan, Kathleen A. and Gordon S. Mikoski, 11–29. Lanham, MD: Rowman & Littlefield, 2014.

Anselm. *Basic Writings: Proslogium; Monologium; Gaunilo's on Behalf of the Fool.* Translated by S. N. Deane. Peru, IL: Open Court, 1962.

Anzaldua, Gloria. *Borderlands/La Frontera: The New Mestiza.* San Francisco: Spinsters/Aunt Lute, 1987.

Aristotle, *Generation of Animals.* Translated by A. L. Peck. Cambridge: Harvard University Press, 1943.

Arnold, Rick, Bev Burke, Carl James, D'Arcy Martin, and Barb Thomas. *Education for a Change.* Toronto: Doris Marshall Institute for Education and Action and Between the Lines, 1991.

Ashcroft, Bill, Gareth Griffiths, and Helen Tiffin. *The Empire Writes Back: Theory and Practice in Post-colonial literature.* New York: Routledge, 1989.

Bacon, Francis. "De Dignitate et Augmentis Scientiarum." In *Works* Vol. 4, edited by James Spedding, Robert Leslie Ellis, and Douglas Devon Heath. London: Longmans Green 1875.

Baker, Doris G. *The Barefoot Way: A Faith Guide for Youth, Young Adults, and the People Who Walk with Them.* Louisville: Westminster John Knox, 2012.

————. *Doing Girlfriend Theology: God-Talk with Young Women.* Cleveland, OH:

Pilgrim, 2005.

Baker, Doris G., and Joyce Ann Mercer. *Lives to Offer: Accompanying Youth on Their Vocational Quest*. Cleveland, OH: Pilgrim, 2007.

Bal, Mieke. *On Story-Telling: Essays in Narratology*. Edited by David Jobling. Sonoma, CA: Polebridge, 1991.

Barth, Karl. *Church Dogmatics* 3:4. Translated by. A. T. Mackay, T. H. L. Parker, Harold Knight, Henry A. Kennedy, and John Marks. Edinburgh: T. & T. Clark, 1961.

Bass, Dorothy C. "Eating." In *The Wiley-Blackwell Companion to Practical Theology*, edited by Bonnie Miller-McLemore, 51–60. Chichester, UK: Blackwell, 2012.

Bass, Dorothy, and Craig Dykstra. "Growing in the Practices of Faith." In *Practicing Our Faith: A Way of Life for a Searching People*, edited by Dorothy Bass, 195–204. San Francisco: Jossey-Bass, 1997.

Battle, Michael. *Ubuntu: I in You and You in Me*. New York: Seabury, 2009.

Beavis, Mary Ann, and HyeRan Kim-Cragg. *Hebrews*. Wisdom Commentary. Collegeville, MN: Liturgical, 2015.

———. *What Does the Bible Say? A Critical Conversation with Popular Culture in a Biblically Illiterate World*. Eugene, OR: Cascade, 2017.

Benhabib, Seyla. *Situation the Self: Gender, Community, and Postmodernism in Contemporary Ethics*. New York: Routledge, 1992.

Berger, John. *Ways of Seeing*. London: BBC and Penguin, 1972.

Bhabha, Homi. *The Location of Culture*. New York: Routledge, 1994.

Black, Kathy. *Culturally Conscious Worship*. Nashville: Abingdon, 2000.

———. *A Healing Homiletic: Preaching and Disability*. Nashville: Abingdon, 1996.

Bonhoeffer, Dietrich. "Aufträge der Bruderräte" (Dezember 1939), *Gesammelte Schriften III*. Munich: Chr. Kaiser Verlag, 1966.

———. *Life Together*. Translated by John W. Doberstein. New York: Harper & Brothers, 1954.

Bonilla-Silva, Eduardo. *Racism without Racists: Color-Blind Racism and the Persistence of Racial Inequality in the United States*. Lanham, MD: Rowman & Littlefield, 2006.

Bourdieu, Pierre, and Jean-Claude Passeron. *Reproduction in Education*, Society and Culture. Translated by Richard Nice. London: Sage, 1990.

Boyer, Ernest. "The Scholarship of Engagement." *Journal of Public Service and Outreach* 1.1 (1996) 11–20.

Bronfenbrenner, Urie. *The Ecology of Human Development: Experiments by Nature and Design.* Cambridge: Harvard University Press, 1979.

Brookfield, Stephen D. *The Skillful Teacher.* San Francisco: Jossey-Bass, 1990.

Browning, Don S. *A Fundamental Practical Theology: Descriptive and Strategic Proposals.* Minneapolis: Fortress, 1991.

Browning, Don S., and Bonnie Miller-McLemore, eds. *Children and Childhood in American Religions.* New Brunswick: Reuters University Press, 2009.

Browning, Robert, and Roy Reed. *The Sacraments in Religious Education and Liturgy.* Birmingham, AL: Religious Education, 1985.

Buber, Martin. *I and Thou. Translated by Walter Kaufman. New York: Scribner's Sons, 1970.*

Butler, Judith. *Gender Trouble: Feminism and the Subversion of Identity.* London: Routledge, 1990.

———. *Precarious Life: The Power of Mourning and Violence.* London: Verso, 2004.

———. "Rethinking Vulnerability and Resistance." In *Vulnerability and Resistance*, edited by Judith Butler, Zeynep Gambetti and Leticia Sabsay, 12–27. Durham, NC: Duke University Press, 2016.

Bystydzienski, Jill M. *Intercultural Couples: Crossing Boundaries, Negotiating Difference.* New York: State University of New York Press, 2011.

Cahalan, Kathleen A., and Gordon S. Mikoski, eds. *Opening the Field of Practical Theology: An Introduction.* Lanham, MD: Rowman & Littlefield, 2014.

Cahalan, Kathleen A., and James R. Nieman. "Mapping the Field of Practical Theology." In *For Life Abundant: Practical Theology, Theological Education, and Christian Ministry,* edited by Dorothy Bass and Craig Dykstra, 62–85. Grand Rapids: Eerdmans, 2008.

Caine, Renate Nummela, and Geoffrey Caine. *Making Connections: Teaching and the Human Brain.* Menlo Park, CA: Addition-Wesley, 1994.

Caldwell, Elizabeth. "Religious Instruction: Homemaking." In *Mapping Christian Education: Approaches to Congregational Learning,* edited by Jack Seymour, 74–89. Nashville: Abingdon, 1997.

Cannella, Gaile S., and Radhika Viruru. *Childhood and Postcolonialization: Power, Education, and Contemporary Practice.* London: Routledge, 2004.

Carter, Warren. "The Gospel of Matthew." In *A Postcolonial Commentary on the New Testament Writings,* edited by Fernando Segovia and R. S. Sugirtharajah, 69–104. London: T. & T. Clark, 2007.

Carvalhaes, Cláudio. "Liturgy and Postcolonialism: An Introduction." In *Liturgy in*

*Postcolonial Perspectives: Only One is Holy*, edited by Cláudio Carvalhaes, 1–10. New York: Palgrave Macmillan, 2015.

———. "Praying Each Other's Prayers." In *Postcolonial Practice of Ministry: Leadership, Liturgy, and Interfaith Engagement*, edited by Kwok Pui-lan and Stephen Burns, 137–150. Lanham, MD: Lexington, 2016.

Castle, Stephen, and Mark J. Miller. *Age of Migration*, 4th ed. New York: Palgrave Macmillan, 2009.

Cavanaugh, William. *Migrations of the Holy: God, State, and the Political Meaning of the Church*. Grand Rapids: Eerdmans, 2011.

Chamberlain, Gary L. "Ecology and Religious Education." *Religious Education* 95.2 (2000) 134–150.

Chidester, David. "Anchoring Religion in the World: A Southern African History of Comparative Religion." *Religion* 26 (1996) 141–159.

Chow, Rey. "Between Colonizers: Hong Kong's Postcolonial Self-Writing in the 1990s." *Diaspora: A Journal of Transnational Studies*, 2/2 (1992) 151–170.

Citizenship and Immigration Canada. "Growing Together: A Backgrounder on Immigration and Citizenship." Ottawa: Public Affairs Branch Canada, 1995.

Clifford, James. "Notes on Theory and Travel." *Inscriptions* 5 (1989) 177–188.

Clinebell, Howard. *Ecotherapy: Healing Ourselves, Healing the Earth*. Minneapolis: Fortress, 1996.

Cobb, Jr., John. "Postmodern Christianity and Eco-Justice." In *After Nature's Revolt: Eco-Justice and Theology*, edited by Dieter T. Hessel, 22–38. Minneapolis: Augsburg Fortress, 1992.

Cohen, Mark Nathan. *The Culture of Intolerance: Chauvinism, Class, and Racism in the United States*. New Haven: Yale University Press, 1998.

Conde-Frazier, Elizabeth. "Participatory Action Research." In *The Wiley-Blackwell Companion to Practical Theology*, edited by Bonnie Miller-McLemore, 234–243. Chichester, UK: Blackwell, 2012.

———. "Prejudice and Conversion." In *A Many Colored Kingdom: Multicultural Dynamics for Spiritual Formation*, edited by Elizabeth Conde-Frazier, S. Steve Kang, and Gary A. Parrett, 105–120. Grand Rapids: Baker, 2004.

Cooey, Paula M. "Fiddling While Rome Burns: The Place of Academic Theology in the Study of Religion." *Harvard Theological Review* 93/1 (2000) 35–49.

Corky, Alexander. "The Cherokee Stomp Dance: A Case Study of Postcolonial Native American Contextualization." In *Liturgy in Postcolonial Perspectives: Only One*

*Is Holy*, edited by Cláudio Carvalhaes, 267–276. New York: Palgrave Macmillan, 2015.

Cornell, Deirdre. *Jesus was a Migrant*. Maryknoll, NY: Orbis, 2014.

Couture, Pamela. *Blessed Are the Poor? Women's Poverty, Family Policy, and Practical Theology*. Nashville: Abingdon, 1991.

———. "Social Policy." In *The Wiley-Blackwell Companion to Practical Theology*, edited by Bonnie J. Miller-McLemore, 153–162. Chichester, UK: Blackwell, 2012.

Creamer, Deborah. *Disability and Christian Theology: Embodied Limits and Constructive Possibilities*. New York: Oxford University Press, 2009.

Cremin, Lawrence. *American Education: The Colonial Experience 1607–1783*. New York: Harper and Row, 1970.

Cruz, Faustino M. "The Tension between Scholarship and Service." In *Conundrums in Practical Theology*, edited by Joyce Ann Mercer and Bonnie J. Miller-McLemore, 60–89. Theology in Practice Series. Leiden: Brill, 2016.

Cruz, Gemma Tulud. *An Intercultural Theology of Migration: Pilgrims in the Wilderness*. Leiden: Brill, 2010.

Daggers, Jenny. "'Postcolonizing 'Mission-Shaped Church': The Church of England and Postcolonial Diversity." In *Postcolonial Practice of Ministry: Leadership, Liturgy and Interfaith Engagement*, edited by Kwok Pui-lan and Stephen Burns, 183–197. Lanham, MD: Lexington, 2016.

Daly, Mary. *Gyn/Ecology: The Metaethics of Radical Feminism*. Boston: Beacon, 1978.

Davis, Pat. "Okay with Who I Am: Listening to Lesbian Young Women Talk about Their Spiritualities." In *The Sacred Selves of Adolescent Girls: Hard Stories of Race, Class, and Gender*, edited by Evelyn L. Parker, 131–160. Cleveland, OH: Pilgrim, 2006.

de Beauvoir, Simone. *The Second Sex*. Translated by E. M. Parshley. New York: Vintage, 1973.

Dean, Kenda Creasy. *Practical Passion: Youth and the Quest for a Passionate Church*. Grand Rapids: Eerdmans, 2004.

———. "Somebody Save Me: Passion, Salvation, and the Smallville Effect." In *The Princeton Lectures on Youth, Church, and Culture*, 22–23. Princeton, NJ: Princeton Theological Seminary, 2004.

Deluze, G., and Felix Guattari. *A Thousand Plateaus: Capitalism and Schizophrenia*. Translated by B. Massumi. Minneapolis: Minneapolis University Press, 1987.

Diamond, Irene, and Gloria F. Orenstein, eds. *Reweaving the World: The Emergence of*

*Ecofeminism*. San Francisco: Sierra Club, 1990.

Donaldson, Laura E., and Kwok Pui-lan, eds. *Postcolonialism, Feminism, and Religious Discourse*. New York: Routledge, 2002.

Donovan, Mary Ann. "Alive to the Glory of God: A Key Insight in St. Irenaeus." *Theological Studies* 49 (1988) 283–297.

Doran, Carol, and Thomas Troeger. *Trouble at the Table: Gathering the Tribes for Worship*. Nashville: Abingdon, 1992.

Douglas, Jane. "A Turning Point for Reformed Women in Ministry?" *Reformed World* (March 2017) 9–16.

Dreyer, Jaco, Yolanda Dreyer, Edward Foley, and Malan Nel, eds. *Practicing Ubuntu: Practical Theological Perspectives on Injustice, Personhood, and Human Dignity: International Practical Theology* Vol. 20. Zurich: LIT, 2017.

Drucilla, Cornell, and Karin van Marle. "Exploring Ubuntu: Tentative Reflections." *African Human Rights Law Journal* 5 (2005) 195–291.

Dube, Musa. *Postcolonial Feminist Interpretation of the Bible*. St. Louis, MO: Chalice, 2000.

Du Bois, W. E. S. "Of Our Spiritual Strivings." In *The Souls of Black Folk, included in The Norton Anthology of African American Literature*, edited by Henry Louis Gates, Jr. and Nellie Y. McKay, 693–699. New York: Norton, 2004.

Duck, Ruth. *Worship for the Whole People of God: Vial Worship for the 21st century*. Louisville: Westminster John Knox, 2013.

Duff, Nancy. "Vocation, Motherhood, and Marriage." In *Women, Gender, and Christian Community*, edited by Jane Dempsey Douglas and James F. Kay, 69–81. Louisville: Westminster John Knox, 1997.

Eaton, Heather. *Introducing Ecofeminist Theologies*. London: T. & T. Clark, 2005.

*Economy of Life, Peace, and Justice for All: A Call to Action*. Geneva: WCC, 2012.

Edie, Fred. *Book, Bath, Table, and Time: Christian Worship as Source and Resource for Youth Ministry*. Cleveland, OH: Pilgrim, 2007.

Eiesland, Nancy L., and Don E. Saliers, eds. *Human Disability and the Service of God*. Nashville: Abingdon, 1998.

Eisner, Elliot. *The Educational Imagination: On the Design and Evaluation of School Programs*. New York: Macmillan, 1985.

Elliott, John H. *A Home for the Homeless: A Social-Scientific Criticism of 1 Peter, Its Situation and Strategy*, 2nd ed. Eugene, OR: Wipf and Stock, 2005.

Elam, Michele. *The Souls of Mixed Race: Race, Politics, and Aesthetics in the New*

*Millennium.* Stanford, CA: Stanford University Press, 2011.

Erikson, Erik H. *Identity: Youth and Crisis.* New York: Norton, 1968.

Fanon, Frantz. *Black Skin, White Masks.* Translated by Richard Philcox. New York: Grove, 2008.

————. *The Wretched of the Earth.* Translated by Richard Constance Farrington. New York: Grove, 1963.

Feely-Harnik, Gillian. *The Lord's Table: The Meaning of Food in Early Judaism and Christianity.* Washington, DC: Smithsonian, 1994.

Filippi, Linda. "Place, Feminism, and Healing: An Ecology of Pastoral Counseling." *The Journal of Pastoral Care* 45/3 (1991) 232–242.

Foley, Edward, ed. *Developmental Disabilities and Sacramental Access.* Collegeville, MN: Liturgical, 1994.

Foster, Charles. *Educating Congregations: The Future of Christian Education.* Nashville: Abingdon, 1994.

————. *From Generation to Generation.* Eugene, OR: Cascade, 2012.

Foucault, Michel. *Discipline and Punish: The Birth of the Prison.* Translated by Alan Sheridan. New York: Pantheon, 1977.

————. *The History of Sexuality,* Vol I. New York: Pantheon, 1978.

Pope Francis, *Laudato si'*, point 160. Online: http://w2.vatican.va/content/francesco/en/encyclicals/documents/papa-francesco_ 20150524_enciclica-laudato-si.html.

Frye, Marilyn. "Introduction." In *Are Your Girls Traveling Alone? Adventures in Lesbian Logic,* edited by Marilyn Murphy, 11–16. Los Angeles: Clothes Spin Fever, 1991.

Fulkerson, Mary McClintock. *Places of Redemption: Theology for a Worldly Church.* Oxford: Oxford University Press, 2007.

Ganzevoort, R. Ruard. "Narrative Approaches." In *The Wiley-Blackwell Companion to Practical Theology,* edited by Bonnie Miller-McLemore, 214–223. Chichester, UK: Blackwell, 2012.

Garland-Thomson, Rosemarie. *Staring: How We Look.* New York: Oxford University Press, 2009.

Gaskins, Pearl Fuyo. *What Are You? Voices of Mixed-Race Young People.* New York: Henry Holt, 1999.

Gebara, Ivone. *Longing for Running Water: Ecofeminism and Liberation.* Minneapolis: Augsburg, 1999.

George, Rosemary Marangoly. *The Politics of Home: Postcolonial Relocation and*

*Twentieth-Century Fiction.* Cambridge: Cambridge University Press, 1996.

Gilmour, Michael J. *Eden's Other Residents: The Bible and Animals.* Eugene, OR: Cascade, 2014.

Giroux, Henry. *Living Dangerously: Multiculturalism and Politics of Difference.* New York: Lang, 1993.

Gogia, Nupur, and Bonnie Slade. *About Canada: Immigration.* Halifax and Winnipeg: Fernwood, 2011.

Graham, Elaine. *Making the Difference: Gender, Personhood, and Theology.* Minneapolis: Fortress, 1996.

Greider, Kathleen J. "Religious Pluralism and Christian-Centrism." In T*he Wiley-Blackwell Companion to Practical Theology,* edited by Bonnie Miller-McLemore, 452–453. Chichester, UK: Blackwell, 2012.

Grethlein, Christian. *An Introduction to Practical Theology: History, Theory, and the Communication of the Gospel in the Present.* Translated by Uwe Rasch. Waco, TX: Baylor University Press, 2016.

Grey, Mary. S*acred Longings: The Ecological Spirit and Global Culture.* Minneapolis: Fortress, 2004.

Groome, Thomas H. *Christian Religious Education: Sharing Our Story and Vision.* New York: Harper and Row, 1980.

Hall, Douglas John. *Imaging God: Dominion as Stewardship.* Grand Rapids: Eerdmans, 1986.

Hamman, Jaco. "Playing." In *The Wiley-Blackwell Companion to Practical Theology,* edited by Bonnie Miller-McLemore, 42–50. Chichester, UK: Blackwell, 2012.

Harris, Maria. *Fashion Me a People: Curriculum in the Church.* Louisville: Westminster John Knox, 1989.

Hauerwas, Stanley. *Suffering Presence: Theological Reflection on Medicine, the Mentally Handicapped, and the Church.* Edinburgh: T. & T. Clark, 1988.

Herbert, Anderson. "Loving." In *The Wiley-Blackwell Companion to Practical Theology,* edited by Bonnie Miller-McLemore, 61–69. Chichester, UK: Blackwell, 2012.

Hess, Mary E., and S. D. Brookfield, eds. *Teaching Reflectively in Theological Contexts: Promises and Contradictions.* Malabar, India: Krieger, 2008.

Hessel, Dieter T. "Introduction." In *After Nature's Revolt: Eco-Justice and Theology,* edited by Dieter T. Hessel, 1–20. Minneapolis: Augsburg Fortress, 1992.

Hill, Lawrence. *Blood: The Stuff of Life.* Toronto: Anansi, 2013.

Hoeft, Jeanne. "Gender, Sexism, and Heterosexism." In *The Wiley-Blackwell Companion to Practical Theology*, edited by Bonnie Miller-McLemore, 412–421. Chichester, UK: Wiley-Blackwell, 2012.

hooks, bell. "The Oppositional Gaze: Black Female Spectators." *In The Feminism and Visual Culture Reader*, edited by Amelia Jones, 94–104. New York: Routledge, 2003.

Horell, Harold D. "The Imagination of REA: APPRRE." *Religious Education* 111/4 (2016) 349–365.

Isasi-Diaz, Ada Maria. "Solidarity: Love of the Neighbor in 1980s." In *Lift Every Voice: Constructing Christian Theologies from the Underside*, edited by Susan Brooks Thistlethwaite, and Mary Potter Engel, 31–40. San Francisco: Harper and Row, 1990.

Jagessar, Michael N., and Stephen Burns. *Christian Worship: Postcolonial Perspectives*. Oakville, CT: Equinox, 2011.

Jave, Jean, and Etienne Wenger. *Situated Learning: Legitimate Peripheral Participation*. Cambridge: Cambridge University Press, 1991.

Jobling, David. "The Bible and Critical Theology: Best Friend or Unstable Ally?" In *Intersecting Voices: Critical Theologies in a Land of Diversity*, edited by Don Schweitzer and Derek Simon, 154–167. Ottawa: Novalis, 2004.

Jones, Esyllt, and Adele Perry, eds. *People's Citizenship Guide: A Response to Conservative Canada*. Winnipeg: Arbeiter Ring, 2011.

Jung, Patricia Beattie. "Patriarchy, Purity, and Procreativity: Developments in Catholic Teachings on Human Sexuality and Gender." In God, Science, *Sex and Gender: An Interdisciplinary Approach to Christian Ethics*, edited by Patricia Beattie Jung and Aana Marie Vigen, 69–85. Chicago: University of Illinois Press, 2010.

Kang, Nam Soon. *Diasporic Feminist Theology: Asia and Theopolitical Imagination*. Minneapolis: Fortress, 2014.

Katz, Eric. "Judaism and the Ecological Crisis." In *Worldviews and Ecology*, edited by Mary Evelyn Tucker and John A. Grin, 55–70. Maryknoll, NY: Orbis, 1994.

Kawash, Samira. "Terrorists and Vampires: Fanon's Spectral Violence of Decolonization." In *Frantz Fanon: Critical Perspectives*, edited by Anthony C. Alessandrini, 237–257. London: Routledge, 1999.

Kazimi, Ali. *Undesirables: White Canada and the Komagata Maru*. Vancouver: D&M, 2011.

Keller, Catherine. *Apocalypse Now and Then: A Feminist Guide to the End of the*

*World.* Boston: Beacon, 1996.

———. "The Flesh of God: A Metaphor in the Wild." In *Theology That Matters: Ecology, Economy, and God,* edited by Darby Kathleen Ray, 91–107. Minneapolis: Fortress, 2006.

———. *From a Broken Web: Separation, Sexism, and Self.* Boston: Beacon, 1986.

———. "Talk about the Weather: The Greening of Eschatology." In *Ecofeminism and the Sacred,* edited by Carol J. Adams, 30–49. New York: Continuum, 1993.

Keller, Catherine, and Laurel C. Schneider, eds. *Polydoxy: Theology of Multiplicity and Relation.* New York: Routledge, 2011.

Kennedy, William Bean. *The Shaping of Protestant Education: An Interpretation of the Sunday School and the Development of Protestant Educational Strategy in the United States, 1789–1860.* New York: Association, 1966.

Kierkegaard, Søren. *Concluding Unscientific Postscript.* Translated by D. Swenson and W. Lowrie. Princeton, NJ: Princeton University Press, 1941.

———. *The Sickness unto Death.* Translated by Walter Lowrie. Princeton, NJ: Princeton University Press, 1968.

Kim-Cragg, HyeRan. "Baptism as Crossing beyond Belonging." In *Liturgy in Postcolonial Perspectives: Only One is Holy,* edited by Claudio Carvalhaes, 201–211. New York: Palgrave Macmillan, 2015.

———. "A Christian Feminist Theological Reflection on Economy of Life." *The Ecumenical Review* 67.2 (2015) 170–176.

———. "A Plural Mystery for a Plural World." In *Three Ways of Grace: Drawing Closer to the Trinity,* edited by Rob Fennell and Ross Lockhart, 134–140. Toronto: UCPH, 2010.

———. "Postcolonial Practices on Eucharist." In *Postcolonial Practice of Ministry: Leadership, Liturgy, and Interfaith Engagement,* edited by Kwok Pui-lan and Stephen Burns, 77–89. Lanham, MD: Lexington, 2016.

———. *Story and Song: A Postcolonial Interplay between Christian Education and Worship.* New York: Lang, 2012.

———. "Through Senses and Sharing: How Liturgy Meets Food." *Liturgy* 32/2 (2017) 34–41.

———. "To Love and Serve Others (or to Be Loved and Served)." In *Intercultural Vision: Called to Be the Church,* edited by Rob Fennell, 23–32. Toronto: UCPH, 2012.

Kim-Cragg, HyeRan, and Don Schweitzer. *The Authority and Interpretation of Scripture of The United Church of Canada.* Daejeon, South Korea: Daeganggan,

2016.

Kim-Cragg. HyeRan, and EunYoung Choi. *The Encounters: Retelling the Bible from Migration and Intercultural Perspectives*. Daejeon, South Korea: Daeganggan, 2013.

Kim-Cragg, HyeRan, and Joanne Doi. "Intercultural Threads of Hybridity and Threshold Spaces of Learning." *Religious Education* 107/3 (2012) 262–275.

Kim-Cragg, HyeRan, and Stephen Burns. "Liturgy in Migration and Migrants in Liturgy." In *Church in an Age of Global Migration: A Moving Body*, edited by Susanna Snyder, Joshua Ralston, and Agnes M. Brazal, 113–130. New York: Palgrave Macmillan, 2016.

Kim-Cragg, HyeRan, and Mai-Anh Le Tran. "Turning to the Other: Interdenominational, Interethnic, Interreligious Activism and A New Ecclesia." In *Complex Identities in a Shifting World: Practical Theological Perspectives International Practical Theology* Vol. 17, edited by Pam Couture, Robert Mager, Pamela McCarroll, and Natalie Wigg-Stevenson, 127–138. Zurich: Lit, 2015.

Kimelman, Justice Edwin. "Report of a Review of Indian and Metis Adoptions in the Province of Manitoba, Canada in 1980s." Online: https://en.wikipedia.org/wi-ki/Kimelman_Report, accessed 2 September 2016.

Kirch, Jonathan. *God against the Gods: The History of the War between Monotheism and Polytheism*. New York: Penguin, 2004.

Kittay, Eva. *Love's Labor: Essays on Women, Labor, and Dependency*. New York: Routledge, 1999.

Knowles, Malcolm. *The Adult Learner: A Neglected Species*. Houston: Gulf, 1973.

———. *The Modern Practice of Adult Education: From Pedagogy to Andragogy*. Wilton, CT: Association, 1980.

Kraft, Charles H. *Anthropology for Christian Witness*. Maryknoll, NY: Orbis, 1996.

Kujawa-Holbrook, Sheryl A. *God Beyond Borders: Interreligious Learning Among Faith Communities*. Eugene, OR: Pickwick, 2014.

———. "Postcolonial Interreligious Learning." In *Postcolonial Practice of Ministry: Leadership, Liturgy and Interfaith Engagement*, edited by Kwok Pui-lan and Stephen Burns, 153–165. Lanham, MD: Lexington, 2016.

Kwok, Pui-lan. *Discovering the Bible in the Non-biblical World*. Maryknoll, NY: Orbis, 1995.

———. *Globalization, Gender, and Peacebuilding: The Future of Interfaith Dialogue*. New York: Paulist, 2012.

————. "Jesus/The Native: Biblical Studies from a Postcolonial Perspectives." In *Teaching the Bible: The Discourse and Politics of Biblical Pedagogy*, edited by Fernando F. Segovia and May Ann Tolbert, 75–80. Maryknoll, NY: Orbis, 1998.

————. *Postcolonial Imagination and Feminist Theology*. Louisville: Westminster/John Knox, 2005.

————. "Unbinding Our Feet: Saving Brown Women and Feminist Religious Discourse." In *Postcolonialism, Feminism, and Religious Discourse*, edited by Laura E. Donaldson and Kwok Pui-lan, 62–81. London: Routledge, 2002.

Kwok, Pui-lan, Don H. Compier, and Joerg Rieger, eds. *Empire and the Christian Tradition: New Readings of Classical Theologians*. Minneapolis: Fortress, 2007.

Lartey, Emmanuel T. "Borrowed Clothes Will Never Keep You Warm: Postcolonializing Pastoral Leadership." In *Postcolonial Practice of Ministry: Leadership, Liturgy and Interfaith Engagement*, edited by Kwok Pui-lan and Stephen Burns, 21–32. Lanham, MD: Lexington, 2016.

————. *In Living Color: An Intercultural Approach to Pastoral Care and Counseling*, 2nd ed. New York: Jessica Kingsley, 2003.

Lathrop, Gordon. "The Eucharist as a 'Hungry Feast,' and the Appropriation of Our Want." *Living Worship* 13 (November 1977) 351–361.

Lee, Boyung. "Toward liberating Interdependence: Exploring an Intercultural Pedagogy." *Religious Education* 105/3 (2010) 283–297.

Lee, Jung Young. *Marginality: Key to Multicultural Theology*. Minneapolis: Fortress, 1995.

Liew, Tat-siong Benny. *What Is Asian American Biblical Hermeneutics: Reading the New Testament?* Honolulu: University of Hawai'i Press, 2008.

Locke, John. *Second Treatise on Government*. Reprint. New York: Macmillan, 1952.

Love, Spencie. *One Blood: The Death and the Resurrection of Charles R. Drew*. Chapel Hill, NC: University of North Carolina Press, 1996.

Lowe, Lisa. *Immigrant Acts: On Asian American Cultural Politics*. 6th printing. Durham, NC: Duke University Press, 2007.

Lynn, Robert, and Elliott Wright. *The Big Little School: 200 Years of the Sunday School*, 2nd ed. Birmingham, UK: Religious Education, 1980.

Macadam, Jackie. "Interview with Mary Warnock: A Duty to Die?" *Life and Work* (October 2008) 23–25.

Marshall, Joretta L. *Counselling Lesbian Partners*. Louisville: Westminster John Knox, 1997.

Martin, Miriam K. "The Human-Nature Relationship: Challenges for Practical Theology and Christian Discipleship." *Practical Theology* 8 (2015) 167–176.

Matsuoka, Fumitaka. *Learning to Speak a New Tongue: Imaging a Way that Holds People Together—An Asian American Conversation.* Eugene, OR: Pickwick, 2011.

McCarthy, Maureen Terese. "Nuclear Alternatives: Interracial and Queer Families in American Literature, 1840–1905." PhD diss., Emory University, 2013.

McClintock, Anne. "The Angel of Progress: Pitfalls of the Term 'Postcolonialism.'" In *Colonial Disclosure and Post-Colonial Theory: A Reader,* edited by Patrick Williams and Laura Chrisman, 291–304. New York: Columbia University Press, 1994.

———. *Imperial Leather: Race, Gender and Sexuality in the Colonial Contest.* New York: Routledge, 1995.

McFague, Sallie. "An Earthly Theological Agenda." In *Ecofeminism and the Sacred,* edited by Carol Adams, 84–98. New York: Continuum, 1993.

Mercer, Joyce Ann. "Call Forwarding: Putting Vocation in the Present Tense with Youth." In *Compass Points: Navigating Vocation Princeton Lectures on Youth, Church, and Culture,* 29–44. Princeton, NJ: Princeton Theological Seminary, 2002.

———. "Interdisciplinarity as a Practical Theological Conundrum." In *Conundrums in Practical Theology,* edited by Joyce Ann Mercer and Bonnie Miller-McLemore, 163–189. Theology in Practice Series. Leiden: Brill, 2016.

———. "A Practical Theological Approach to Ecofeminism: Story of Women, Faith, and Earth Advocacy." In *Body Memories: Goddesses of Nusantera, Rings of Fire, and Narratives of Myth,* edited by Dewi Candraningrum, 93–106. Salatiga, Indonesia: Yayasin Jurnal Perempuan and Pusat Penelitian dan Studi Gender, 2014.

———. *Welcoming Children: A Theology of Childhood.* St. Louis, MO: Chalice, 2005.

Mercer, Kobena. "Diaspora Aesthetics and Visual Culture." In *Black Cultural Traffic: Crossroads in Global Performance and Popular Culture,* edited by Harry J. Elam, Jr., Herman S. Gary, 141–161. Ann Arbor, MI: University of Michigan Press, 2008.

Merchant, Carolyn. *The Death of Nature: Women, Ecology, and the Scientific Revolution.* New York: Harper and Row, 1980.

Mignolo, Walter D. *Local Histories/Global Designs: Coloniality, Subaltern Knowledges, and Border Thinking.* Princeton, NJ: Princeton University Press, 2000.

Miles, Maria. *Patriarchy and Accumulation on a World Scale: Women in the International Division of Labour*. London: Zed, 1986.

Miller-McLemore, Bonnie. *Also a Mother: Work and Family as Theological Dilemma*. Nashville: Abingdon, 1994.

―――. *Christian Theology in Practice: Discovering a Discipline*. Grand Rapids: Eerdmans, 2012.

―――. *In the Midst of Chaos: Caring for Children as Spiritual Practice*. San Francisco: Jossey-Bass, 2007.

―――. "The Theory-Practice Binary and the Politics of Practical Knowledge." In *Conundrums in Practical Theology*, edited by Joyce Ann Mercer and Bonnie Miller-McLemore, 190–218. Theology in Practice Series. Leiden: Brill, 2016.

Mollenkott, Virginia Ramey. *Sensuous Spirituality: Out from Fundamentalism*. New York: Crossroad, 1992.

Moore, Mary Elizabeth Mullino. *Ministering with the Earth*. St. Louis, MO: Chalice, 1998.

―――. *Teaching as a Sacramental Act*. Cleveland, OH: Pilgrim, 2004.

―――. "Toward an Interreligious Practical Theology," an annual lecture of the Center for Practical Theology in Boston University, 2010. Online: https://www.youtube.com/watch?v=8enGhBO1rKU, accessed 20 February 2017.

Moran, Gabriel. *Education Toward Adulthood: Religion and Lifelong Learning*. New York: Paulist, 1979.

―――. *Religious Education as a Second Language*. Birmingham, UK: Religious Education, 1989.

Morrison, Toni. *Home: A Novel*. New York: Knof, 2012.

Murphy, Debra Dean. *Teaching That Transforms: Worship as the Heart of Christian Education*. Grand Rapids: Brazos, 2004.

Nandy, Ashis. *The Intimate Enemy: Loss and Recovery of Self under Colonialism*. New Delhi: Oxford University Press, 1983.

Ng, David, and Virginia Thomas. *Children in the Worshipping Community*. Atlanta: Westminster John Knox, 1981.

Ng, David. "A Path of Concentric Circles: Toward an Autobiographical Theology of Community." In *Journeys at the Margin: Toward an Autobiographical Theology in American-Asian Perspective*, edited by Peter C. Phan and Jung Young Lee, 81–102. Collegeville, MN: Liturgical, 1999.

Nixon, Rob. *Slow Violence and the Environmentalism of the Poor*. Cambridge:

Harvard University Press, 2013.

Oduyoye, Mercy Amba. "The Story of a Circle." In *Hope Abundant: Third World and Indigenous Women's Theology*, edited by Kwok Pui-lan, 17. Maryknoll, NY: Orbis, 2010.

Okin, Susan Moller. *Justice, Gender, and the Family*. New York: Basic, 1989.

Osmer, Richard R. *Practical Theology: An Introduction*. Grand Rapids: Eerdmans, 2008.

Parker, Evelyn, ed. *The Sacred Selves of Adolescent Girls: Hard Stories of Race, Class, and Gender*. Cleveland, OH: Pilgrim, 2006.

———. *Trouble Don't Last Always: Emancipatory Hope among African American Adolescents*. Cleveland, OH: Pilgrim, 2003.

Parks, Sharon Daloz. *Big Questions, Worthy Dreams: Mentoring Young Adults in Their Search for Meaning, Purpose, and Faith*. San Francisco: Jossey-Bass, 2000.

Peterson, Cheryl M. *Who Is the Church? An Ecclesiology for the 21st Century*. Minneapolis: Fortress, 2013.

Plant, Judith, ed. *Healing the Wounds: The Promise of Ecofeminism*. Toronto: Between the Lines, 1989.

Plumwood, Val. *Feminism and the Mastery of Nature*. London: Routledge, 1993.

Poling, James, and Donald Miller. *Foundations for a Practical Theology of Ministry*. Nashville: Abingdon, 1985.

Ponting, Clive. *A Green History of the World*. London: Sinclair-Stevenson, 1991.

Procter-Smith, Marjorie. "Introduction." In *Women at Worship: Interpretations of North American Diversity*, edited by Marjorie Procter-Smith and Janet Walton, 1–5. Louisville: Westminster John Knox, 1993.

Rasmussen, Larry. "Returning to Our Senses." In *After Nature's Revolt: Eco-Justice and Theology*, edited by Dieter T. Hessel, 40–56. Minneapolis: Augsburg Fortress, 1992.

Razack, Sharene, ed. *Race, Space and the Law: Unmapping a White Settler Society*. Toronto: Between the Lines, 2002.

Reader, John. *Reconstructing Practical Theology: The Impact of Globalization*. Aldershot, UK: Ashgate, 2008.

Reynolds, Tom E. "Invoking Deep Access: Disability beyond Inclusion in the Church." *Dialog: A Journal of Theology* 51/3 (2012) 212–223.

———. *Vulnerable Communion: A Theology of Disability and Hospitality*. Grand Rapids: Brazos, 2008.

Rieger, Joerg. *God and the Excluded: Visions and Blindspots in Contemporary*

*Theology*. Minneapolis: Fortress, 2001.

Rieger, Joerg, and Kwok Pui-lan. *Occupy Religion: Theology of Multitude*. Lanham, MD: Rowman and Littlefield, 2012.

Rivera, Mayra. "God at the Crossroads." In *Postcolonial Theologies: Divinity and Empire*, edited by Catherine Keller, Michael Nausner, and Mayra Rivera, 203–204. Nashville: Abingdon, 2004.

———. *The Touch of Transcendence: A Postcolonial Theology of God*. Louisville: Westminster John Knox, 2007.

Root, Maria. *Racially Mixed People in America*. Thousand Oaks, CA: Sage, 1992.

Ross, Susan A. *Extravagant Affections: A Feminist Sacramental Theology*. New York: Continuum, 1998.

Ruether, Rosemary Radford. *Gaia and God: An Ecofeminist Theology of Earth Healing*. San Francisco: Harper Collins, 1992.

———. *New Woman/New Earth*. New York: Seabury, 1973.

Russell, Letty. "God, Gold, Glory, and Gender: A Postcolonial View of Mission." *International Review of Mission* 93/368 (2004) 39–49.

Ruth, Lester, Carrie Steenwyk, John D. Witvliet. *Walking Where Jesus Walked: Worship in Fourth-Century Jerusalem*. Grand Rapids: Eerdmans, 2010.

Sacks, Oliver. *Seeing Voices: A Journey into the World of the Deaf*. New York: HarperCollins, 1990.

Said, Edward. *Culture and Imperialism*. New York: Vintage, 1993.

———. *Orientalism*. New York: Basic, 1978.

———. *Out of Place: A Memoir*. New York: Vintage, 2000.

Sakai, Naoki. *Translations and Subjectivity: Japan and Cultural Nationalism*. Minneapolis: University of Minnesota Press, 1997.

Saliers, Don E. "Singing Our Lives." In *Practicing Our Faith: A Way of Life for a Searching People*, edited by Dorothy Bass, 179–193. San Francisco: Jossey-Bass, 1997.

———. "Worship." In *The Wiley-Blackwell Companion to Practical Theology*, edited by Bonnie Miller-McLemore, 289–298. Chichester, UK: Blackwell, 2012.

Santmire, H. Paul. "Healing the Protestant Mind." In *After Nature's Revolt: Eco-Justice and Theology*, edited by Dieter T. Hessel, 57–78. Minneapolis: Augsburg Fortress, 1992.

Schleiermacher, Friedrich. *On Religion: Speeches to Its Cultured Despisers*. Translated by John Oman. New York: Harper Torch, 1958.

Schneider, Laurel C. *Beyond Monotheism: A Theology of Multiplicity.* London: Routledge, 2008.

Seager, Joni. *Earth Follies: Coming to Feminist Terms with the Global Environmental Crisis.* New York: Routledge, 1993.

Selmanovic, Samir. *It's Really All about God: Reflections of a Muslim Atheist Jewish Christian.* San Francisco: Jossey-Bass, 2009.

Senn, Frank C. *Embodied Liturgy: Lessons in Christian Ritual.* Minneapolis: Fortress, 2016.

Senna, Danzy. "The Mulatto Millennium." In *Half and Half: Writers on Growing Up Biracial and Bicultural,* edited by Claudine Chiawei O'Hearn, 12–27. New York: Pantheon, 1998.

Seymour, Jack. *Teaching the Way of Jesus: Educating Christians for Faithful Living.* Nashville: Abingdon, 2014.

Sharkey, Sarah Borden. *An Aristotelian Feminism.* Cham, Switzerland: Springer, 2016.

Sharp, Melinda A. McGarrah. "Globalization, Colonialism, and Postcolonialism." In *The Wiley-Blackwell Companion to Practical Theology,* edited by Bonnie J. Miller-McLemore, 422–431. Chichester, UK: Blackwell, 2012.

———. "Literacies of Listening: Postcolonial Pastoral Leadership in Practice." In *Postcolonial Practice of Ministry: Leadership, Liturgy and Interfaith Engagement,* edited by Kwok Pui-lan and Stephen Burns, 33–48. Lanham, MD: Lexington, 2016.

———. *Misunderstanding Stories: Toward A Postcolonial Pastoral Theology.* Eugene, OR: Pickwick, 2013.

Shepard, R. Bruce. *Deemed Unsuitable: Blacks from Oklahoma Move to the Canadian Prairies in Search of Equality in the Early 20th Century Only to Find Racism in Their New Home.* Toronto: Umbrella, 1997.

Shiva, Vandana. *Staying Alive: Women, Ecology, and Development.* London: Zed, 1988.

Slack, Jennifer. "Resisting Eco Cultural Studies." *Cultural Studies* 22.3 (2008) 477–494.

Smith, Andrea. "Sexual Violence and American Indian Genocide." In *Remembering Conquest: Feminist/Womanist Perspectives on Religion, Colonization, and Sexual Violence,* edited by Nantawan B. Lewis and Marie M. Fortune, 31–52. New York: Haworth Pastoral, 1999.

Snyder, Susanna. "Introduction: Moving Body." In *Church in an Age of Global Migration: A Moving Body,* edited by Susanna Snyder, Joshua Ralston, and Agnes

M. Brazal, 1–19. New York: Palgrave Macmillan, 2016.

Soja, Edward W. *Seeking Spatial Justice*. Minneapolis: University of Minnesota Press, 2010.

Spivak, Gayatri Chakravorty. *A Critique of Postcolonial Reason: Toward a History of the Vanishing Present*. Cambridge: Harvard University Press, 1999.

Sugirtharajah, R. S. "Thinking about Vernacular Hermeneutics Sitting in a Metropolitan Study." In *Vernacular Hermeneutics: The Bible and Postcolonialism* 2, edited by R. S. Sugirtharajah, 92–105. Sheffield, UK: Sheffield Academic, 1999.

Swinton, John. *Becoming Friends of Time: Disability, Timefullness, and Gentle Discipleship*. Waco, TX: Baylor University Press, 2016.

———. "Building a Church for Strangers." *Journal of Religion, Disability, and Health* 4.4 (2001) 25–63.

———. "Disability, Ableism, and Disabilism." In *The Wiley-Blackwell Companion to Practical Theology*, edited by Bonnie Miller-McLemore, 443–451. Chichester, UK: Blackwell, 2012.

———. "What's in a Name? Why People with Dementia Might be Better Off without the Language of Personhood." *International Journal of Practical Theology* 18.2 (2014) 234–247.

Tanner, Kathryn. "Globalization, Women's Transnational Migration, and Religious De-traditioning." In *Oxford Handbook of Feminist Theology*, edited by Mary McClintock Fulkerson and Sheila Briggs, 544–560. Oxford: Oxford University Press, 2011.

———. "Theological Reflection and Christian Practice." In *Practicing Theology: Beliefs and Practices in Christian Life*, edited by Miroslav Volf and Dorothy Bass, 228–242. Grand Rapids: Eerdmans, 2002.

Thatamanil, John J. "Comparative Theology after 'Religion.'" In *Planetary Loves: Spivak, Postcoloniality, and Theology,* edited by Stephen D. Moore and Mayra Rivera, 238–257. New York: Fordham University Press, 2011.

*The Authority and Interpretation of Scripture: A Statement of The United Church of Canada*. Toronto: UCPH, 1992.

*Together towards Life: Mission and Evangelism in Changing Landscapes*. A statement presented to WCC 10th General Assembly, Busan, Korea, 2013.

Turner, Mary Donovan. "Reversal of Fortune: The Performance of a Prophet." In *Performance in Preaching: Bringing the Sermon to Life*, edited by Jana Childers and Clayton J. Schmit, 87–98. Grand Rapids: Baker Academic, 2008.

Turpin, Katherine. *Branded: Adolescents Converting from Consumer Faith*. Youth Ministry Alternatives Series. Cleveland, OH: Pilgrim, 2006.

Tye, Karen. *Basics of Christian Education*. Nashville: Abingdon, 2000.

Vanier, Jean. *Befriending the Stranger*. Mahwah, NJ: Paulist, 2005.

———. *Community and Growth: Our Pilgrimage Together*. London: Griffin House, 1979.

Wainwright, Geoffrey. "Theology of Worship." In *The New Westminster Dictionary of Liturgy and Worship*, edited by Paul Bradshaw, 456. Louisville: Westminster John Knox, 2002.

Walia, Harsha. *Undoing Border Imperialism*. Chico, CA: AK, 2013.

Walker, Alice. *The Color Purple*. New York: Harcourt Brace Jovanovich, 1982.

Ward, Pete. *Liquid Church*. Carlisle, UK: Paternoster, 2002.

Ward, W. Peter. *White Canada Forever: Popular Attitudes and Public Policy toward Orientals in British Columbia*. Montreal: McGill-Queen's University Press, 1992.

Washbourn, Penelope. "Becoming Woman: Menstruation as Spiritual Challenge." In *Womanspirit Rising: A Feminist Reader in Religion*, edited by Carol Christ and Judith Plaskow, 246–258. New York: Harper & Row, 1979.

WCC. "Glory to God and Peace on Earth: The Message of the International Ecumenical Peace Convocation." WCC, Kingston, Jamaica, 17–25 May 2011.

WCC. *São Paulo Statement: International Financial Transformation for the Economy of Life* (2012). Online: https://www.oikoumene.org/en/resources/documents/wcc-programmes/public-witness-addressing-power-affirming-peace/poverty-wealth-and-ecology/finance-speculation-debt/sao-paulo-statement-international-financial-transformation-for-the-economy-of-life.

Welsh, Jennifer. *The Return of History: Conflict, Migration, and Geopolitics in the Twenty- First Century*. Toronto: Anansi, 2016.

West, Cornel. *The American Evasion of Philosophy*. Madison, WI: University of Wisconsin Press, 1989.

———. "The New Cultural Politics of Difference." In *The Cultural Studies Reader*, edited by Simon During, 256–267. New York: Routledge, 1993.

West, Mona. "Metropolitan Community Church as a Messy Space for Revisioning the Other Side of Pastoral Ministry." In *Postcolonial Practice of Ministry: Leadership, Liturgy and Interfaith Engagement*, edited by Kwok Pui-lan and Stephen Burns, 49–59. Lanham, MD: Lexington, 2016.

Westerhoff III, John H. "Foreword." In *Children's Ministry in the Way of Jesus*, David

M. Csinos and Ivy Beckwith, 9–14. Downers Grove, IL: IVP, 2013.

———. *A Pilgrim People: Learning through the Church Year*. New York: Seabury, 1984.

———. *Will Our Children Have Faith?* New York: Seabury, 1976.

White, James F. *Introduction to Christian Worship*, 3rd ed. Nashville: Abingdon, 2000.

———. *Protestant Worship: Traditions in Transition*. Louisville: Westminster John Knox, 1989.

Wiesel, Elie. *Night*. New York: Hill and Wang, 1960.

Williams, Delores. *Sisters in the Wilderness: The Challenge of Womanist God-Talk*. Maryknoll, NY: Orbis, 1993.

Williams, Patricia J. *Seeing a Color-blind Future: The Paradox of Race*. New York: Farrar, Straus, and Giroux, 1998.

Witvliet, John D. "Teaching Worship as a Christian Practice." In *For Life Abundant: Practical Theology, Theological Education, and Christian Ministry*, edited by Dorothy Bass and Craig Dykstra, 117–148. Grand Rapids: Eerdmans, 2008.

Young, Robert C. *Postcolonialism: A Very Short Introduction*. Oxford: Oxford University Press, 2003.

Zantop, Susanne. *Colonial Fantasies: Conquest, Family, and Nation in Precolonial Germany, 1770-1870*. Durham: Duke University Press, 1997.

# 찾아보기